Pauline Eschatology

바울의 종말론

바울의 종말론과 그리스도인의 삶

박성연 지음

기독교문서선교회

기독교문서선교회(Christian Literature Center: 약칭 CLC)는 1941년 영국 콜체스터에서 켄 아담스에 의해 시작되었으며 국제 본부는 미국의 필라델피아에 있습니다.

국제 CLC는 59개 나라에서 180개의 본부를 두고, 약 650여 명의 선교사들이 이동도서차량 40대를 이용하여 문서 보급에 힘쓰고 있으며 이메일 주문을 통해 130여 국으로 책을 공급하고 있습니다.

한국 CLC는 청교도적 복음주의 신학과 신앙서적을 출판하는 문서선교기관으로서, 한 영혼이라도 구원되길 소망하면서 주님이 오시는 그날까지 최선을 다할 것입니다.

Pauline Eschatology
Pauline Eschatology and Christian Life

Written by
Sung-yun Park

Korean Edition
Copyright © 2017 by Christian Literature Center
Seoul, Korea

추천사
– 신학과 신앙의 통합

정 창 균 박사
합동신학대학원대학교 총장, 설교학 교수

저자는 본서에서 개혁주의 종말론을 다룬다. 종말론은 기독교 신학과 신앙의 근간을 이루는 중요한 교리이다. 교리는 2가지 조건을 충족해야 한다.

첫째, 그것이 전적으로 성경에 근거해야 한다. 그래야만 교리로서 정당성을 확보하게 된다. 그렇지 않으면 그것은 철학적 사색이 될 뿐이다.

둘째, 그 교리가 지금, 그리고 여기에 살고 있는 신자들의 삶과 연결되어야 한다. 그래야만 교리로서 적실성을 확보하게 된다. 그렇지 않으면 그것은 과거에 확립된 신학 지식에 대한 재진술로 그칠 뿐이다.

저자의 의도는 분명하다. 개혁주의 종말론의 뼈대를 간략하고 선명하게 요약하여 제시하는 것과 그것이 오늘을 사는 신자들의 삶에 어떻게 연결이 되는지를 밝히는 것이다. 저자의 이러한 시도는 신학과 신앙의 분리 현상에 대한 경각심으로부터 출발한다. 사실 신학은 언제나 현실의 신앙을 지향해야 하고, 오늘을 사는 신앙은 성경으로부터 확립된 신학에 근거해야 한다.

그러므로 저자는 복잡하고 전문적인 사변적 담론을 탐닉하면서 책의 분량을 한없이 더해가는 방식을 취하지 않는다. 핵심을 간단하고 선명하게 요약하는 방식을 취하여, 누구라도 기독교의 성경적 종말론의 뼈대와 기둥을 알고 습득할 수 있게 하였다.

그 과정에서 저자는 초지일관 근거가 되는 성경 구절들을 항목마다 제시하여 성경적 정당성을 확보한다. 그리고 저자가 제시하는 종말에 대한 신학적 논의가 함의하고 있는 현실적 삶의 지침을 윤리라는 이름으로 연결하여 제시한다. 그렇게 함으로써 신학(종말론)과 윤리(종말 신앙)의 자연스러운 통합을 시도하고 있다.

그리하여 저자가 제시하는 종말론은 언젠가 닥쳐올 미래의 사건에 대한 논의일 뿐 아니라, 그 시점을 향하여 가며 오늘을 살아야 하는, 삶의 근거요 지침이요 원리가 된다. 성경적 종말론의 핵심과 그것이 오늘날 신자의 신앙생활에 대하여 주는 중요한 지침들을 명확하게 이해하고자 하는 독자들은 본서에서 큰 도움을 얻게 될 것이다.

저자의 말

박성연

　본서는 누구나 호기심을 가지면서도 동시에 쉽게 접근하기 어렵게 여기는 주제인 종말론을 다루고 있다. 왜 하필이면 종말론이냐고 누가 묻는다면, 종말론은 기독교 신앙의 근간을 이루고 있기 때문이라고 말하고 싶다.

　그리스도인들의 소망은 하나님이 그리스도를 통해 이룬 일과 앞으로 성취할 일에 있다. 이 소망의 결정체가 바로 종말론이다. 따라서 종말론을 안다는 것은 마지막 때에 무슨 일이 일어나게 되는지에 관한 호기심 충족 차원을 넘어서서, 그리스도 안에 있는 소망으로 세상을 이기는 원동력이 된다. 따라서 종말론에 관한 올바른 이해는 건강한 신앙을 위해서 필수적이다.

　본서는 보다 드넓은 종말론의 지평으로 독자들을 안내하여, 역사의 주인이신 하나님의 궁극적 계획과 그것의 성취라는 측면에서 종말론을 이해하도록 돕는 데 목적이 있다. 독자들이 바울의 종말론을 이해할 뿐 아니라 현재의 신앙적 좌표를 확인하고, 더 나아가 성도를 향한 하나님의 비전을 품게 되기를 바란다.

바울의 종말론은 한마디로 그리스도 안에 있는 절대 소망에 대한 주석이다. 이 절대 소망은 우리로 하여금 7번 넘어져도 다시 일어날 수 있게 한다. 또한 이 소망을 품고 사는 사람들이 선 자리는 다른 사람들에게 '많은 샘의 곳'이 된다.

한국 교회에 대한 우려의 목소리가 적지 않게 들리는 것이 요즘의 현실이다. 영적 침체에서 벗어나 세상에 참된 소망을 심어줘야 할 사명이 한국 교회에 있다. 본서는 그에 대한 한 가지 해결책으로서 종말론을 제시한다. 본서를 읽는 독자들, 특히 목회자들과 신앙의 성숙을 바라는 평신도들 모두가 "깨어 있으라"라고 말하는 바울의 간절한 음성을 듣게 되기를 바란다. 그리스도인들이 머문 자리마다 참 소망의 샘이 되기를 기도하는 마음으로 본서를 내놓는다.

부족함이 많음에도 불구하고 용기 내어 본서를 출간하게 되기까지 많은 분들의 도움이 있었다. 무엇보다도 길이 참아주시고 승리하게 하시는 하나님께 감사와 영광을 돌린다. 그리고 CLC의 박영호 목사님과 심혈을 기울여 글을 매끄럽게 다듬어 주신 모든 관계자 분들께 감사의 말씀을 드린다. 마지막으로 필자의 가족에게도 깊은 사랑의 마음을 전한다.

2017년 여름에

/목/차/

추천사(정 창 균 박사 | 합동신학대학원대학교 총장, 설교학 교수) _5
저자의 말 _7
들어가는 말 _11

1장. 종말론의 구조

1. 종말의 시작 _17

2. 바울의 종말 이해 _24

   1) 종말론의 성경적 정의 _25

   2) 첫 아담과 마지막 아담 _29

   3) 부활의 몸 _52

   4) 두 시대 _64

   5) 종말론의 구조: 이미 그러나 아직 _77

2장. 주의 날

1. 구약에서의 주의 날 _90

2. 복음서에서의 주의 날 _95

3. 바울서신에서의 주의 날 _98

4. 주의 날에 일어날 일들 _104

   1) 선행 사건(살후 2:1-12) _105

   2) 그리스도의 재림과 성도의 부활(살전 4:13-5:11; 고전 15:51-55) _131

   3) 심판 _158

   4) 왕국을 하나님에게 돌리심 & 새 하늘과 새 땅 _182

   5) 바울과 메시아 왕국 _197

   6) 종말에 관한 여러 가지 견해 _212

3장. 종말론과 그리스도인의 윤리

1. 말세의 현상들 _218

   1) 영적 현상 _218

   2) 사회적 현상 _222

2. 종말론과 그리스도인의 삶 _231

   1) 바울의 종말론과 윤리 _234

   2) 윤리의 종말론적 함의 _256

맺는 말 _265

참고 문헌 _275

들어가는 말

　사람들은 대부분 보이는 것에 한정되어 삶을 내다본다. 그 너머를 바라볼 수 없다. 제 아무리 길게 살아야 8, 90세를 넘기기 힘드니, 미래를 위해 계획하고 준비를 한다 해도 100년 앞을 내다보는 것이 최대치의 전망이다. 그 인생엔 굴곡이 어찌나 많은지, 그늘지고 험한 길을 피할 수 없다면 차라리 젊고 힘있을 때 고생하는 것이 낫다고 생각한다. 마지막에 웃는 자가 이기는 거라는 말처럼, 인생 초반보다는 후반에서 여유 있게 웃기를 바란다. 현명한 소원이다.
　그런데 소원한다고 꼭 그렇게 되리라는 보장이 없다는 것이 문제이다. 마지막에 웃게 된다는 보장을 주는 건 세상 어디에도 없다.
　그러나 여기에 단 하나의 예외가 있다. 그것은 확실한 전망과 기대로 사람들을 이끌어 준다. 그것은 100년, 200년이 아니라 영원의 시간으로 전망의 지평을 확장시켜 준다. 영원에 잇대어 웃을 수 있는 사람들은 참으로 이긴 자요, 참으로 복된 자이다. 우리는 그들을 그리스도인이라 부른다. 그리고 사람들에게 참되고 확실한 소망을 주는 바로 그것을 복음이라 말한다.

바울은 복음에 사로잡힌 자였다. 그는 AD 1세기 거대한 로마 제국 곳곳을 누비면서 복음을 전했다. 당시 도로, 교통 및 노상 강도, 들짐승의 위험이라는 제반 여건 등을 고려해볼 때 하루에 이동할 수 있는 거리는 최대 32km였을 것으로 추정된다.[1] 지금의 기준으로서야 그 정도면 출퇴근길에 해당하는 거리에 불과하겠지만, 당시 변변한 교통 수단이 없었음을 고려할 때 바울이 얼마나 많은 발품을 팔았을지 짐작이 간다. 우리를 놀라게 하는 것은 그가 여행했던 물리적 거리보다도 그가 복음을 전하는 과정에서 받은 무수한 고초들이다.

바울은 여러 차례 감옥에 갇히고, 매 맞고, 채찍질 당하고, 돌에 맞았다. 그가 죽음의 문턱에 이르는 고비를 겪은 건 비단 사람들 때문만은 아니었다. 그는 자연의 횡포에서도 자유롭지 못하여 3번 파선 당해서 바다에 수장될 뻔했으며 강과 광야에서도 위험에 노출되었었다. 그럼에도 불구하고 아무 것도 그의 앞길을 막을 수 없었다.

구체적으로 무엇이 바울로 하여금 그토록 쉼 없이 달리게 했을까? 여러 가지 설명이 가능하겠지만, 여기서 딱 한마디로 잘라 말하자면 장래 소망이 그를 그토록 달리게 했다고 말하고 싶다.

생애를 마감하는 시점에서 썼던 디모데후서 4장에서 바울은 길고 험난했던 인생 여정을 간결하고 담박(淡泊)하게 담아내고 있다.

> 나는 선한 싸움을 싸우고 나의 달려갈 길을 마치고 믿음을 지켰으니(딤후 4:7).

---

1 제롬 머피 오코너, 『바울 이야기』, 정대철 역 (서울: 두란노서원, 2006), 8.

그렇게 앞을 향해 달려온 삶의 결과는 무엇인가?

> 이제 후로는 나를 위하여 의의 면류관이 예비되었으므로 주 곧 의로우신 재판장이 그 날에 내게 주실 것이며 내게만 아니라 주의 나타나심을 사모하는 모든 자에게도니라(딤후 4:8).

바울의 심장을 뜨겁게 뛰게 하고 거침없이 달리게 했던 것이 무엇이었는지 알 수 있는 대목이다. 그는 그리스도 안에서 자신뿐 아니라 모든 성도들을 위해 예비된 영광스러운 미래를 바라보았던 것이다.

디모데에게 이 편지를 보냈을 시점에 바울이 사형 집행을 기다리고 있었다는 것이 실로 놀랍지 않은가?

제롬 머피 오코너(Jerome Murphy-O'Connor)는 이렇게 촌평한다.

> 이는 사형 집행 날짜가 임박한 사형수의 불안이 아니라, 생애를 훌륭하게 산 사람의 자기 긍정적 진술이다.[2]

바울은 진정한 승리자였다. 그에 비할 때 전투에서 이기고 와서, "왔노라, 보았노라, 이겼노라"라고 도도하게 외치던 율리우스 카이사르(Gaius Iulius Caesar)의 말은 참으로 무색해진다.

바울을 지탱하고 이끌었던 것은 그리스도 안에 예비된 영광스러운 미래였다. 이를 다른 말로 표현하자면 종말론적 소망이 그의 원동력이 된 것이다. 후대의 사람들은 그를 가리켜 위대한 신학자라고 말한다. 옳은 말이다.

---

2 오코너, 『바울 이야기』, 309.

그러나 바울은 우리가 흔히 생각하는 것과 같은 의미에서의 신학자는 결코 아니었다. 그에게 있어서 신학과 신앙은 각각 분리된 둘이 아니라 하나였다. 그의 신학적 사유는 곧 행동으로 옮겨졌다. 그의 종말론 역시 어느 신학 세미나의 토론 주제가 아니라 현재를 이해하고 미래를 바라보는 틀이었다. 그의 여러 편지들에서 종말론적 사고가 배어나지 않는 곳을 찾아볼 수가 없다. 한마디로 그가 종말론을 몸소 살았다고 해도 과언이 아니다.

현재 한국 교회에서 종말론이 강조되지 않고 있다. 설사 종말론에 관한 설교를 한다고 하더라도 조심스러울 수 밖에 없다. 이는 종말론에 대한 편견과 이해 부족에서 빚어지는 현상인데, 그 원인에 대해서는 뒷부분에서 다룰 예정이다. 어떤 면에서는 종말론에 관한 편견이 형성된 데에는 헐리우스식 재난 영화가 한 몫을 차지한다고 말할 수 있다.

'종말'이라는 단어와 연상되는 것들에는 인류의 멸망, 거대한 자연 재해로 인한 참사, 세계 대전 등으로 하나 같이 부정적이고 파괴적인 것들이다. 이런 고정 관념이 사람들의 뇌리에 박힌 데에는 이를 극적으로 이미지화한 영화의 영향이 적지 않다. 아마 대부분의 사람들이 종말을 소재로 한 영화 한두편쯤은 보았을 것이다.

영화에서 자주 등장하는 종말의 시나리오로는 소행성과 지구의 충돌, 전대미문의 기상 이변, 좀비들의 습격, 외계인 침공, 인공 지능 컴퓨터의 반란, 핵 전쟁 등이 있다. 그 소재가 무엇이건 어느 날 인류가 멸망할 수도 있다는 생각 자체가 불러오는 두려움과 불안이 적지 않다. 그래서 종말론이라는 말만 듣고도 어떤 사람들은 지레 알레르기 반응을 일으킨다.

다른 한편으로, 사람들은 종말론에 온갖 자극적인 상상을 덧붙인다. 종말론의 본질에는 눈길조차 주지 않고 호기심을 자극하는 측면만 극대화한다. 흥미 위주로 종말론을 몰고 가는 것이다. 그 결과 종말론의 본질은 어디론가 사라지고 기괴한 모습으로 왜곡되거나, 그 반대로 종말론 자체에 아예 무관심해진다. 종말론의 본질과 또 그것이 우리 삶에서 갖는 의의를 올바로 알고 이해하는 것이 시급하다.

그리스도인들이 종말론에 대해 잘 알지 못한다는 건 이만저만한 문제가 아니다. 그것은 신앙적 기반의 부실로 이어진다. 종말론을 제대로 이해해야 하는 이유가 바로 여기에 있는 것이다.

바울이 종말론을 삶으로 살아냈다고 말하는 건 조금도 과장이 아니다. 그의 신학 전반에 종말론적 요소가 없는 곳이 없으며, 그의 삶의 지향점 역시 종말론적이었다. 바울은 여러 차례 자신을 본받으라고 말한다(고전 4:16; 11:1; 빌 3:17). 이는 자만심에서 나온 권면이 아니라 바울이 몸소 신학과 신앙이 하나가 되는 삶을 살았기 때문에 사랑하는 교인들에게 자신을 살아있는 본보기로 제시할 수 있었던 것이다.

오늘날 설교 단상에서 예수님을 제외하고 바울만큼 자주 인용되고 거론되는 성경 인물이 없을 것이다. 그에게서 우리는 기독교 신앙의 본질과 그리스도인의 삶에 대해서 배우는데, 그것은 종말론적 비전으로 충만하다. 그 비전이 그로 하여금 하나님 나라를 위해 살게 하는 추동력이 되었다면 오늘날 우리에게도 마찬가지여야 할 것이다.

이제 바울이 우리에게 말해주는 종말론에 귀를 기울임으로써 그것이 우리에게 어떤 의미를 갖는지를 알아보아야 겠다. 종말론에 대한 올바른 이해는 우리가 하나님의 자녀로서 마땅히 가져야 할 사고와 가치관, 그리고 삶을 형성하도록 도와준다.

믿지 않는 사람들은 오늘만 산다. 그러나 그리스도인들은 오늘을 사는 동시에 내일을 산다. 왜냐하면 그리스도인들은 궁극적인 승리와 영광으로 부름을 받았기 때문이다. 어제를 사는 사람은 오늘을 사는 사람을 이기지 못하고, 오늘을 사는 사람은 내일을 품고 오늘을 사는 사람을 이길 수 없다.

1장. 종말론의 구조

1. 종말의 시작

종말론과 관련하여 사람들의 초미의 관심사는 종말의 시간표일 것이다. 그중에서도 특히 종말이 언제 오는지를 가장 알고 싶어한다. 그래서 이렇게 묻는다.

"대체 종말은 언제 시작됩니까?"

이 질문에 답을 하지 않겠다. 왜냐하면 질문이 잘못되었기 때문이다. 사람들은 종말을 미래형으로만 인식하기 때문에 이런 잘못된 질문을 한다. 이제 질문을 정정하여 다시 물어보자.

"종말은 언제 시작되었나요?"

질문이 과거 시제로 바뀌었음을 눈치챘는가?

그렇다. 종말은 이미 시작되었다.

이 말에 혼란스러울 수 있지만, 이는 사실이다. 왜냐하면 성경에서 그렇게 말하기 때문이다. 성경에서 말하는 종말을 제대로 이해하려면 우선적으로 흔히 세상에서 말하는 종말의 개념과 성경적 개념이 일치하지 않는다는 걸 알 필요가 있다. 세상에서 말하는 종말은 인류의 파멸과 거의 동의어이다. 이런 개념을 성경에 적용하는 데서 혼선이 빚어진다.

우선 종말이 이미 시작되었다는 것의 정확한 의미를 아는 것이 성경적 종말관을 제대로 이해하는 기초가 될 것이다. 종말의 시점에 대해 신약성경의 저자들은 한결 같은 목소리를 내고 있다. 먼저 이것을 다룬 후에 바울의 종말관으로 넘어가는 것이 전체적인 이해를 위해 도움이 될 것이다.

사도행전 2장을 보면 승천 직전에 예수님의 말씀대로 120명의 제자들이 예루살렘을 떠나지 않고 모여서 한 마음으로 간절히 기도하다가, 오순절 성령강림으로 성령을 받아 저마다 방언으로 "하나님의 큰 일"을 말하는 사건이 일어난다. 이를 듣고 사람들은 이들이 낮술에 취했다고 조롱한다.

이때 베드로가 나서서 사람들을 향해 설교하게 된다. 그는 요엘 선지자의 예언을 인용하면서 지금 일어난 일이 바로 그 예언의 성취라고 힘주어 말한다. 그는 다음과 같이 말한다.

> 하나님이 말씀하시기를 말세에 내가 내 영을 모든 육체에 부어 주리니 너희들의 자녀들은 예언할 것이요 너희의 젊은이들은 환상을 보고 너희의 늙은이들은 꿈을 꾸리라(행 2:17).

잠시 비교를 위해 요엘서 2:28을 보자.

> 그 후에 내가 내 영을 만민에게 부어 주리니 너희 자녀들이 장래 일을 말할 것이며 너희 늙은이는 꿈을 꾸며 너희 젊은이는 이상을 볼 것이며(욜 2:28).

두 본문이 거의 동일한데, 한 단어에서 무시할 수 없는 차이를 보인다. 성령을 부어주시는 일이 일어나는 시점 묘사에 중요한 변화가 일어난 것이다.

요엘은 "그 후에"라는 불특정 어느 미래 시점에 그 일이 일어나는 것으로 묘사했다. 그런데 베드로는 오순절에 이 예언의 성취를 직접 경험하고, 하나님의 시간표 안에서 이 사건이 갖는 의의를 깨닫는다. 성령이 어느 특정한 개인이 아닌 남녀노소 불문하고 다수의 사람들에게 부어지는 사건은 다름 아닌 말세의 지표이다. 그래서 "그 후에"를 "말세에"라고 해석한다. 이처럼 성령 강림은 종말의 시작을 알리는 중요 지표임을 알 수 있다.

성령 강림보다 시간적으로 조금 더 앞선 중요한 종말의 지표가 있다. 베드로전서 1:20은 이렇게 말한다.

> 그는 창세 전부터 미리 알린 바 되신 이나 이 말세에 너희를 위하여 나타내신 바 되었으니(벧전 1:20).

여기서 말하는 "창세 전부터 미리 알린 바 되신 이"는 예수 그리스도임을 앞 절(벧전 1:19)에서 밝히고 있다. 다른 성경 구절을 더 살펴보자.

> 옛적에 선지자들을 통하여 여러 부분과 여러 모양으로 우리 조상들에게 말씀하신 하나님이 이 모든 날 마지막에는 아들을 통하여 우리에게 말씀하셨으니 이 아들을 만유의 상속자로 세우시고 …(히 1:1-2).

여기서의 아들 역시 예수 그리스도를 지칭한다. 예수님의 등장은 특정 시점과 깊은 관련이 있는 것으로 묘사된다. "이 모든 날 마지막"(개역개정, 개역한글), "이 마지막 날"(새번역), "이 마지막 때"(현대인의 성경) 등으로 번역된 이 구절은 신약에서만 특별한 무게를 지니는 건 아니다. 구약에서도 등장하는 이 구절은 신약에서와 마찬가지로 우리의 관심을 끄는 맥락에서 사용되고 있어서 그 비중을 짐작하게 한다.

"이 모든 날 마지막"이란 어구는 히브리어 성경을 헬라어로 번역한 70인역에서 2가지로 표현되는데, '에스카타이 헤메라이'(ἔσχαται ἡμέραι, 창 49:1; 사 2:2; 렘 37:24; 겔 38:16; 호 3:5; 단 10:14)과 '에스카톤 톤 헤메론'(ἔσχατον τῶν ἡμερῶν, 민 24:14; 신 4:30; 31:29; 렘 23:20; 25:18)이 그것이다.

이 두 헬라어 구절은 히브리어 '아헤리트 하야밈'(אחרית הימים)의 번역이다. '가장 뒤'를 뜻하는 '아하르'(אחר)에서 파생된 '아헤리트'는 시간적, 공간적으로 '맨 뒷부분'을 뜻한다. '아헤리트'는 시간 명사인 '하야밈'과 결합되어 '마지막 날'이라는 의미가 된다. 의미 자체만으로 놓고 보면 특별한 점을 찾을 수 없는, 평범한 표현에 지나지 않는다.

하지만 이 어구가 사용된 문맥을 고려하면 그냥 가볍게 간과할 수 없다는 걸 알게 된다. 이 어구가 쓰인 창세기 49:1, 민수기 24:14, 신명기 10:14, 31:28-29 등은 종말론적 문맥으로 알려져 있다. 따라서 이 어구에는 종말론적인 무게가 실릴 수 밖에 없다. 그중 몇 구절을 소개하면 아래와 같다.

> 야곱이 그 아들들을 불러 이르되 너희는 모이라 너희가 **후일에** 당할 일을 내가 너희에게 이르리라(창 49:1).
> **후일에는** 야곱의 뿌리가 박히며 이스라엘의 움이 돋고 꽃이 필

것이라 그들이 그 결실로 지면을 채우리로다(사 27:6).

다니엘아 **마지막 때**까지 이 말을 간수하고 이 글을 봉함하라 많은 사람이 빨리 왕래하며 지식이 더하리라(단 12:4).

그 후에 이스라엘 자손이 돌아와서 그들의 하나님 여호와와 그들의 왕 다윗을 찾고 마지막 날에는 여호와를 경외하므로 여호와와 그의 은총으로 나아가리라(호 3:5).

우리 말로는 조금씩 다르게 번역되었지만 히브리어로는 동일하다. 이 어구는 신약에서 고스란히 사용되고 있다(행 2:17; 딤후 3:1; 벧전 1:20; 벧후 3:3; 약 5:3 등). 히브리서 1:2은 "모든 날 마지막에"라는 전형적인 어구에 "이"(these)라는 지시어를 첨가하였다.

이와 같은 어구의 변형이 갖는 의미는 무엇일까?

히브리서 기자 역시 마지막 날이 벌써 시작된 것으로 인식하고 있음을 시사한다.[1] 베드로나 히브리서 기자가 함부로 자의적으로 단어를 바꾸거나 첨가한 것이 아니다. 에베소서 2:20은 선지자와 사도의 가르침이 교회의 터가 되었음을 말한다. 성경이 성령의 감동하심으로 기록된 책이라는 것(벧후 1:21)을 기억한다면 하나님이 사도들을 통해 구약 예언의 의미를 보다 명확하게 드러낸 것으로 봐야 한다.

따라서 베드로나 히브리서 기자의 구약 해석은 독단적인 것이 아니다. 바울도 자신의 시대에 이미 종말이 시작된 것으로 인식했음을 확인

---

1 Paul Ellingworth, *The Epistle to the Hebrews*, NIGTC (Grand Rapids: Eerdmans, 1993), 93.

할 수 있다.

> 그들에게 일어난 이런 일은 본보기가 되고 또한 **말세를 만난 우리를 깨우치기 위하여 기록되었느니라**(고전 10:11).

개역성경이 번역한 "말세"의 헬라어 표현을 직역하면, '세대들의 끝들'(타 텔레 톤 아이오논, τὰ τέλη τῶν αἰώνων)이지만, 그 의미는 별반 다르지 않다.

결론적으로 종말은 이미 시작되었다고 말할 수 있다. 그것도 이미 오래 전에 말이다. 예수님의 부활과 승천, 그리고 오순절 성령 강림이 그 서막을 연 것이다. 종말을 미래에 벌어질 일이라고만 여겼던 사람들에겐 어안이 벙벙해질 일이다. 그들은 이렇게 반문할지도 모른다. "그렇다면 이미 오래 전에 종말이 왔다는 말인데, 여태껏 세상은 그대로 돌아가고 있다는 것이 말이 되는 거요?"

앞에서 언급했던 말세를 의미하는 헬라어 구절로 다시 돌아가 보면 그것에 대한 힌트를 얻을 수 있을 것이다. '에스카타이 헤메라이'(ἔσχαται ἡμέραι)와 '에스카톤 톤 헤메론'(ἔσχατον τῶν ἡμερῶν)이 대표적 어구인데, 전자를 직역하면 '마지막 날들'이고, 후자는 '날들의 끝'이 된다.

이 문구들이 시사하는 바는 종말이 어떤 특정 기간이면서 결정적이고 최종적인 시점으로 수렴된다는 것이다. 예수님의 초림이 종말의 기점이 되므로 종말은 현재를 거쳐 미래 어느 시점까지 폭 넓게 아우르지만, 결국은 종지부를 찍게 되는 최종 시점에 이르게 된다.

우리가 사는 이 시대를 일컬어 흔히 말세지말(末世之末)이라고들 한다. 예수님의 초림을 기산점으로 하면 마지막 날들이 시작된 지 어언

2천 년이 지났고, 그만한 세월이 흘렀으니 예수님이 다시 오는 날이 그만큼 가까워졌다는 의미일 것이다. 다른 한편으로는 자신이 생존하는 동안에 재림을 맞이하고픈 마음의 발로인 것으로 이해된다. 2천 년이란 세월은 길어야 100세를 넘기지 못하는 인간의 유한성에서 바라보면 너무 긴 세월이다.

도대체 종말의 끝은 언제일까?

조바심에 인내가 바닥날 지경이다. 우리에게 베드로는 이런 말을 해 준다.

> 사랑하는 자들아 주께는 하루가 천 년 같고 천 년이 하루 같다는 이 한 가지를 잊지 말라(벧후 3:8).

우리의 시간 관념과 하나님의 시간 관념이 많이 다른 것을 우리는 받아들여야 한다. 말세가 시작된 후 너무 오랜 시간이 경과되었다고 해서 그것을 재림 약속을 불신할 근거로 삼는 건 그리스도인의 자세가 아니다. 인내심을 갖고 그리고 겸손하게 하나님의 때를 기다리는 태도가 요구된다.

말세의 시작이 예수님의 초림에서 비롯되었다는 것을 우리는 기억해야 한다. 그리스도를 통한 하나님의 구원 사역과 종말 사이에 연관성을 엿볼 수 있기 때문이다. 인간의 역사가 우연에 의해 시작되었고 우연이 중첩되는 연속적 과정이라고 한다면 말세는 재난 영화 수준을 벗어나지 못할 것이다. 이런 관점은 말세를 인류 종말의 카운트다운과 동일시하는 인식을 벗어나지 못하는 것이다. 인간 역사는 하나님의 창조로부터 비롯된다.

하나님은 당신의 변덕이나 심심풀이에 피조 세계를 희생시키지 않는다. 성경이 인간 역사의 어느 부분을 종말의 시기로 구분하고 있다는 것은 하나님의 미리 정한 스케줄이 있음을 암시한다. 하나님은 기뻐하는 뜻과 계획 가운데 주권적으로 섭리한다. 시작한 이도 하나님이며 매듭짓는 이도 하나님이다. 종말의 시대를 살고 있는 우리에게 필요한 것은 종말의 본질이 무엇인지 그리고 우리에게 있어서 종말이 갖는 의미가 무엇인지를 이해하는 것이다.

이제 바울에게서 그 답을 찾아보기로 하자.

2. 바울의 종말 이해

오늘날 종말론 관련 서적들에서 기대되듯이 바울서신에서 체계적인 종말론을 발견하리라 예상했다면 많이들 실망할 것이다. 바울은 종말론에 관한 논문을 쓴다거나 전공 서적을 집필한 것이 아니다. 그는 지역 교회들의 당면 문제에 대처하기 위해 편지를 썼고, 교인들의 상황에 적절히 대처하고 권면하기 위해 필요한 신학적 원리들을 제시하였다. 종말에 관한 가르침은 그중 하나이며, 그것마저도 바울서신 곳곳에 흩어져 있어서 그것들을 종합해야만 바울의 종말관의 면모를 제대로 살펴볼 수 있다.

앞으로 바울서신 중 종말과 관련된 구절들을 다루면서 알게 되겠지만, 바울은 종말의 시나리오가 언제 어떻게 전개되는지에 관한, 사람들의 궁금증을 풀어주기 위해 종말론을 다루지 않는다. 바울에게 있어서 종말론은 현실과 동떨어진 사변적 신학에 불과한 것이 아니라 '지금 여기에서' 사는 실존적 삶과 긴밀하게 연관되어 있다. 사도 바울이 교회들에게 보낸 편지를 통해 그리스도인들이 깨닫기 바랬던 종말관을 우리가 제대로 이해한다면, 우리의 인식과 사고의 지평이 보다 넓게 열려서 그리스도 안에 있는 참된 소망과 미래를 품을 수 있을 것이다.

1) 종말론의 성경적 정의

종말이란 단어에서 우리가 받는 부정적 인상은 차치하고라도, 현재 교회에서 종말론이 거의 다루어 지지 않는 현실로 인해 종말론은 우리에게 너무나 생소한 것이 되어 있다. 하지만 시간을 니어 개인적으로 성경을 읽는 사람들이라면 성경에 종말과 관련된 표현이나 내용들이 적지 않은 것을 발견할 것이다. 이는 성경이 종말론에 무게를 싣고 있음을 암시한다.

실제로 신약을 연구하는 학자들은 종말론이 신약성경의 중심적 가르침이라고 말한다.[2] 그러므로 종말론을 자신과 직접적 상관이 없는 것으로 치부하여 이에 관심을 기울이지 않는다는 것은 그리스도인의 올바른 자세가 아니다. 신약의 많은 가르침이 종말론에 그 중심을 두고 있다면 그리스도인으로서 알기를 원하고 잘 이해하도록 노력을 해야 할 것이다.

종말론의 정의를 살펴보자. 종말론이란 "마지막 일들, 특히 그것과 직접적으로 연관된 역사의 완성과 그 사건들"[3]을 지칭한다. 그 어원적 유래를 살펴보면, 종말론이란 영어 단어 'eschatology'는 '마지막'을 뜻하는 헬라어 '에스카토스'(ἔσχατος)에서 유래한다. 70인역에서 '종말'에 해당하는 헬라어는 위에서 잠시 언급한 바와 같이 2가지 형태로 나타나

---

[2] D. C. Allison, Jr., "Eschatology," in *Dictionary of Jesus and the Gospels*, eds. by Joel B. Green. Scot McKnight and I. Howard Marshall (Downers Grove: IVP), 206.

[3] Allison, "Eschatology," 206.

는데, '에스카톤 톤 헤메론'(ἔσχατον τῶν ἡμερῶν)과 '에스카타이 헤메라이'(ἔσχαται ἡμέραι)가 그것이다. 이 구절은 원래 히브리어 '아헤리트 하야밈'(אחרית הימים, 마지막 날)의 번역임을 우리는 이미 알고 있다.

게할더스 보스(Geerhardus Vos)는 구약에서 이 표현이 쓰이는 모든 구절들을 살펴본 후 다음과 같은 결론을 내린다.

첫째, 이 표현은 명백히 종말론적이며,

둘째, 하나님 백성의 미래 및 운명과 관련되며,

셋째, 그 개념이 포괄하는 범위가 가변적이어서 긍정적인 일과 부정적인 일이 모두 포함되는 한편, 신약에서 말하는 영원 상태 개념까지 확대된다.[4]

이 구절들에 종말론적인 함의가 내포되었다는 것은 신약에서도 확인된다(요 6:39, 44; 11:24; 12:48; 히 1:2; 벧전 1:20; 벧후 3:3; 요일 2:18; 유 18절 등을 보라). 이는 바울서신에서도 예외가 아니다. 이 구절들이 종말론적으로 인식되고 사용되었다는 사실은 당시 초대 교인들이 종말을 가까운 것으로 인식했음을 암시하는 듯하다.[5]

그런데 초대 교인들의 종말론적 인식은 공포스러운 것이 아니라 소망으로 가득 찬 것이었음을 알아야 한다. 왜냐하면 종말은 하나님의 백성들의 궁극적인 미래와 연관되어 마지막 때에 이루어질 역사의 완성에 대한 것이며, 성도들의 궁극적인 미래는 승리이기 때문이다.

종말론은 3차원적 시공간 내에서 인간의 최종적 역사를 다루는 것 그 이상이다. 더 높은 차원에서 역사가 다루어지기 때문에 종말론은 가히

---

4 게할더스 보스, 『바울의 종말론』, 이승구, 오광만 역 (서울: 도서출판 엠마오, 1989), 18-21.
5 보스, 『바울의 종말론』, 21-22.

4차원적이라 할 수 있다. 왜냐하면 하나님의 개입으로 역사의 최종적 결말이 이루어지고 하나님이 목적한 바대로 성취되기 때문이다.

이 성취 과정에 성도들이 겪어야 할 투쟁이 있다. 바울은 에베소서 6:12에서 성도들의 투쟁의 대상이 "이 어둠의 세상 주관자들과 하늘에 있는 악의 영들"이라고 밝히고 있다. 베드로도 마귀를 성도의 대적으로 규정하고 있으며, 그가 성도를 쓰러뜨리기 위해 활동 중이라고 분명히 말하고 있다(벧전 5:8).

그러나 성도들에게 이 싸움에서의 승리가 보장되어 있다. 왜냐하면 "평강의 하나님께서 속히 사탄을 너희 발 아래에서 상하게" 하실 것이기 때문이다(롬 16:20). "너희 발 아래"는 시편 110:1을 연상시키는 표현이다. 초대 교회 성도들은 시편 110편을 메시아적 혹은 종말론적 시편으로 인식했으며 예수님에게서 그것이 성취된 것으로 보았기 때문에, 바울이 이를 로마 성도들에게 적용한다는 것은 예수님의 부활에서 성도의 승리를 보증하는 것으로 볼 수 있다.[6]

종말론에서는 성도들이 경험하는 이 영적 전쟁이 궁극적으로는 하나님과 사탄의 싸움이라고 인식된다.[7] 그리고 그 싸움은 하나님의 최종적 승리로 대미를 장식하게 된다.

앞으로 다루겠지만, 종말론을 구성하는 중요한 개념 중 하나가 바로 시대의 구분이다. 종말론에서는 두 시대가 서로 극명하게 대비되고 있는데 바로 현 시대와 다가올 시대이다. 한마디로 보이지 않는 영적 세력

6　David N. Scholer, "'The God of Peace Will Shortly Crush Satan under Your Feet' (Romans 16:20a): The Function of Apocalyptic Eschatology in Paul," *Ex Auditu* 6 (1990): 53.

7　Scholer, "The God of Peace," 53.

이 배후에서 통제하고 있는 현 시대의 질서에 종지부를 찍게 되는 때가 바로 종말이다.[8] 결국 마지막 일들이란 하나님의 섭리와 계획 가운데 역사가 완성되는 것을 말한다. 왜냐하면 만물이 주에게서 나오고 주로 말미암고 주에게로 돌아가게 되며(롬 11:36), 하나님은 처음이자 마지막이시기 때문이다(사 44:6, 48:12).

개념적으로 마지막은 시작을 전제로 한다. 시작이 없으면 마지막도 있을 수 없다. 결말이란 단지 어느 과정의 끝만은 아니다. 시작할 때 목표로 하였던 것이 성취 내지 완성되는 측면도 포함된다. 즉 처음 시작에서 마지막에 이르기까지 일관된 계획의 관철을 의미한다. 그러므로 "종말론은 시원론(protology)을 전제로 하고 있다"[9]라는 말은 옳다.

이 말을 이해하기 위해 집을 짓는다고 가정해보자.

집을 짓기 위해 가장 먼저 해야 할 일은 무엇인가?

만약 기초 공사를 떠올렸다면 아쉽지만 틀린 답이다. 어떤 집을 지을지 그 완성된 모습을 미리 결정하고 계획하는 것이 가장 우선되어야 한다. 그렇지 않고 무턱대고 땅부터 팔 수는 없다.

집 한 채를 지어도 어떤 모습의 집을 지을 지 미리 생각하고 설계에 따라 건축하게 되는데, 하물며 천지창조 시 하나님이 아무 설계나 계획 없이 '일단 사람을 만들어놓고 보자'라는 식으로 했겠는가?

우리가 작은 물건을 하나 만들어도 용도와 목적을 갖고 만든다. 하나님이 사람들 만들 때 사람을 향한 목적이 있었음은 두말할 필요도 없다.

---

8 J. Julius Scott, Jr., "Paul and Late-Jewish Eschatology-A Case Study, 1 Thessalonians 4:13-18 and 2 Thessalonians 2:1-12," *Journal of the Evangelical Theological Society* 15, no 3 (Summer 1972): 135.

9 차정식, 『바울 신학 탐구』 (서울: 대한기독교서회, 2005), 263.

그런 의미에서 종말론은 목적론적 성격을 갖는다. 피조물인 인간을 향한 하나님의 계획과 섭리를 염두에 둘 때에 종말론에 한 발 더 가까이 다가갈 수 있다.

2) 첫 아담과 마지막 아담

시공 속에 인간 및 피조물들은 삶을 이어간다. 시공 안에서 우리는 태어나 숨쉬고 살아있다는 흔적을 남기게 된다. 시공은 생명체의 터전이며 우리의 삶을 정의하기도 하지만, 한편으로 우리의 삶은 시공에 의해 제한되기도 한다. 이론적으로야 시간 여행이 가능하겠지만, 실제적으로 우리는 시간을 거슬러 갈 수도 없고 시간을 되돌릴 수도 없다. 아담과 하와의 타락 이야기를 읽은 사람들 중 이런 생각을 해 본 사람들이 꽤 있을 것이다.

'만약 아담과 하와가 선악과 열매를 따먹지 않았다면 ….'

이에 한 발 더 나아가 영화 "백투더퓨처"의 주인공처럼 시간을 거슬러 올라가 하와가 선악과 열매를 한 입 깨물어 먹으려는 순간 이를 저지할 수 있으면 좋겠다고 생각하는 사람도 있을 것이다. 하지만 역사에 가정은 없다고 하지 않던가. 한번 일어난 일은 돌이킬 수 없다.

인간 역사에 큰 획을 긋는 사건들이 많이 있어 왔다. 어떤 되돌이킬 수 없는 결정을 내릴 때, 우리는 "루비콘을 건넜다"라는 말을 가끔 사용한다. 이는 카이사르가 이탈리아 반도 북쪽에 위치한 루비콘 강을 건넌 일에서 유래되었다. 카이사르는 홀홀 단신으로 루비콘을 건너 로마로 들어가 정적들에게 순순히 당하든지 아니면 그들과 일대 결전을 벌이든지 양자택일해야 하는 일생일대의 기로에 서게 되었다.

카이사르는 "이 강을 건너지 않으면 내가 불행해지고, 이 강을 건너면 세상이 불행해진다"라고 하면서 끝내 자신의 군단을 이끌고 루비콘을 건너면서 로마는 내전에 휩싸였다. 그 결과, 카이사르의 승리는 공화정에서 제정으로 로마의 정치 체제가 바뀌는 단초를 마련하였다.

이처럼 역사의 물줄기를 바꾸어 놓는 굵직굵직한 사건들은 사람들의 기억에 뚜렷이 각인된다. 왜냐하면 좋은 쪽이건 나쁜 쪽이건 간에 그 사건이 몰고 온 여파가 너무 크고 많은 사람들에게 영향을 주기 때문이다.

이런 의미에서 우리가 아담을 떠올리는 것은 자연스러운 일일 것이다. 아담의 불순종이 갖고 온 결과를 보라. 그 결과는 제한된 몇 세대에만 영향을 미치는 것에 그치지 않고 아직도 진행 중이다. 아담의 불순종에 비견할 만큼 인간 역사에 대규모적이고 지속적이고 파괴적인 영향력을 발휘하는 사건은 단언컨대 없다. 그런 점에서 아담에 대해 잠시 언급할 필요가 있다.

아담에 대해 말하려면 관계적 측면에서 접근해야 한다. 그는 하나님과 관련해서는 하나님의 형상대로 지음 받은 자요(창조주-피조물), 다른 피조물과 관련해서는 하나님의 대리인으로 통치권을 행사하는 자요(통치자-피통치자), 우리와 관련해서는 최초의 사람이자 인류의 시조이다(선조-후손).

여기서 가장 근본적인 관계는 하나님과 아담의 관계임에는 의심의 여지가 없을 것이다. 하나님의 창조로 형성된 이 관계는 아담을 규정하고 그의 삶에 질서와 방향성을 제시한다. 즉 아담에게 어떤 지위가 주어졌고 목적이 부여되었음을 의미한다. 창세기 1:26은 피조물로서의 독특한 그의 지위와 사명을 기술한다.

> 우리의 형상을 따라 우리의 모양대로 우리가 사람을 만들고 그들로 바다의 물고기와 하늘의 새와 가축과 온 땅과 땅에 기는 모든 것을 다스리게 하자(창 1:26).

아담은 자신의 존재 목적 및 사명에 필요한 모든 지적, 신체적 기능을 갖춘 존재로 창조되었다. 흔히 하는 말로 배꼽 없이 태어난 유일한 사람인 것이다. 존재와 목적을 하나님에게서 부여받는다는 점에서 아담은 철저히 하나님에게 의존되어 있다. 그리고 그가 인류의 시조라는 점에서 그가 하나님과 갖는 관계와 그의 존재 이유는 모든 인류에게로 그대로 적용된다.

미켈란젤로(Michelangelo)나 고흐(Gogh) 등의 걸작에 사람들은 감동하지만, 사실 진짜 경이로운 것은 바로 사람 자신이다. 사람의 존재 자체가 경이롭다는 것을 가장 잘 알 수 있는 때는 바로 아기가 태어나는 순간이다. 꼬물거리는 그 작은 생명체는 경이로움 그 자체이다. 다윗은 하나님으로부터 특별한 지위를 받은 사람에 대한 경이로움을 다음과 같이 표현했다.

> 사람이 무엇이기에 주께서 그를 생각하시며
> 인자가 무엇이기에 주께서 그를 돌보시나이까
> 그를 하나님보다 조금 못하게 하시고
> 영화와 존귀로 관을 씌우셨나이다
> 주의 손으로 만드신 것을 다스리게 하시고
> 만물을 그의 발 아래 두셨으니 …(시 8:4-6).

우리는 우리 자신을 잘 알기 위해서 사회학, 심리학, 인류학, 생리학 등 다양한 측면에서 자신을 연구해 왔다. 하지만 하나님과의 관계를 배제하고는 우리에 대한 올바르고 충분한 이해에 도달할 수 없다.

인간의 존엄성은 어디에서 비롯되는가?

사람이 도구를 사용하는 존재이기 때문이거나 적자생존의 원리에 따라 환경에 가장 재빠르게 잘 적응해서도 아니다. 사람이 존엄한 이유는 사람이 하나님의 형상을 따라 지음 받았고 하나님의 대리인의 자격이 주어졌기 때문이다.

'지음 받았다'는 것은 사람의 존재가 스스로의 뜻과 힘에 의해서가 아니라 전적으로 지으신 이에 의존됨을 가리킨다. 또한 이는 존재의 이유와 목적을 사람 스스로 만들어가는 것이 아니라 하나님으로부터 부여되는 것임을 말한다. 흙으로 만들어졌으니 재료 자체로서는 별 가치가 없지만, 하나님의 형상을 따라 만들어졌으므로 엄청난 부가가치를 갖게 된 것이다. 시편 8편의 말대로 "영화와 존귀"가 그를 감싸는 옷이 되었다.

우리는 아담과 하와의 생김새나 에덴 동산에서의 생활상을 상상하기 어렵다. 사람은 자신의 경험치를 뛰어넘기가 힘들기 때문에 자신이 알고 경험한 것 이상의 것을 그려보기 쉽지 않다. 우리는 이미 타락한 세상에 태어나 살기 때문에 아담과 하와가 얼마나 초롱초롱한 눈망울로 서로를 사랑스럽게 바라보았는지, 얼마나 가벼운 발걸음으로 풀숲을 헤치며 거닐었는지, 또 붉게 물든 지평선을 바라보고 얼마나 감탄하면서 하루를 마무리했을지 상상하기 힘들다.

사람의 이해와 상상의 깊이는 경험의 범위를 벗어나기 힘들다. 영국 시인 존 밀턴(John Milton)의 실락원이 그 후편인 복락원보다 훨씬 더 생생하고 살아있는 묘사력을 가졌다는 평가를 받는 것은 바로 이런 이유 때문일 것이다.

타락 이전의 아담의 삶은 우리에겐 완전 미지의 세계이라면 타락 이후 아담의 삶은 우리가 아는 바대로이다. 그의 행적에 관해 우리가 알 수 있는 것은 '자녀를 낳았다'는 기록뿐이다. 그리고는 상당 기간 성경에서 거의 잊혀진 듯하다가 다시 족보에 올려진 이름으로 등장한다. 마태복음 1장에서의 족보와 달리 누가복음 3장에는 예수님으로부터 시작하여 역순으로 거슬러 올라간다. 요즘에는 개인주의가 만연하고 핵가족화가 되어서 족보에 대한 개념이 예전과는 다른 것이 사실이다.

하지만 족보의 한 가지 유용성을 말하자면, 족보는 소속감 및 연대감을 심어준다. 역순으로 된 예수님의 족보를 따라 올라가 보면 우리는 2가지 흥미로운 사실들을 발견하게 된다.

첫째, 거슬러 가는 누가복음의 족보 뒷부분이 창세기 5장의 족보와 겹치고 있음을 알게 된다. 이는 우리가 까맣게 잊고 있었던 이름들을 상기시킨다. 족보는 오랜 세월의 시간 간격을 뛰어넘어 우리를 다시 먼 과거와 이어준다.

둘째, 그 족보의 흐름상 가장 위에 있어야 할 이름은 당연히 아담일 것이다. 그런데 이 족보는 아담에 그치지 않고 더 나아가 바로 하나님에게까지 이른다.

그렇다면 이 족보가 우리에게 말하고자 하는 것이 무엇일까?

바로 역사성과 연속성이다. 성경은 이 족보의 등장인물들이 허구나 신화적 존재가 아닌 실존 인물임을 말하고 있다. 그리고 이 실존 인물들이 각각 독립되고 무관한 역사를 형성하는 것이 아니라 하나의 일관성 있는 흐름을 형성하고 있으며, 그 역사의 주관자가 하나님이라는 것을 이 족보는 말하고 있다.

성경은 아담이 단지 역사적 실존 인물임을 밝히는 것으로 만족하지 않는다. 성경은 그가 나머지 인류와 갖는 의의에 대해 더 많은 관심을 두고 있다. 족보는 그 관련성을 보여 주기 위한 수단으로 제시된다. 그렇다면 누가복음의 족보 상에 아담의 이름이 등장하는 것으로 끝나지 않을 것이라고 우리는 짐작할 수 있다. 바울 역시 아담이 갖는 의의에 대해 주목한 사람 중 한 명이며, 여기서 한 발 더 나아가 이를 신학적으로 정립하였다.

이제 그것을 살펴보도록 하겠다.

(1) 두 아담

고린도전서 15장에는 낯선 듯 낯설지 않은 표현이 등장하는데, '첫 아담'과 '마지막 아담'이 그것이다.

> 기록된 바 첫 사람 아담은 생령이 되었다 함과 같이 마지막 아담은 살려 주는 영이 되었나니(고전 15:45).

여기서 아담은 우리가 알고 있는 바로 그 아담이다.

그런데 왜 아담이 두 명이며, 나머지 한 사람은 누구일까?

해당 문맥을 잘 읽어보면 첫 아담은 우리가 잘 아는 창세기의 아담이요, 마지막 아담은 예수님을 지칭하는 것임을 알 수 있다. 신약성경은 예수님을 "인자," "하나님의 아들," "그리스도," "주님" 등으로 다양하게 지칭하고 있으나, 예수님을 마지막 아담이라고 부른 것은 고린도전서 15:45이 유일하다. 그 표현의 희소성 때문만이 아니라, 첫 아담과 마지막 아담이 병치되어 대조와 비교를 이룬다는 점에서 우리의 주목을 끈다.

고린도전서 15:21 이하에서 이미 아담과 예수님이 대조되면서 성도의 부활의 확실성이 강조되고 있다. 45절에서 바울은 '첫 아담'에 '사람'을 덧붙여 수식하고 있다. 이 구절은 창세기 2:7("여호와 하나님이 땅의 흙으로 사람을 지으시고 생기를 그 코에 불어넣으시니 사람이 생령이 되니라")을 연상시킨다. "첫 사람 아담"은 '첫 아담'의 변형 혹은 강조로써 앞으로 이루어질 '마지막 아담'과의 대칭 내지 대조를 예견케 한다.

45절은 "첫 사람 아담은 ~이 되었다"와 "마지각 아담은 ~이 되었나니"라는 두 문장이 병치되어 있다. 두 문장은 동일한 문장 구조를 가지고 있을 뿐 아니라 주어를 수식하는 형용사만 제외하면 근본적으로 동일한 문장이다.

닮은 꼴인 이 두 문장이 어떤 관계로 연결되었는지를 간단히 표현하자면 A≒A′이다. 구체적으로 말해서, A라는 사실이 성립하는 것처럼 A′라는 사실이 성립한다는 말이다. 형식에서는 닮은 꼴이면서도 동시에 그 내용면에 있어서 두 문장은 대조적이라는 데서 두 문장의 관계는 복잡하다.

일단 각각의 주어인 아담을 수식하는 두 형용사 "첫"과 "마지막"이 서로 상응하면서 대비를 이루고 있다. 그리고 '~이 되었다'에 해당하는 각각의 내용('생령'과 "살려 주는 영") 또한 대조적이다. 주어와 주어, 그리고 보어와 보어가 각각 대칭을 이루면서도 서로 대립된다는 점에서 우리의 관심과 집중을 요구한다.

우선 우리의 눈길을 끄는 것은 바울이 예수님을 아담이라고 지칭한 것이다. 예수님의 여러 호칭들에 익숙한 우리로서도 이는 상당히 낯설다. 바울의 말대로라면 예수님이 곧 아담이다. 위에서 다룬 대립에 의해 예수님은 창세기의 그 아담과는 확연히 구분되는 아담이라는 것이 암시된다.

창세기의 아담과 구별되어야 하기 때문에 바울은 "마지막"이라는 수식어를 붙이고 있다. 이 "마지막"이라는 수식어 역시 우리의 고개를 갸우뚱하게 만드는데, 바울은 여기서 더 나아가 47절에서 예수님을 다시 "둘째 사람"이라고 부르고 있다. 다음과 같은 등식이 성립한다.

'예수님 = 마지막 아담 = 둘째 사람(아담).'

그리고 우리가 아는 그 아담은 마지막 아담인 예수님과 구별되어야 하기에 '첫 아담'인 것이다. 바로 여기서 바울이 우리에게 말하고자 하는 핵심이 들어 있음을 감지할 수 있을 것이다.

예수님이 둘째 아담으로 지칭되는 것이 앞으로 셋째 아담 또는 넷째 아담이 출현할 수도 있다는 암시로 해석될 수도 있다. 그런데 바울은 예수님을 마지막 아담이라고도 지칭함으로써 이와 같은 추론과 억측을 원천적으로 봉쇄한다. 따라서 셋째 아담의 출현 가능성과 필요성은 전혀 없다. 아담은 오직 둘로써 충분하다.

그렇다면, 바울은 어떤 의미에서 예수님을 아담이라고 부르는가?

바울은 47절에서 첫 아담을 "첫 사람," 마지막 아담을 "둘째 사람"이라고 각각 표현하고 있다. 아담은 고유 명사이지만 동시에 사람이라는 일반 명사이기도 하다. 이는 단순히 아담이 어느 한 개인만을 지칭하는 것이 아니라 인류를 총칭한다는 것을 시사한다. 이를 뒷받침하고 있는 것이 고린도전서 15:21이다.

> 사망이 한 사람으로 말미암았으니 죽은 자의 부활도 한 사람으로 말미암는도다(고전 15:21).

곧 이어 바울은 '아담 안에서 모든 사람이 죽었다'고 말한다(22절).

로마서 5:12도 이와 유사하다.

> 한 사람으로 말미암아 죄가 세상에 들어오고 죄로 말미암아 사망이 들어왔나니 …(롬 5:12).

로마서의 문맥상 한 사람은 바로 아담을 지칭한다. 죄가 세상에 들어온 것은 아담에게 책임이 있음을 바울은 지적한다. 죄가 세상에 들어왔다는 것은 모두가 죄의 영향 아래 있음을 말한다. 여기서 죄는 개별적인 죄라기보다는 "능동적으로 침투하는 원리"[10]를 가리킨다. 그런데 우리로서는 억울할 뿐만 아니라 이해도 안 된다. 왜냐하면 아담 당시 우리는 존재조차 하지 않았기 때문이다. 그런데도 모든 사람이 죄를 짓게 되고 그 열매를 먹게 된다. 그 열매는 사망이다.

고린도전서 15:22은 모든 사람의 사망의 원인이 아담의 행위에 있었음을 말한다.

> 그의 행위로 모든 이가 죽을 인생으로 태어난 것이다. 아담을 치는 그 선고는(창 3:19) 모든 인류를 치는 선고가 되었다. … 그 선고는 인류의 머리에 내려진 선고요, 아담은 인류의 대표로 선고를 받은 것이다.[11]

---

10 George C. Westberg, "The Two Adams: Exposition of Romans 5:12-21," *Bibliotheca Sacra* 94, no. 373 (January - March 1937): 39.
11 알버트 반즈, 『고린도전서』, 반즈 노트: 신구약성경주석, 최종태 역 (서울: 크리스챤 서적, 1993), 535-536.

이렇게 죄와 사망이라는 인류의 족쇄는 아담에게서 기원한다.

그렇다면 어떤 원리에 의해서 아담와 인류가 같은 운명으로 묶이게 되었는가?

아담이 인류의 대표자요 인류의 "우두머리"[12]라는 데에서 그 답을 찾을 수 있다. 인류는 아담으로 대표되고 아담과 연합되어 있다(이를 연합론이라고 한다). 한마디로 아담은 "집합적 실재"(a corporate personality)[13]이다. 집합적 실재로서 아담과 모든 인류는 죄를 공유하고, 따라서 죄의 형벌을 공유한다.

그 형벌은 곧 사망인데, 다음 3가지 차원에서 사망은 온 인류의 불가피한 현실이다. 즉 육신적 사망, 영적 사망, 그리고 영원한 사망이다. 육신적 사망은 아담이 범죄한 순간 그의 몸에서 죽음이 작동하기 시작해서 결국 흙으로 돌아가는 것이다. 영적 사망은 범죄 이후 하나님에게서 멀어져 소외된 것이다. 그리고 그 분리는 잠정적이 아니라 영원한 분리, 즉 영원한 사망이다.[14] 하나님과의 복되고 영광스러운 교제를 더 이상 누릴 수 없다는 것이 이 분리의 핵심이다. 하나님을 의존하며 살도록 지음 받은 존재에게 이보다 더 부자연스럽고 고통스러운 것은 없다.

하지만 하나님은 인류가 비참한 운명을 벗어나 생명과 복을 누리도록 하였다. 22절의 하반부는 다음과 같이 이어진다.

⋯ 그리스도 안에서 모든 사람이 삶을 얻으리라(고전 15:22).

---

12 Frederic Louis Godet, *Commentary on First Corinthians*, Grand Rapids: Kregel Publications, 1977, 847.

13 David Hill, "Paul's Second Adam and Tillich's Christology," *Union Seminary Quarterly Review* 21, no. 1 (November 1965): 15-16.

14 Westberg, "The Two Adams," 41.

22절의 논리적 관계(A인 것처럼 B이다)는 A에서 적용되는 원리가 B에서도 동일하게 작동함을 알려준다. 아담 안에 있는 모든 자가 죽음에 이르게 되듯, 예수님 안에 있는 자들은 생명을 얻게 된다. 연합의 원리가 그대로 적용되는 것이다. 바울이 예수님을 마지막 아담이라고 지칭한 것은 예수님이 아담처럼 대표자이며 신기원을 이룸을 의미한다. 예수님은 첫 아담과는 대조된다는 점에서 마지막 아담이다.[15]

그렇다면 다음과 같은 질문이 생긴다.

아담과 전 인류가 연합되어 있다면, 첫 아담과 인류가 갖는 연합과 마지막 아담과 인류가 갖는 연합은 어떤 차이를 갖는가?

첫 아담과 인류의 연합은 자동적으로 이루어진다. 일단 세상에 태어나면 첫 아담과의 연대는 필연적이고 피할 수 없다. 히브리서 7장은 간접적으로 연대의 일단을 보여 주는 예가 된다. 히브리서 기자는 멜기세덱의 반차를 좇은 대제사장의 위치와 필연성에 대해 말하면서 아브라함이 멜기세덱에게 십일조를 바친 사건을 예로 든다.

> 레위 족보에 들지 아니한 멜기세덱은 … 그를 위하여 복을 빌었나니 … 낮은 자가 높은 자에게서 축복을 받느니라 … 또한 십분의 일을 받는 레위도 아브라함으로 말미암아 십분의 일을 바쳤다고 할 수 있나니 이는 멜기세덱이 아브라함을 만날 때에 레위는 이미 자기 조상의 허리에 있었음이니라(히 7:6-10).

당시 태어나지도 않은 레위가 멜기세덱을 직접 만나 십일조를 바쳤을 리는 만무하다. 하지만 조상 아브라함이 그렇게 했으며, 그 행위로 규정

---

15 반즈, 『고린도전서』, 569.

된 멜기세덱과 아브라함 간의 관계가 후대에까지 적용된다는 것이 히브리서 기자의 설명이다. 히브리서 기자의 말로 옮긴다면, 첫 아담이 창조될 때 이미 온 인류는 그의 허리에 있었다. 우리는 아는 만큼만 알고 보이는 만큼만 본다. 즉 우리의 앎과 이해는 제한적이다. 우리의 시각으로는 아담 한 사람만 보이지만, 하나님의 시각에서는 첫 사람 아담 안에 인류 전체가 들어 있는 것이다.

예수님도 인류를 대표한다는 점에서는 첫 아담과 같다. 고린도전서 15장과 로마서 5장은 언뜻 보면 마지막 아담과 인류의 연합이 첫 아담과의 그것과 다르지 않은 것처럼 보인다.

만약 그렇다면 예수님 시대와 그 이후에 태어난 모든 사람들은 자동적으로 예수님과 연합된다고 바울이 말하는 걸까?

이를 확인하기 위해 다음으로 넘어가보자.

(2) "산 영" vs. "살려 주는 영"

> 기록된 바 첫 사람 아담은 생령이 되었다 함과 같이
> 마지막 아담은 살려 주는 영이 되었나니
> 그러나 먼저는 신령한 사람이 아니요 육의 사람이요
> 그 다음에 신령한 사람이니라
> 첫 사람 아담은 땅에서 났으니 흙에 속한 자이거니와
> 둘째 사람은 하늘에서 나셨느니라
> 무릇 흙에 속한 자들은 저 흙에 속한 자와 같고
> 무릇 하늘에 속한 자들은 저 하늘에 속한 이와 같으니
> 우리가 흙에 속한 자의 형상을 입은 것 같이

또한 하늘에 속한 이의 형상을 입으리라(고전 15:45-49).

바울이 고린도전서 15:45에서 창세기 2:7을 인용하고 있음은 주지의 사실이다. 창세기 2장은 하나님이 사람을 만드는 과정을 간략하게 보여주고 있다. 세세한 과정은 다 생략한 채 창세기는 원료인 흙에서 아담이 창조되는 그 마지막 공정만을 기술한다(창 2:7).

… 생기를 그 코에 불어넣으시니 ….

바로 이 다음에 오는 것이 우리의 관심 대상이다.

… 생령이 되니라.

이 부분은 우리의 상상을 자극한다. 하나님의 생기가 주입되기 전 아담은 마치 마네킹처럼 미동도 없이 눈을 감고 누워 있었을 것이다. 하나님으로부터 생기를 받자마자 얼굴에 혈색이 돌면서 눈뜨고 일어나 사방을 둘러보았을 것이다. 그리고 그 순간부터 주변과 자신을 인식하기 시작했을 것이다. 신체와 정신의 모든 기능이 완벽한 상태로 말이다.

그런데 생령이 무엇인가?

개역한글에는 생령 대신 "산 영"이라고 번역되어서 "살려 주는 영"과의 대조가 보다 뚜렷이 부각된다. 그러므로 편의상 여기서는 개역한글 번역을 사용하기로 하겠다.

언어는 아주 훌륭한 의사소통 방법이지만 언어에 제약이 아주 없는 건 아니다. 언어가 갖는 제한은 한 언어에서 다른 언어로 번역될 때 더

증폭된다. 우리 말로 번역된 "산 영"과 "살려 주는 영"은 원어를 충분히 반영하지 못한다. 각각의 수식어 "산"과 "살려 주는"이 서로 다른 단어이듯이, "영"도 헬라어로는 서로 다른 단어이다. "산 영"에서의 "영"은 프쉬케(ψυχή)이고, "살려 주는 영"에서의 "영"은 '프뉴마'(πνεῦμα)가 각각 사용되고 있다.

이해를 돕기 위해 NIV를 보면, 두 구절은 각각 "living being"과 "life-giving spirit"이라고 표현되고 있다. "산 영"은 창세기 1:20, 24에서도 사용되고 있는데, 우리 말로는 "생물"로 번역되어 있다("하나님이 가라사대 물들은 생물로 번성케 하라," "하나님이 가라사대 땅은 생물을 그 종류대로 내되" - 개역한글).

즉, "산 영"은 살아 움직이는 존재를 말하는 것으로, 생명을 주는 영과 대조된다. 창세기에서 "산 영"이라는 표현이 동물과 사람에게 똑같이 적용된다고 해서 사람을 동물과 동일선상에 놓고 생각하는 것은 성경에서 벗어나는 것이다. 프레데릭 루이스 고데트(Frederic Louis Godet)는 창세기에서 동물과 구별되는 사람의 정신, 의지, 마음, 영을 따로 언급하지는 않았지만 "산 영"이라는 말 안에 이미 그런 개념들을 포함하고 있는 것으로 봐야 한다고 옳게 지적하고 있다.[16]

창조 기사가 2가지 버전(version)으로 창세기 1장과 2장에 기록되어 있음을 우리는 알고 있다. 두 버전이 서로 다른 내용을 말하는 것이 아니라, 같은 내용을 다른 시각으로 묘사하는 것으로 이해하면 된다. 예컨대, 우리가 사진을 찍을 때 각각 광각 렌즈와 접사 렌즈를 사용하는 경우를 생각해보자. 같은 장소에서 찍은 사진이라고 보기 힘들 정도로 두 사진

16　Godet, *First Corinthians*, 847-484.

은 판이할 것이다. 창세기 2장은 접사 렌즈로 찍은 사진에 비유될 수 있는데, 광각 렌즈로는 담아낼 수 없는 자세한 부분이 포착되어 있다.

바울이 2가지 버전 중 하나만 인용했지만 그 나머지도 염두에 두었다고 우리는 추정할 수 있다. 창세기 1:26-27은 사람이 하나님의 형상대로 지음 받았다는 사실에, 창세기 2:7에서는 하나님의 생기가 들어가 사람이 살아 움직이는 존재가 되었다는 사실에 각각의 방점이 있다.

이처럼 같은 사건을 다른 각도에서 묘사한 것이기에, 생기를 받았다는 것이 하나님의 형상으로 창조된 것과 대응되는 것으로 볼 수도 있다는 조심스런 주장이 제기된다.[17] 그렇다면 "산 영"이 된 첫 아담이 인류를 대표하므로 첫 아담 안에서 이미 모든 사람은 하나님의 형상을 입은 "산 영"인 것이다.

한편, 바울은 '첫 아담은 산 영이다'에서 '마지막 아담은 살려 주는 영이다'라는 유비를 이끌어낸다. 유비의 사전적 의미는 '어떤 사물의 상호간에 대응적으로 존재하는 동등성 또는 동일성'이다. 우리는 첫 아담과 마지막 아담이, "산 영"과 "살려 주는 영"이 서로 대응함을 볼 수 있다.

그러면 어떤 점에서 첫 아담과 마지막 아담이 동질성을 공유한단 말인가?

"산 영"과 "살려 주는 영"에 관사가 없음에 주목할 필요가 있다. 헬라어에서 관사가 없이 사용된 명사는 영어로 표현하자면 '부정관사(a/an) + 명사'이다. 따라서 첫 아담이 인류라는 한 종의 유형[18]인 것처럼, 마지막

---

17 Benjamin L. Gladd, "The Last Adam 'As the Life-Giving Spirit' Revised: A Possible Old Testament Background of One of Paul's Most Perplexing Phrases," *The Westminster Theological Journal* 71, no. 2 (Fall 2009): 300.

18 Peter Jones, "Paul Confronts Paganism in the Church: A Case Study of First Corinthians 15:45," *Journal of the Evangelical Theological Society* 49, no. 4

아담 역시 한 유형이라는 점에서 양자 사이에 유비 관계가 성립된다. 양자가 각각 대표자 내지 수장(首長)이라는 형식 차원에서 상응하지만, 동시에 내용 차원에서는 대각(對角)을 이룬다. 이와 관련하여 김지철 목사는 이렇게 설명한다.

> 아담은 자연적이고 역사적인 인간을 대표하는 반면, 그리스도는 종말론적인 인간을 대표하고 있다. … 전 인류의 역사가 아담과 그리스도 안에서 구원론적으로 축약되어 있다. 시작과 끝이 그 안에 들어 있음을 의미한다. 그 속에는 서로 상응하는 측면과 극단적으로 대비되는 측면이 동시에 들어 있다. 첫 인간과 둘째 인간은 각자에게 속한 사람들에게 일정한 영향을 주고 있다.[19]

바울은 "마지막 아담은 살려 주는 영이 되었나니"라고 말함으로써 첫 아담에게 생기를 불어넣으신 하나님의 창조 행위를 예수님에게 확장적으로 적용하고 있다.[20] '되다'라는 말은 어떤 상태에서 다른 상태로의 변화를 나타내는 동사이다. 바울은 과거 시제 동사를 사용하였는데, 그것이 갖는 의의는 다음과 같다.

> 만일 화자가 어떤 상태의 불가변적 성질에 대해 말하려 한다면

(December 2006): 716; 차정식, 『로마서』 1권, 대한기독교서회 창립 100주년기념 성서주석 37 (서울: 대한기독교서회, 1999), 432.

19　김지철, 『고린도전서』, 대한기독교서회 창립 100주년기념 성서주석 38 (서울: 대한기독교서회, 1999), 589.

20　Gordon D. Fee, *The First Epistle to the Corinthians*, The New International Commentary on the New Testament (Grand Rapids: Eerdmans, 1987), 790.

통상적으로 단순과거(aorist)는 부적절하다. 그와 같은 상태 동사의 단순과거가 사용될 때 대부분의 경우 어떤 상태로의 진입이 강조된다.[21]

그렇다면 예수님이 생명을 주는 분이 된 것은 도대체 언제란 말인가? 고든 D. 피(Gordon D. Fee)는 이를 부활 사건과 연결하여 이렇게 진술한다.

부활 시 예수님은 '초자연적인 몸'을 취한 한편, 나중에 뒤따르게 될 모든 사람들에게 생명을 주는 자가 되었다.[22]

예수님의 부활은 2천 년 전에 일어난 사건이다. 제자들이 부활한 예수님을 즉각적으로 알아보지 못했다는 사실은 의미심장하다. 단지 정신적인 충격으로만 돌리는 것으로는 무언가 부족하다. 그렇다고 부활 전후의 예수님 모습이 완전 달라진 것으로도 볼 수 없다. 예수님의 손과 옆구리에 난 상처는 여전히 그대로 있었고 전과 다름 없이 음식도 섭취했으니 말이다(눅 24:30, 39; 요 20:20).

하지만 예수님이 홀연히 사라지고 홀연히 나타나기도 한 것을 보면(눅 24:31, 36) 뭔가 달라진 것만은 부정할 수 없다. 바울은 고린도전서 15:20, 23에서 예수님을 부활의 첫 열매로 묘사하고 있다. 나무에 열리는 첫 열매는 이후에 결실할 열매들을 예견하게 한다. 마찬가지로 예수

---

21 Daniel Wallace, *Greek Grammar beyond the Basics* (Grand Rapids: Zondervan, 1996), 576.

22 Fee, *First Epistle to the Corinthians*, 789.

님이 부활했으니, 이후에 성도들의 부활이 있을 것임은 자명한 일이라고 바울은 말한다. 바로 그때는 예수님의 재림 때이다(고전 15:23). 성도들이 예수님처럼 부활의 몸과 생명을 갖게 된다는 의미에서 예수님은 "살려 주는 영"이다.

혹시 아담-예수님의 유비를 잘못 적용하여, 예수님이 첫 아담처럼 사람들의 대표자이므로 "살려 주는 영"을 사람에게도 확대 적용하면 곤란하다. 생명을 주는 것은 예수님의 "독점적인 특권"[23]이며, 우리는 그 특권의 수혜자일 뿐이다.[24] 우리는 "살려 주는 영"이 될 수 없다.

더 나아가, 고린도전서 15:45의 아담-예수님 유비와 관련하여 유념할 것이 또 있다. 고린도전서 15:21-22에서 아담은 인류에게 사망을, 예수님은 생명을 갖고 온 것으로 대조되고 있다. 아담은 말 그대로 최초의 사람이지만, 그보다는 죄와 사망을 갖고 온 것으로 우리에게 더 뚜렷이 각인되어 있다.

그렇다면 45절의 '첫 아담은 산 영이 되었다'에 부정적 뉘앙스가 담겨 있는 것은 아닐까?

다시 말해, 바울은 하나님의 첫 창조가 좋지 않다는 암시를 하는 걸까?

물론 아담의 불순종으로 죄가 들어와 아담 안에서 모두가 죄인인 것은 틀림없는 사실이고, 바울 역시 앞 문맥에서 이를 지적하고 있지만, 45절의 아담-예수님 유비에서 그의 의도는 다른 데에 있다. 바울은 단지 첫 사람으로서의 아담을 말하고 있다. 아담이 첫 사람인 것처럼, 예수님 역시 신인류의 유형이자 부활의 첫 열매임을 그는 강조하고 있는 것이다. 45절

---

23 Godet, *First Corinthians*, 849.
24 Marion L. Soards, *1 Corinthians*, New International Biblical Commentary 7 (Peabody: Hendrickson Publishers, 1999), 348.

에서 바울은 타락 이전의 아담을 염두에 두고 있는 것으로 볼 수 있다.[25]

창세기 1장에서 하나님은 7회나 '좋다'고 말씀했다. 그러니까 바울은 첫 창조의 선함을 인정하고 있는 것이다.[26] 타락을 염두에 두었다고 하더라도 바울이 달리 생각하지는 않았을 것이다. 타락 이후의 쓰디쓴 현실을 바울이 잘 알고 있지만, 그렇다고 하더라도 창조는 근본적으로 선한 것이었다.[27]

이쯤에서 앞서 미뤄 뒀던 질문에 대해 답을 해야 할 것 같다.

"살려 주는 영"에 의해 대표되는 이른바 신 인류는 누구인가?

아담의 후손인 전 인류가 자동적으로 아담에 속하게 되는 것처럼 예수님 이후에 태어나는 모든 사람들이 자동적으로 예수님과 연합되는 건가?

고린도전서 15:22에서 바울이 그리스도 안에서 모든 사람이 삶을 얻는다고 말하는 것을 볼 때 그렇다고 말하는 것처럼 보인다. 그러나 전체 문맥을 보면 바울은 부활이 모든 사람에게 자동적으로 적용되는 것으로 보지 않으며, 이는 바울의 신학과도 맞지 않음을 고든 D. 피는 지적한다.[28]

23절에서 바울은 부활의 순서에 대해 말하는데 "먼저는 첫 열매인 그리스도요 다음에는 그가 강림하실 때에 그리스도에게 속한 자"라고 명백히 밝히고 있다. 뒤집어 말하면 그리스도에게 속한 자가 아니면 재림 때 부활에 참예할 수 없다는 말이 된다.

예수님은 제자들에게 "내 안에 거하라"라고 명했고, 그 안에 거하지 않는 자들의 결국은 파멸뿐이다(요 15:4-6). 예수님 안에 거한다는 것, 또

---

25 Jones, "Paul Confronts Paganism," 720.
26 Jones, "Paul Confronts Paganism," 715.
27 Chul-Hae Kim, "'The Last Adam, A Life-Giving Spirit': Starting Point for Understanding the Book of Romans," *Torch Trinity Journal* 2, no. 1 (1999): 107.
28 Fee, *First Epistle to the Corinthians*, 749-750.

는 그에게 속한다는 것은 그가 구세주이심을 믿는다는 말이다. 예수님을 믿는다는 것은 좋아하는 유명인들에게 열렬한 환호와 찬사를 보내는 것과는 거리가 멀다. 그것은 우리의 온 인격과 삶이 요구되는 일이다. 예수님의 재림 때 부활에 참예하게 될 사람들은 이와 같이 자신의 인격과 삶을 예수님에게 바친 자들이다.[29]

이처럼 예수님 안에 있다는 것은 그의 재림 때 부활에 참예하느냐 못하느냐의 문제이며, 생명을 얻느냐 못 얻느냐의 문제이며, 구원을 받느냐 못 받느냐의 문제이기에, 바울의 "그리스도 안에"는 단순한 어구가 아니다.[30] 예수님과 연합하는 유일한 길은 믿음뿐이다.

이제까지 "산 영"과 "살려 주는 영"의 일차적 의미를 살펴보았는데, 이 둘이 갖는 확장적 의미를 살펴보면 그리스도와 연합하여 얻게 되는 생명에 대해 보다 많은 통찰을 얻게 될 것이다.

바울은 고린도전서 15:46에서 육의 사람과 신령한 사람, 첫 사람과 둘째 사람을 대조하고 있는데, '첫 사람 = 육의 사람,' '둘째 사람 = 신령한 사람'이라는 등식이 성립함을 알 수 있다. 47절에서 그의 논지가 계속되는데, 바울에 의하면 첫 사람은 땅에서 나서 흙에 속하며, 둘째 사람은 하늘에서 났다. 각각 땅과 하늘에서 났다는 말은 아담과 예수님의 기원에 대해 말하는 것으로 보인다.

하지만 47절은 46절을 다르게 표현한 것으로 보는 것이 더 합당해 보인다. 해당 문맥은 장차 성도들이 어떠한 몸을 얻게 되는지에 관한 것이다. 바울의 논점은 아담과 예수님의 기원을 밝히는 데 있지 않다. 49절

29　Godet, *First Corinthians*, 784.
30　Hill, "Paul's Second Adam," 16.

을 보면 이 점이 명확해진다.

> 우리가 흙에 속한 자의 형상을 입은 것 같이 또한 하늘에 속한 이의 형상을 입으리라(고전 15:49).

한편, 요한복음 1:1-18은 예수님의 기원에 대해 분명히 말하고 있다. 로고스(Logos)인 그리스도의 기원은 분명 하늘이다.

설령 백 번 양보하여 이를 49절에 대입한다고 해도 우리의 기원이 하늘이 될 수 없음은 두말할 필요가 없다. 우리는 선재적 예수님을 닮게 되는 것이 아니라 부활하여 영화롭게 된 예수님을 닮게 된다고 고데트는 옳게 지적한다.[31] 더 나아가, 46절에서 신령한 사람이 육의 사람을 뒤이어 나온다는 바울의 말 역시 예수님의 기원에 대해 말하고 있지 않음을 가리킨다.[32]

위의 내용을 정리하자면, '첫 아담 = 산 영(프쉬케) = 육의 사람,' '마지막 아담 = 살려 주는 영(프뉴마) = 신령한 사람'이다. 바울에게 있어서 프쉬케는 물리적 생명이라는 일반적 의미 외에도 확장적 의미를 갖는다. 그리고 여기서 프뉴마는 하나님의 성령을 지칭하는 것이 아니라 "거룩한 영과 연합하여 활동하는 인격의 보다 높은 요소"[33]를 이른다. 즉 "산 영"과 "살려 주는 영"은 각각 "프쉬케와 프뉴마에 의해 결정되는 2가지 존재 질서"[34]를 말한다.

---

31 Godet, *First Corinthians*, 856-857.
32 Fee, *First Epistle to the Corinthians*, 792-793.
33 Godet, *First Corinthians*, 842.
34 Jones, "Paul Confronts Paganism," 716.

그러니까 첫 아담은 "물리적 단계에서의 삶의 질서"를, 마지막 아담 예수님은 "성령 안에서의 새로운 삶"을 각각 들여온 것이다.[35] 첫 아담은 하나님의 형상을 잃어버렸으나, 마지막 아담 예수님은 보이지 않는 하나님의 형상(골 1:15)이다. 첫 아담이 자신의 형상과 같은 아들 셋(Seth)을 낳은 것처럼(창 5:3), "살려 주는 영"인 마지막 아담은 첫 아담을 대신하여 우리에게 하나님의 형상을 부여한다.[36]

새로운 기원을 이룬다는 의미에서 예수님이 둘째 아담이라고 지칭되지만, 첫 아담과는 현격히 다른 존재 질서를 도입하였음을 우리는 알게 되었다. 이제 마지막 아담에 대해 좀 더 살펴보자.

(3) "마지막 아담"

예수님이 "마지막 아담"이라는 것은 이미 살펴본 바와 같이 셋째 아담의 필요가 전혀 없음을 의미한다. 마지막 아담으로 하나님의 뜻이 온전히 충족됨을 의미한다. 첫 아담은 창조주-피조물 관계를 깨뜨림으로써 최초의 범법자가 되었다.[37] 아담과 하와의 죄를 단지 나무 열매 하나 따 먹은 작은 일탈로 치부하는 것은 그 행위가 갖는 의의를 간과하는 데서 기인한다. 겉으로 드러나는 행위의 이면에는 은밀한 동기나 목적이 깔려 있다. 선악과 열매를 먹으면 하나님과 같이 선악을 알게 된다는 거짓말은 치명적인 유혹이었다.

하나님과 같은 수준에 이를 수 있다는 생각은 더 이상 하나님을 하나님으로 인정하지 않음과 다르지 않고, 하나님의 율례와 법도를 나의 것

---

35 Hill, "Paul's Second Adam," 15.
36 Kim, "Last Adam," 112.
37 Kim, "Last Adam," 106.

으로 대치하는 것이며, 하나님 자리에 나를 앉히는 것이다. 한마디로 불순종이며 반역이다. 신약성경에서 범법, 범죄, 범죄함, 혹은 범한 죄 등으로 번역되는 그리스어 '파라바시스'(παράβασις)는 원래 정해진 한도를 넘어서는 것을 의미한다. 아담의 죄는 "원형적인 범법"이며, 그의 불순종은 죄의 권세를 풀어놓은 결과를 초래했다.[38]

첫 아담의 실패는 우리 모두의 실패이다.

> 모든 사람이 죄를 범하였으매 하나님의 영광에 이르지 못하더니
> (롬 3:23).

우리 중 행위로 의롭다 하심을 받을 자는 아무도 없다. 죄를 안 짓고 싶어도 안 지을 능력이 우리에게는 없다. 떨쳐 버릴 수 없는 죄의 영향력 아래서 우리는 크고 작은 범죄들을 저지르게 된다.

어느 날 거짓말 경연 대회가 열렸다. 저마다 나와서 장황하게 이런 저런 거짓말을 해대는데, 하나 같이 입이 떡 벌어질만한 것들이었다. 드디어 마지막 참가자의 순서가 되었다. 다른 경쟁자들과 달리 그는 단지 몇마디 말만 하고 자리에 들어갔는데, 그에게 1등이 돌아갔다.

과연 어떤 거짓말이었을까?

바로 이것이었다.

"나는 세상에 태어나서 단 한 번도 거짓말을 한 적이 없습니다."

---

38 Ryan S. Schellenberg, "Does Paul Call Adam a 'Type' of Christ?: An Exegetical Note on Romans 5:14," *Zeitschrift für die neutestamentliche Wissenschaft und die Kunde der älteren Kirche* 105 no 1 (2014): 63.

마찬가지로 세상에 태어나서 한 번도 죄를 지은 적이 없다는 말 만큼 자신과 타인은 물론 하나님을 속이는 일은 없다.

죄와 사망은 인류 공동의 운명이다. 그런데 이 운명을 뒤엎는 역사를 마지막 아담이 성취했다. 첫 아담이 불순종하고 실패한 자리에서 마지막 아담은 순종과 성취를 이루어 냈다. 예수님의 부활은 죄와 사망에 대한 승리이다. 예수님은 마지막 아담이다. 마지막 아담이라는 용어는 그리스도를 원형이자 첫 열매로 하는 "새로운 종말론적 인간의 본질을 묘사한다."[39]

예수님은 종말론적 아담이다. 이는 그가 전 인류의 "목적이자 목표"라는 의미이며, 그가 모든 새롭고 좋은 일들을 다시 시작했는데 이는 절대 바뀌지 않음을 의미한다.[40] 마지막 아담 안에서 우리는 첫 아담의 실패라는 족쇄에서 벗어날 뿐 아니라, 소위 세상에서 말하는 자기 실현 내지 자기 완성과는 차원이 다른 진정한 의미에서의 존재 실현의 궁극을 보게 된다. 그래서 종말론적 아담은 신 인류의 목표인 것이다. 이것이 우리가 '종말론적'이라는 말에서 전율을 느끼게 되는 이유이며, 흔들리지 않는 소망을 품는 이유이다.

3) 부활의 몸

고린도전서 15장에는 '부활 장'이라는 별명이 붙여진다. 고린도 교회에는 많은 문제가 있었다. 교회의 분열, 교인들 간의 소송, 도덕적 해이,

---

39 Jones, "Paul Confronts Paganism," 717.
40 Kim, "Last Adam," 113.

예배의 무질서 등, 이들이 겪는 문제들의 심각성은 바울의 중재가 시급한 상황이었다. 바울이 이런 상황에서 부활의 문제에 대해 적지 않은 부분을 할애했다는 것이 일견 의아스럽다. 그럼에도 불구하고 바울이 부활에 대해 비중 있게 다루었다면 그만한 이유가 있었을 것이다. 부활에 대한 논의의 배경을 잠시 살펴보자.

그리스도의 부활은 바울이 전한 복음의 핵심적 내용이었다. 바울은 고린도 교인들에게 그리스도의 부활에 대한 가르침을 상기시키는 말로 운을 뗀다. 베드로를 비롯한 12제자와 야고보 그리고 5백여 명의 사람들이 부활한 그리스도를 직접 목격했을 뿐 아니라, 바울 자신도 그중 하나였다. 고린도 교인들은 바울을 통해서 이를 들었을 뿐 아니라 믿게 되었다. 그런데 바울의 부재 중에 교인들 가운데 부활 자체를 부정하는 기류가 형성되었다. 부활을 부정하는 사람들은 다음과 같이 말했다.

"죽었던 사람이 부활한다고? 말도 안 돼. 부활이란 건 없어."

이는 보통 심각한 문제가 아니었다. 왜냐하면 부활 자체를 부정한다는 것은 그리스도의 부활도 부정하는 것이 되고, 그리스도의 부활을 부정한다는 것은 기독교 신앙의 근간을 무너뜨리는 것이기 때문이다. 그래서 바울은 12절에서 힐난조로 말한다.

> 그리스도께서 죽은 자 가운데서 다시 살아나셨다 전파되었거늘 너희 중에서 어떤 사람들은 어찌하여 죽은 자 가운데서 부활이 없다 하느냐?(고전 15:12)

그러면 왜 고린도 교인들은 바울의 복음을 전해 듣고도 이런 오류에 휩싸이게 되었을까?

그건 당시에 편만했던 이교도적 사고에 기인한다. 헬레니즘적 사고에서 영혼은 불멸이라고 믿었고 영혼의 불멸성은 신과의 동질성을 말한다. 영혼은 고귀하지만 이에 반해 물질은 유한하며 열등하다. 이와 대조적으로, 사두개파는 예외이지만(참조, 눅 20:27-40), 유대인들은 부활을 믿었다. 나사로가 죽어 무덤에 장사된 후에 예수님이 와서 마르다에게 나사로가 살아날 것이라고 말하자 슬픔에 잠긴 그녀는 다음과 같이 말한다.

마지막 날 부활 때에는 다시 살아날 줄 내가 아나이다(요 11:24).

헬레니즘적 사고와 유대적 사고가 만나면 어떻게 될까?

AD 1세기에 알렉산드리아의 유대인 사상가 필로는 영혼이 본질적으로 불멸이라는 플라톤의 사상을 받아들였고, 이후에 이 사상이 더 발전되어 이원론적인 영지주의의 특징적 개념을 형성하게 된다.[41]

영지주의는 1세기에 꽃을 피우기 시작해서 2세기에 접어들어 완전히 개화하였는데, 인간을 다음과 같이 이해한다. 사람은 천상적 빛의 불꽃에 의해 생기를 얻게 된다. 사람이 죽으면 물질적 구성 요소는 원소로 환원되지만 그 빛의 불꽃은 본래 있던 곳으로 되돌아 간다. 영지주의에서는 인간의 영혼을 물질에 갇힌 것으로 이해하기 때문에 죽음을 통해 인간을 구성하던 천상적 요소가 해방되는 것으로 본다.[42]

한편, 바울은 예수님의 부활을 전했고 이는 복음의 중추를 이루는 메

---

41 Jones, "Paul Confronts Paganism," 732-733.
42 Henry Wace and William C. Piercy, *A Dictionary of Christian Biography and Literature: To the End of the Sixth Century A.D, with an Account of the Principal Sects and Heresies* (London: John Murray, 1911), 399.

시지였다. 이교적 사고방식에 길들여진 사람들에게 몸의 부활은 상당히 충격적인 개념이었을 것이다. 사람들은 전혀 낯선 것을 접할 때 무조건 배척하거나, 아니면 자신에게 익숙한 틀에 맞추려는 경향이 있다. 헬레니즘적 사고에 익숙한 고린도 교인 중 일부가 부활 교리를 접할 때 일어난 현상은 바로 후자였다. 이들은 사후 세계는 인정하지만 몸의 부활은 상상할 수 없었다.

그렇다면 이러한 헬레니즘적 사고가 갖는 함의는 무엇일까?

하나님은 영계와 물질계를 창조하였다. 창세기 1장의 "보시기에 좋았더라"에서 보듯 하나님의 창조는 선한 것이었으며, 새 창조 역시 그럴 것이다. 즉 하나님의 창조는 물질계의 가치를 인정한다.

그런데 몸의 부활을 받아들이지 않는다면 새 창조를 왜곡하는 것이 된다.[43] 이는 창조론뿐 아니라 구원론, 기독론 등에도 심각한 오류를 초래하게 되어 기독교 신앙의 근간을 흔들게 된다. 실제로 이런 폐해가 예수님의 성육신 교리를 부인하는 형태로도 나타났는데, 이와 관련하여 요한이서에서 다음과 같은 경고를 보게 된다.

> **미혹하는 자가 세상에 많이 나왔나니 이는 예수 그리스도께서 육체로 오심을 부인하는 자라 이런 자가 미혹하는 자요 적그리스도니**(요이 1:7).

고린도 교인들의 왜곡된 부활관을 바울이 그냥 지나칠 수 없었음이 이해될 것이다.

---

43 Jones, "Paul Confronts Paganism," 731.

우리가 예수님처럼 부활한다는 것은 미래적 사건이며 우리의 경험치를 훨씬 상회한다. 신약성경에는 예수님이 죽은 사람들을 다시 살린 일이 3건 보고되어 있다(회당장 야이로의 딸, 과부의 아들, 나사로). 그중 나사로의 경우는 훨씬 극적이다. 예수님이 무덤 입구를 막고 있는 돌을 옮기라고 하자 마르다는 이를 만류하며 말한다.

죽은 지가 나흘이 되었으매 벌써 냄새가 나나이다(요 11:39).

이미 부패가 진행되어 악취가 나는 상태였는데도 예수님의 말 한마디에 나사로는 살아났다. 살이 썩었던 흔적 하나 없는 말끔하고 온전한 모습으로.

정말 놀랍지 않은가?

그러나 우리는 나사로가 부활했다고 말하지 않는다. 그는 단지 회생했을 뿐이다. 그는 죽음을 두 번이나 겪게 되는 아주 예외적인 인물이다. 부활은 살아났다가 다시 죽게 되는 회생과는 다르다.

고린도전서 15장이 말하는 몸의 부활에 대한 갖가지 해석들이 덧붙여졌다. 제임스 P. 웨어(James P. Ware)는 역사적으로 오랫동안 이어 온 여러 주장들은 결국 2가지로 압축된다고 말한다. 즉 부활 때 현재의 몸과는 구별되는 천상의 유형적인 새로운 몸을 갖게 되는 것인지, 아니면 무덤에 있던 몸이 썩지 않을 몸으로 변화되는 것인지의 문제이며, 이는 곧 헬레니즘적 사고를 반영한 것인지 아니면 유대적 사고를 반영한 것인지의 문제라는 것이다.[44]

---

[44] James P. Ware, "Paul's Understanding of the Resurrection in 1 Corinthians 15:36-54," *Journal of Biblical Literature* 133, no. 4 (2014): 816-817.

플라톤은 육체가 없는 영생을, 스토아 철학은 천상적 물질로 구성되었으나 살과 뼈는 없는 상태의 존재를 각각 믿었다.[45] 이를 조금 시적으로 표현하면 이렇다.

> 인간의 영혼 및 정신은 천상계의 몸과 동일한 천상적 물질로 이루어졌으며, 죽은 후에 별로 돌아간다.[46]

이러한 관념에서 비롯된 고린도 교인들의 오해를 바로 잡는 것은 바울의 몫이었다. 그는 교회를 건강하게 세워야 했다.

바울이 말하는 몸의 부활에 대해 좀 더 알아보자.

바울은 고린도전서 15:35에서 부활의 몸과 관련하여 예상되는 질문을 파악하고 있다. 죽은 자가 다시 살아난다는 것도 고린도 교인들의 상상을 뛰어넘는 것이지만, 만약 부활이 있음을 받아들인다고 할 때 제기될 질문은 과연 부활 때 어떤 몸을 갖게 되느냐는 것이다.

36-49절은 일련의 대구와 대조가 혼합되어 있다. 예를 들어 39절과 41절에서 바울은 하나님이 각 종류별로 각기 다른 형체를 줬음을 다음과 같이 표현한다.

> 육체는 다 같은 육체가 아니니
> 하나는 사람의 육체요 하나는 짐승의 육체오
> 하나는 새의 육체요 하나는 물고기의 육체라 …

---

45 Ware, "Paul's Understanding of the Resurrection," 817.

46 James P. Ware, "Paul's Understanding of the Resurrection in 1 Corinthians 15:36–54," *Journal of Biblical Literature* 133, no. 4 (2014): 816-817.

> 해의 영광이 다르고 달의 영광이 다르며
> 별의 영광도 다른데 별과 별의 영광이 다르도다(고전 15:39-41).

더 나아가 42-44절에서 현재의 몸과 미래 부활의 몸이 다채롭게 대조되는데, 핵심만 추리면 아래와 같다.

썩을 것 vs. 썩지 아니할 것 (심고 vs. 다시 살아나며)
욕된 것 vs. 영광스러운 것 (심고 vs. 다시 살아나며)
약한 것 vs. 강한 것 (심고 vs. 다시 살아나며)
육의 몸 vs. 신령한 몸 (심고 vs. 다시 살아나니)

위의 구절들은 표현은 다양하지만 하나의 현실을 말하고 있다. 그리고 매 문장에서 한 쌍의 동사가 반복적으로 사용되고 있는데, 이 두 동사는 헬라어 원문에서 모두 수동태이다. 이를 직역하면 '심기우고 vs. 살리심을 받으며'가 된다.

그렇다면 이 동사들의 주어는 무엇인가?

헬라어 원문에는 주어가 명시되어 있지 않지만, 의미상 주어는 하나이다.

42-44절의 다양한 비유들이 공통적으로 가리키는 실재를 고려할 때 몸을 주어로 보는 것이 바람직하다.[47] 더 나아가 이것이 암시하는 바는 현재의 몸과 미래의 몸은 연속선상에 있다는 것이다.[48] 그 의미는 웨어가

47　Ware, "Paul's Understanding of the Resurrection," 824.
48　Fee, *First Epistle to the Corinthians*, 784.

역설한 바와 같이, 현재의 부패하게 될 몸이 부활 때는 썩지 않을 몸으로 변화된다는 것이다. 불멸하며 썩지 않는 부분이 몸에 있어서 죽지 않고 남게 되어 부활 때 부패한 몸은 제외된다는 의미가 아니다.[49]

바울의 이런 논지는 50-54절에 가서 보다 분명해지는데, 53-54절을 보면 아래와 같다.

> **이 썩을 것이 반드시 썩지 아니할 것을 입겠고**
> **이 죽을 것이 죽지 아니함을 입으리로다**
> **이 썩을 것이 썩지 아니함을 입고**
> **이 죽을 것이 죽지 아니함을 입을 때에는** …(고전 15:53-54).

여기서 주어는 명백히 몸이다. "썩지 아니할 것"과 "죽지 아니함"은 앞서 42-44절의 "썩지 아니할 것," "영광스러운 것," "강한 것," "신령한 몸"과 대응된다. 그러니까 53-54절은 부패할 몸이 신령한 몸을 입게 된다는 의미이며, 부활의 몸으로 변화할 것임을 비유적으로 나타낸 것이다. 아울러, '입는다'는 표현은 현재의 몸이 변화할 때 몸의 본질이 소멸되지 않음을 시사한다.[50] 몸의 본질은 남되, 단지 불멸(不滅)과 불후(不朽)라는 옷을 입게 되는 것이다.

위에서 보는 바와 같이 현재적 몸과 미래적 몸 사이에는 연속성과 아울러 불연속성이 있다. 연속성이라 함은 50-54절에서 부패하게 될 몸이 변화의 주체임을 말한다. 바울의 표현을 보면 몸의 일부 요소만 변화를 겪는 것으로 볼 여지가 없다. 바울이 전체로서의 몸을 염두에 두고 있다

---

49 Ware, "Paul's Understanding of the Resurrection," 824.
50 Ware, "Paul's Understanding of the Resurrection," 826.

고 보는 것이 타당하다.

한편, 불연속성이라 함은 현재적 몸과 부활의 몸 사이에는 질적인 차이가 있음을 말한다. 썩을 것과 썩지 않을 것 사이에는 엄청난 간극이 있다. 계속 반복되는 '썩을 것'과 '썩지 아니할 것'의 대조는 둘 사이의 간극이 메워질 수 없는 성질의 것임을 시사하며, 51-52절에서 '변화되리라'라는 단어의 사용이 이를 분명히 한다. 현재의 몸은 부활 때 질적인 변화를 겪게 될 것이다. 그것은 본질의 변화가 아닌, 성질의 변화와 존재 양식의 변화인 것이다.[51]

위에서 살펴보듯이 몸의 가치는 보존된다. 아니 그보다는 가치의 제고(提高)라고 하는 편이 나을 것이다. 신령한 몸, 부활의 몸은 우리의 상상력을 자극한다. SF영화를 보면 공장에서 물건을 찍어내듯이 어떤 사람의 신체를 똑같이 복제하는 걸 볼 수 있다. 그 사람이 치명적인 질병이나 사고를 당하면 복제된 신체에 그 사람의 기억을 전이하여 새로운 몸으로 계속 살아가게 된다.

앞으로 생명 공학이 더 발전되어 윤리성의 논란에도 불구하고 인간 복제가 가능해졌다고 치자. 설사 복제된 몸을 통해 생명을 연장하는 것이 가능하다 하더라도 부활의 몸과는 비교 불가하다. 생명이 다소 연장된다고 하더라도 복제된 몸 역시 질병과 노화의 과정을 겪게 된다.

반면에 부활의 몸은, 바울의 표현을 빌자면, 썩지 않는 몸이요 죽지 않는 몸이다. 질병이나 노화를 초월하는 몸이다. 그리스도인들이 부활의 몸을 입는다는 건 아직 미래의 일이요 전대미답(前代未踏)의 영역이기에 그 모습을 상상하기가 쉽지 않다.

---

51 Ware, "Paul's Understanding of the Resurrection," 828.

우리 몸이 부활한다면 과연 어떤 모습을 갖게 될까?

몸의 부활 시 70대 노인은 70대의 몸으로, 20대 젊은이는 20대의 혈기왕성한 몸으로 부활하는 걸까?

바울은 우리에게 더 이상의 정보를 주지 않는다. 그래서 이 질문에 대한 답은 순전히 상상과 추론의 영역으로 남게 될 것이다. 그래도 한 번 기분 좋은 상상을 해보자. 창세기 5장의 족보를 보면, 아담 및 그 자손들이 거의 1천 년 가까이 살았음을 알 수 있다. 그러다가 홍수 이후 수명이 1/4 수준 혹 그 이하로 현격히 단축되어서 지금에 이르게 되었다. 죽음은 죄의 삯이요, 노화 및 질병은 죽음으로 가는 과정이다. 이와 반대로 부활은 죄와 죽음에 대한 승리이다.

그래서 바울은 고린도전서 15:55에서 호세아 선지자의 말을 빌어 사망을 조롱하고 있다.

사망아 너의 승리가 어디 있느냐?
사망아 네가 쏘는 것이 어디 있느냐?(고전 15:55)

부활은 죽음 및 그것으로 이르는 과정을 완전히 극복한다. 부활의 몸은 늙지도 병들지도 않는 몸인 것이다. 그러나 여전히 우리의 질문은 해소되지 않은 상태이다. 그렇다면 각도를 달리하여 창조 당시를 상상해보자.

하나님이 아담과 하와를 만들었을 때, 과연 어느 연령대의 모습으로 만들었을까?

추론컨대 중년이나 노년층은 절대 아닐 것이다. 왜냐하면 아담과 하와는 130세에 셋(Seth)을 낳은 후 800년을 더 살면서 자녀들을 더 낳았기 때문이다(창 5:3-4). 이를 염두에 둔다면 그들은 한창 때의 젊음을 지녔을 것으로 추론할 수 있다. 그렇다고 너무 철없고 미숙한 젊은이는 아니었을 것이다. 왜냐하면 아담과 하와는 하나님의 대리인으로서 다른 피조물들을 다스리고 보살피는 역할을 수행해야 했기 때문이다.

다스림과 보살핌은 능력과 더불어 막중한 책임을 요구한다. 이로 보건대 활력이 팔팔 넘치면서도 충분히 책임을 감당해낼 수 있는 젊은 나이대로 아담과 하와가 창조되었다고 보는 것이 합리적이다.

예수님은 신 인류의 원형이자, 부활의 첫 열매이다. 예수님을 보면 우리의 미래 모습이 어떠할지 짐작할 수 있다.

누가는 예수님이 공적 사역을 시작한 나이가 대략 30세였다고 말한다(눅 3:23). 이는 레위인들이 회막에서 봉사하기 시작하는 나이와도 일치한다는 점에서 의미심장하다(민 4:35). 공교롭게도 로마 제국에서도 서른 살이 되어서야 공직에 나아갈 수 있었다는 것은 우연의 일치만은 아니다. 30세라는 나이는 신체적으로나 정신적으로나 공적 책임을 수행하기에 알맞은 나이이다.

그러므로 우리 역시 여러 모로 생산성이 극대화되어 있는 나이의 몸을 갖게 된다고 조심스럽게 예측할 수 있다.

현 시대의 화두 중 하나는 단연코 안티에이징(anti-aging, 노화 방지)이다. 이와 관련한 사업들이 얼마나 급속도로 성장하며 번창하고 있는가! 동서고금을 막론하고 젊음의 샘물이나 불로장생초를 얻으려는 시도는 끊이지 않았다.

하지만 겉만 젊고 속은 늙어 간다면 이 역시 불행일 것이다. 우리의 겉사람은 노화 과정 중에 있을지라도 속사람은 그리스도 안에서 날로 새로워진다(고후 4:16). 그리고 때가 되면 예수님처럼 부활의 몸을 입게 될 것이다.

부활의 몸으로 산다는 것과 관련하여 그리스도 안에서 예비된 하나님의 은혜와 복을 보다 깊고 근원적인 차원에서 음미할 필요가 있다. 최대치의 신체적 활력과 아름다움 및 민첩성 등만으로 부활의 몸을 설명하기엔 역부족이기 때문이다. 이런 것들은 주변적인 것이고, 보다 중요한 것은 이런 몸을 작동하는 원리, 즉 존재 양식이다.

부활의 몸, 즉 신령한 몸으로 살아가는 존재 양식은 부패할 몸을 움직이는 존재 양식 또는 삶의 원리와는 확연히 다르다. 새로운 존재 양식의 핵심은 바로 영이다. 여기서 영은 "보다 고등한 인격 요소로서의 영"을 일컫는 바, 이 영은 하나님의 성령과 연합한 가운데 활동하게 된다.[52]

영이 성령과 연합한다는 건 구체적으로 어떤 상태를 이르는가?

먼저, 인격 요소로서의 영을 이해하기 위해서 인격의 사전적 의미를 아는 것이 도움이 될 것이다. 심리적 측면에서 인격이란 '개인의 지적, 정적(情的), 의지적 및 신체적 측면을 총괄하는 전체적 측면'이며, 윤리적 측면에서 인격은 '도덕적 행위의 주체로서의 개인'이다. 한마디로 사람이 독립적으로 의식, 느낌, 판단력 등을 갖고 행사한다는 의미이기도 하다.

성령과 연합한다는 것은 사람이 독립된 인격으로서 내리는 결정이나 바람이 하나님의 기뻐하는 뜻과 합치되는 상태일 것이다.

이런 연합 관계 속에서 그리스도인들에게 몰(沒)개성화는 가당치 않은 일이다. 하나님이 별의 수효를 모두 헤아릴 뿐 아니라 별들을 각각의 이름으로 부른다는 것은(시 147:4) 하나님의 측량할 수 없는 지성의 깊이를 드러내며, 더 나아가 별 하나 하나에 뚜렷한 개성을 부여하였음을 시사한다. 각자의 독립된 주체성과 개성을 유지하면서도 하나님의 영광이

---

52 Godet, *First Corinthians*, 842.

라는 동일한 지향점을 가진 채 조화와 대합일(大合一)을 이루는 것이 그 연합 가운데 있는 공동체의 모습일 것이다.

세상 사람들의 관념 속에 자리 잡은 유토피아의 핵심이 이것 아니겠는가?

하나님 섬기는 것을 최우선의 가치로 삼는 것이 부활의 몸을 입고 사는 삶을 움직이는 작동 원리이다. 이것이 하나님이 의도하였던 인간성의 회복인 것이다.

우리가 장래에 예수님처럼 부활의 몸을 입는다는 것과 그 삶이 어떤 것인지에 대해 즐거운 상상을 잠시 해봤다. 예수님은 신 인류의 원형이자 부활의 첫 열매로서 종말론적 아담이다. 그는 그와 연합한 모든 사람이 성취하게 될 최종적 목표이며 목적이다. 그는 우리의 영광스러운 미래 모습을 선취적으로 보여준다.

4) 두 시대

우리에게 시간은 시발점에서 출발하여 한 방향으로 뻗어가는 직선적 개념이다. 그리고 역사는 이 시간을 하나의 큰 축으로 삼고 있다. 우리가 성경을 읽어보면 뚜렷이 구분되는 시간대가 있음을 발견할 수 있다. 예컨대 족장 시대를 이어 출애굽 및 가나안 정착 시기, 그 다음 왕정 시대 다음 바벨론 포로기가 뒤따른다. 미래를 향해 줄기차게 흘러가는 시간이라는 직선 위에 여러 시대들이 구분되는 것은 각각의 시대를 아우르고 규정짓는 특성이 있기 때문이다.

그래서 각 시대마다 다른 시대와 대별되는 체제와 질서를 갖게 된다. 성경은 크게 구약과 신약으로 나뉘며, 이에 따라 우리는 편의상 구약 시대와 신약 시대라는 말을 사용하기도 한다. 흔히들 신약을 구약의 성취라고 말한다. 이 말은 이 두 시대를 구분할 수 밖에 없는 중요한 요인이 발생했음을 의미한다. 이미 구약에는 시대 변환을 예고하는 듯한 유의미한 구절들이 있어서 비록 모호하지만 미래의 어느 시점으로 사람들의 시선을 집중시킨다.

민수기 24장에서 발람은 모압왕 발락의 부탁을 받고 이스라엘을 저주하려 한다. 그런데 하나님의 개입으로 그의 입에서는 저주 대신 오히려 축복이 나오는데, 그의 마지막 예언이 바로 우리가 주목해야 할 부분이다.

> 내가 이 백성이 후일에 당신의 백성에게 어떻게 할지를 당신에게 말하리이다 … 전능자의 환상을 보는 자, 엎드려서 눈을 뜬 자가 말하기를 내가 그를 보아도 이 때의 일이 아니며 내가 그를 바라보아도 가까운 일이 아니로다 한 별이 야곱에게서 나오며 한 규가 이스라엘에게서 일어나서 … 주권자가 야곱에게서 나서 남은 자들을 그 성읍에서 멸절하리로다(민 24:14-19).

야곱, 즉 이스라엘에 장차 강력한 주권자가 날 것이라는 것이 예언의 핵심이다. 예언의 내용이나 사용된 특정 단어들을 보고 데자뷰(déjà vu)를 느끼는 독자들이 있을 것이다. 창세기 49장에서 야곱은 12아들에게 각각의 분량대로 유언을 남긴다. 유다에게 준 예언을 옮기면 다음과 같다.

> 야곱이 그 아들들을 불러 이르되 너희는 모이라 너희가 후일에 당할 일을 내가 너희에게 이르리라 … 유다야 너는 네 형제의 찬송이 될지라 네 손이 네 원수의 목을 잡을 것이요 네 아버지의 아들

들이 네 앞에 절하리로다 … 규가 유다를 떠나지 아니하며 통치자의 지팡이가 그 발 사이에서 떠나지 아니하기를 실로가 오시기까지 이르리니 그에게 모든 백성이 복종하리로다(창 49:1, 8-10).

규(scepter), 주권자 그리고 통치자의 지팡이는 왕권과 관련된 단어들이다. 발람은 이스라엘 중에서 한 왕이 세워질 것을 예언하는데, 야곱의 예언은 이보다 더 구체적이다. 유다가 주권자를 배출할 지파로 지목되고 있다. 한편, 발람과 야곱의 예언 모두 그 시점이 '후일'임을 밝히고 있다. 후일이라는 표현은 참 막연하다. 10년 후도 후일이요, 100년 후도 후일이 될 수 있다.

하지만 발람의 말은 생각보다 더 먼 미래를 암시하는 듯하다.

"이 때의 일이 아니며," "가까운 일이 아니로다."

발람과 야곱의 예언이 메시아에 관한 것이라는 데 신학자들 사이에 이견이 없을 것이다. 두 예언 모두 어느 특정한 인물이 나타날 것을 기대하는데, 야곱의 예언에서 실로의 오심이 언급된다. 실로라는 히브리어 단어의 명확한 의미가 무엇인지 불분명하다. NIV는 '통치자의 지팡이의 소유자'라고 실로의 의미를 담아낸다.

한편 실로를 '의로운 자'라고 해석하는 유대인 신학자들이 있다. 이 해석을 100% 받아들이지 않는다 하더라도 메시아 예언이라는 맥락과 잘 들어맞는다는 점에서 무시하기 힘들다. 이 메시아는 게할더스 보스의 표현을 빌자면 단순히 연대기적 정점을 이루는 것을 넘어 "온전케 하는 자"이며 혹은 "극치를 가져오는 자"이다.[53]

---

53 보스, 『바울의 종말론』, 15.

발람과 야곱의 예언이 시사하는 바는 구약이 이미 어떤 특정한 인물을 멀리서 내다보고 있으며, 앞으로 역사의 전개가 그를 중심으로 이루어질 것을 예견한다는 것이다. 그리고 그 예언이 성취될 때까지 역사의 물줄기는 끊이지 않고 목적한 방향으로 줄기차게 이어져나갈 것이다.

이처럼 구약은 메시아를 멀리서 조망하고 있기에 그와 관련된 시간적 표현이 모호하고 불명료한 것은 오히려 자연스럽다. 그러나 때가 무르익으면 메시아의 도래는 엄청난 역사적 의의를 띠고 자리매김하게 될 것이다. 이와 더불어 시대를 구분 짓는 보다 명료한 표현들이 사용될 것이다.

(1) "이 세대"

구약에서와 달리 신약에서 시대를 구분 짓는 직접적인 표현들이 종종 사용된다. 한 가지 예를 들어보자. 예수님은 사람들이 믿음 대신 불신이 가득하여 표적을 구하는 것을 보고 탄식하며 이렇게 말한다.

> 어찌하여 이 세대가 표적을 구하느냐 내가 진실로 너희에게 이르노니 이 세대에 표적을 주지 아니하리라(막 8:12).

"이 세대"라는 단어에 주목해보자. 예수님의 말에서 "이 세대"의 성격을 짐작해 볼 수 있다. 예수님에게 있어서 "이 세대"는 악하며(눅 11:29), 모든 선지자들이 흘린 피를 담당하게 되고(눅 11:50), 심판 때 정죄 받게 될(마 12:41), 음란하고 죄 많은 세대이다(막 8:38). 결국 이 세대는 예수님을 거부하고 버릴 것이다(눅 17:25). "이 세대"가 일차적으로는 예수님이 지상에 계실 당시, 예수님의 말씀과 그 행한 일들을 직접 목도하고도 회개치 않은 사람들을 가리키는 것으로 이해할 수 있다.

여전히 모호함은 남아 있지만, "이"라는 지시 형용사로 한정되는 "이 세대"는 패역과 음란함을 본질로 한다. 예수님의 행한 일을 목도하고도 회개할 줄 모른다. 그리하여 하나님의 보내신 메시아를 십자가에 못박기까지 한다. 이 세대가 맞이할 종국적 운명은 하나님의 심판이다.

"이 세대"라는 용어는 변형된 형태와 더불어 바울에게 그대로 이어져 사용된다. 예를 들어 고린도전서 2:6-8에서 사용된 "이 세대"와 "이 세상"은 동의어로 사용되고 있다. 세대 혹은 세상으로 번역되는 헬라어는 '아이온'(αἰών)과 '코스모스'(κόσμος)이다. 이 중 '아이온'은 구약에 그 연원을 갖고 있는데, 히브리어 '올람'(עולם)이 70인역에서 '아이온'으로 번역된 것이다. 원래 오래 지속되는 시간이나 영원을 의미하던 '올람'은 처음에는 세대라는 시간적 의미만 갖다가 후에 헬라적 유대주의의 영향으로 세상이라는 공간적 의미로도 사용되었다.[54]

헬라어 '아이온'도 원래는 시간 개념이었는데, 후에 공간 개념이 추가된 것이다. 신약에서 이 단어는 때에 따라 '세대'나 '세상'이라고 번역된다. '아이온'과 '코스모스'가 바울서신에서 동의어로 사용된다는 사실에서도 둘이 상호호환적임이 확인된다(참조, 고전 1:20; 2:6; 3:18-19; 갈 1:4).[55] 세계 내지 만물을 포용하는 공간을 의미하는 한자어 '우주'(宇宙) 역시 공간 개념과 시간 개념이 복합된 말이라는 점에서 흥미롭다. 이것이 함의하는 바는 역사가 시간과 공간이라는 두 개의 축을 갖고 이루어진다는 것으로, 이것이 인류 공통의 인식 기반임을 알 수 있다.

바울에게 있어서 "이 세상"의 지혜는 예수 그리스도와 그가 십자가에 못 박히신 것과 반대된다. 고린도전서 3:18-19에서도 "이 세상" 지혜

---

54 박형용, 『바울 신학』 (수원: 합동신학대학원 출판부, 2008), 86-87.
55 박형용, 『바울 신학』, 88.

는 하나님의 인정을 받지 못할뿐더러 어리석은 것으로 여겨진다. 그리고 고린도후서 4:4에서 "이 세상"의 신은 불신자들의 마음을 혼미하게 하여 복음을 깨닫고 받아들이지 못하게 한다. 그리고 에베소서 2:1-2은 "이 세상" 풍조를 따르는 것이 공중의 권세 잡은 자를 따르는 것과 동일 선상에 있음을 시사한다. 마찬가지로 디도서 2 12-13에서 바울은 정욕과 경건하지 않음을 "이 세상"과 연결 짓고 있다.

바울서신 전반에 걸쳐 "이 세상" 또는 "이 세대"는 일관되게 부정적으로 묘사되고 있음을 확인할 수 있다. "이 세상(세대)"와 관련된 키워드 중 하나는 불신앙 혹은 불순종이다.

빌립보서 2:15에서 정확히 "이 세대"라는 표현은 사용되지 않았지만 바울은 "어그러지고 거스르는 세대"라는 말로 '이 세대'을 정의하고 있다. 이는 의미상 마태복음 12:39과 16:4의 "악하고 음란한 세대"와 다르지 않으며, 더 간결한 표현으로 "패역한 세대"도 사용되고 있다(마 17:17; 눅 9:41). "이 세대"가 다소간 변형된 표현과 더불어 바울서신뿐 아니라 신약 전체에 걸쳐 고르게 사용된다는 것은 이것이 기술적인 용어로 취급되고 있음을 시사한다.

한편, "이 세대"라는 표현 자체에서 이와는 구별되는 다른 세대가 있음이 암시된다. 이로 보건대 두 세대 혹은 두 시대 사이에 성격상 차이가 있음을 추측할 수 있다. 그 차이는 지엽적이 아니라 본질적인 차이일 것이다. 외형과 내용 모두에서의 차별성 없이는 두 시대를 구분하는 것은 무의미하다. 예수님의 비유에서 보듯 새 포도주는 새 부대에 넣어야 하기 때문이다(마 9:17).

그러면 "이 세대"와 확연히 구분되고 대비되는 시대를 신약에서는 과연 어떻게 표현하고 있는지 궁금증을 가질 만도 하다. 마태복음 12:32을 제외하고 바울서신에서 두 시대를 지칭하는 단어들이 나란히 등장한 유일한 구절은 에베소서 1:20-21이다.

> 그의 능력이 그리스도 안에서 역사하사 죽은 자들 가운데서 다시 살리시고 하늘에서 자기의 오른편에 앉히사 모든 통치와 권세와 능력과 주권과 이 세상뿐 아니라 오는 세상에 일컫는 모든 이름 위에 뛰어나게 하시고(엡 1:20-21).

"오는 세상"은 "이 세대"를 뒤이어 나오는 시대라는 점에서 '오는 세대'라고 표현되는데, 그 성격에 있어서 "이 세대"와 확연히 구분된다는 점에서 불연속성을 가진다. 과연 '오는 세대'가 어떤 점에서 "이 세대"와 다른지 살펴보기로 하자.

(2) 오는 세대

한편, 신약은 "이 세대"와 구별되는 어떤 시대에 대해 말하고 있다. 마태복음 12장에서 예수님이 귀신을 내어쫓자 바리새인들은 그 능력과 권세가 귀신의 왕 바알세불에서 나온 것이라고 비난한다. 이에 예수님은 하나님의 성령을 힘입은 것이라고 말하면서 성령을 거역한 죄의 엄중함에 대해 말한다.

> 또 누구든지 말로 인자를 거역하면 사하심을 얻되 누구든지 말로 성령을 거역하면 이 세상과 오는 세상에서도 사하심을 얻지 못하리라(마 12:32).

이 말에서 두 개의 세상 또는 두 세대가 전제되고 있음을 알 수 있는데, 바울서신에서도 이를 확인할 수 있다.

> 그의 능력이 그리스도 안에서 역사하사 죽은 자들 가운데서 다시 살리시고 하늘에서 자기의 오른편에 앉히사 모든 통치와 권세와 능력과 주권과 이 세상뿐 아니라 오는 세상에 일컫는 모든 이름 위에 뛰어나게 하시고 또 만물을 그의 발 아래에 복종하게 하시고 그를 만물 위에 교회의 머리로 삼으셨느니라(엡 1:20-22).

두 경우에서 모두 "이 세상"과 구별되는 또 하나의 세상은 "오는 세상"이라는 말로 표현되고 있다. 사용된 표현이 암시하는 것은 두 세상이 시간적 연속선상에서의 전후 관계를 이루고 있다는 것이다.[56] 즉 전자 다음에 후자가 온다는 것이다. "이 세상"이 기술적인 용어라면, 표현상 약간의 차이는 있을지라도 "오는 세상"은 "이 세상"과 확연히 구분되는 다른 세상 또는 다른 세대를 기술하는 용어라고 볼 수 있다.[57]

위에 인용된 구절에서 "이 세상"과 "오는 세상"은 서로 배치된다는 인상을 준다.

"이 세상"이 하나님에게 대한 불순종을 그 특징으로 한다면, "오는 세상"은 어떤 특징을 가질까?

그것은 이 단어가 어떤 문맥에서 어떻게 사용되었는지 살펴보면 알 수 있을 것이다. 먼저, 에베소서 1장에서 바울은 하나님이 예수 그리스

---

56 보스, 『바울의 종말론』, 46.
57 보스, 『바울의 종말론』, 31. 보스는 "이 세대"와 '오는 세대'란 표현은 늦어도 1세기 말에 이미 두 시대를 지칭하는 용어로 확립되었을 것이라고 본다.

도 안에서 성도를 위하여 예비한 은혜의 풍성함과 능력을 에베소 교인들이 깨닫기를 위해 기도하고 있다. 하나님의 능력은 그리스도의 부활과 승천에서 잘 드러났다. 이에 그치지 않고 다시 하나님의 능력은 "모든 통치와 권세와 능력과 주권과 이 세상뿐 아니라 오는 세상에 일컫는 모든 이름 위에 뛰어나게"(엡 1:21) 하는 것으로 드러나며 그리하여 만물을 그리스도 발 아래 복종하게 한다.

여기서 "오는 세상"은 그리스도에게 부여된 탁월한 지위와 연관되어 언급되고 있다. 이어서 에베소서 2장에서 "오는 세상"은 다시 그리스도 안에서 성도들이 누리는 특권적 지위와 하나님의 은혜를 언급하는 문맥에서 사용되고 있다.

> 허물로 죽은 우리를 그리스도와 함께 살리셨고 … 함께 하늘에 앉히시니 이는 그리스도 예수 안에서 우리에게 자비하심으로써 그 은혜의 지극히 풍성함을 오는 여러 세대에 나타내려 하심이라 (엡 2:5-7).

사실 바울서신에서 "오는 세상"이 자주 언급되지는 않는다. 하지만 "이 세상"이 사용되는 구절에서 함축적으로 표현되어 있는 예가 적지 않다(롬 12:2; 고전 1:20; 2:6; 고후 4:4; 갈 1:4; 엡 2:2; 딤전 6:17 등). 살펴본 바처럼 "오는 세상"은 "이 세상"과 달리 부정적인 것들과 연관되어 사용되지 않는다. "오는 세상"과 관련된 키워드는 하나님의 은혜와 그리스도 안에서 성도의 누림이다.

이로써 "이 세대"와 '오는 세대'는 성격적으로 현격한 차이점을 가질 뿐 아니라 서로 대척점에 있음을 알 수 있다. 시간적으로 전후 관계에 있다고는 하지만 성격상 대립되기 때문에 양자 간에 불연속성이 내포된다.

에베소서 1:20-22에서 "이 세상"과 "오는 세상"의 병치는 "이 세상"이 영원하지 않고 한시적이라는 근본적 한계를 드러낸다. 역사의 어느 시점에 이르면 "이 세상"이 "오는 세상"에 자리를 내주고 물러나게 될 것이다. 현존하는 질서로서의 "이 세대(세상)"는 위에서 살펴본 것처럼 부정적이며 세속적인 세대이다. "오는 세상"과 대비되어 "이 세상"은 사라질 '앙샹레짐'[58]이다.

현 세대가 끝나고 미래 세대가 온다는 점에서 두 세대는 연속적으로 그려지는데, 이는 직선적인 유대주의 역사관이 투영된 것으로 볼 수 있다. 이 두 시대의 구분은 헬라의 순환적 혹은 원형적 역사관과는 확연히 다르다.[59] 현 세대가 끝나면 미래적 세대가 오고, 다시 현 세대가 오는 식의 순환은 이루어지지 않으며, "이 세대"가 끝나면 '오는 세대'로 이어지는 것으로 보는 것이 성경적 역사관이다.

다시 말하자면, 성경적 관점에서 시대 구분은 "이 세상"과 "오는 세상"이 둘로 이루어진다. 더 나아가, 시대가 둘로만 구분된다는 것은 "오는 세상"이 또 다른 어떤 세상으로 대체될 일이 없음을 의미한다. 이는 "오는 세상"이 완성된 세상임을 시사한다.

시대를 둘로 구분하는 용어가 신약에서 뚜렷하게 사용되고 있는 반면, 구약에서는 그렇지 않다는 것은 주지의 사실이다. 그렇다고 구약에서 두 시대 개념을 아예 찾을 수 없는 건 아니다.

---

58 '앙샹레짐'(ancien régime)은 구체제나 구질서를 가리키는 말로써, 1789년 프랑스 혁명 이전의 낡은 체제를 지칭하는 말로 쓰이다가, 요즘에는 시대에 뒤처지고 모순된 체제를 비유적으로 일컬을 때 사용되기도 함.
59 박형용, 『바울 신학』, 85.

두 세대의 교리는 특히 선지자들의 메시지에 많이 나타난다. 구약의 종말론적인 소망은 하나님께서 강림하셔서 통치하시는 것을 그 기초로 하고 있다. 그리고 선지자들의 마음 속에는 미래의 통치와 현재의 통치를 비교하는 개념이 그들의 전망을 지배하는 역할을 했다. 즉, 구약의 왕국의 개념 속에는 '종말론적 의미'와 '전 종말론적인'(pre-eschatological) 의미라는 대조가 있다. … 신약의 저자들도 두 세대의 교리를 설명할 때 구약처럼 왕국의 전망으로 설명한다.[60]

구약에서의 개념이 신약에서 보다 분명한 용어로 표현되었으며, 두 시대를 가르는 것은 하나님 나라의 도래임을 알 수 있다. 하나님의 나라는 하나님이 왕, 즉 주권자로서 통치하며 하나님의 백성들이 그 통치를 기꺼이 받아들이는 나라이다. 이 세대는 이른바 세속주의로 통칭되는, "하나님과 동떨어진 사회의 가치 체계 전반"[61]을 말하는데, 하나님 나라의 도래로 그와 상반되는 '오는 세대'가 열리는 것이다.

'오는 세대'는 하나님 나라를 에둘러 표현한 것으로 볼 수 있다. 이는 '오는 세대'가 사용되었을 법한 문맥에서 하나님 나라가 사용되고 있다는 사실로 입증된다(참조, 고전 6:9-10; 15:50; 갈 5:21; 엡 5:5; 살전 2:12; 살후 1:5).[62]

주기도문의 '나라가 임하시오며'에서 드러나듯, 하나님 나라는 기독교

---

60 박형용, 『바울 신학』, 90.
61 John R. W. Stott, *The Message of Ephesians* (Downer Grove: IVP, 1986), 73.
62 Andrew T. Lincoln, *Paradise Now and Not Yet: Studies in the Role of the Heavenly Dimension in Paul's Thought with Special Reference to His Eschatology* (Grand Rapids: Baker Book House, 1991), 170.

신앙의 중심적 가치이다. '오는 세대'가 그 나라를 지칭하는 완곡한 어법이라면, 바울이나 다른 신약 저자들이 '오는 세대'라는 말을 자주 사용하지 않은 이유가 쉽게 이해된다. 하나님 나라 또는 천국이라는 보다 직설적인 용어를 두고 굳이 에두른 표현을 선호할 필요는 없었을 것이다. 더 나아가 바울이 '오는 세대(세상)'라는 말을 굳이 자주 사용하지 않은 또 다른 이유는 교회와 관련 있는 것으로 보인다.[63]

교회는 예수님을 머리로 하며 이 세상에 속해 있지 않다. 요한복음 17:14-16에서 예수님은 이렇게 기도한다.

> 내가 아버지의 말씀을 그들에게 주었사오매 세상이 그들을 미워하였사오니 이는 … 내가 세상에 속하지 아니함 같이 그들도 세상에 속하지 아니하였사옵나이다(요 17:14-16).

예수님의 몸 된 교회가 이 세상에 속하지 않았다면 과연 어디에 속한 것일까?

머리 되신 예수님처럼 교회는 하나님 나라, 즉 '오는 세대'에 속하였다. 교회의 존재적 자리매김이 이러하니 특별한 이유가 있지 않는 한 바울이 "오는 세상"을 자주 사용할 필요가 없었을 것으로 보인다.

만일 하나님 나라가 보다 직접적이며 명확한 개념어를 놔두고 예수님이 '오는 세상이 가까이 왔으니 회개하고 복음을 믿으라'고 하였다면 어땠을까?

---

63 박형용, 『바울 신학』, 94.

사람들 마음 속에 확실하고 분명하게 내리꽂히는 메시지의 효과가 조금 반감되었을 것이다. 그러면 여기서 한 가지 의문이 들 것이다.

그렇다면 천국이나 하나님 나라라는 표현만 사용할 것이지 왜 굳이 "오는 세상"이라는 용어를 사용하였을까?

간단히 답하자면 그런 표현이 갖는 효용이 분명 있기 때문이다. "오는 세상"이라는 표현에는 지금의 체제와 질서를 가진 "이 세대"가 끝나지 않고 영원히 지속될 것 같지만, 반드시 종말을 맞게 될 것이라는 숨은 메시지가 내포되어 있다. 강하고 시원한 바람에 갑갑하고 무더운 공기가 밀려나는 것과 같이 새로운 것이 오면 낡은 것은 밀려나 있던 자리를 내줘야 한다. 마찬가지로 "이 세대"가 주는 억압과 절망이 물러날 것이라는 확신과 소망이 '오는 세대'라는 말에서 암시된다.

두 아담과 두 시대가 서로 어떻게 관련되는 것인가?

첫 아담은 인류의 시조로서 인류 역사의 첫 장을 열었다. 그와 동시에 그의 범죄로 인하여 사망이 들어오고 인류의 역사는 하나님에게 대한 불순종과 거역으로 점철되어 왔다. 이것이 "이 세대"의 모습이다.

반면, 예수님은 마지막 아담으로서 인류의 죄를 짊어지고 십자가에 달리기까지 하나님께 순종했으며 성령의 능력으로 부활의 첫 열매가 되었다. 믿음으로 예수님과 연합을 이룬 자들은 장차 예수님처럼 부활의 몸을 얻으며 하나님 나라를 유업으로 받게 될 것이다. 마지막 아담 예수님은 '오는 세대'를 여는 그 시대의 선두 주자이다.

5) 종말론의 구조: 이미 그러나 아직

예수님의 부활은 다가올 새 시대의 신호탄이 되었다. 이와 더불어 바울은 성령의 강림과 사역을 "예수님으로 인해 열린 새 시대의 표지"[64]로 보았다. 유대적 사고에서 부활은 집단적 사건이지, 단 한 사람에게만 일어나는 개별적 사건은 아니었다. 유대 사람들은 모든 사람들이 부활할 때 하나님의 심판이 이루어지는 것으로 생각했다. 부활 및 이와 연동되어 벌어질 심판은 종말론적인 사건이었다. 그들의 이런 관점에서 볼 때 예수님의 부활은 그들이 알고 믿어 왔던 것과 배치되어 받아들이기 힘든 것이었다.

하지만 예수님의 제자들은 그의 부활을 직접 목격한 증인들로서 이 사건이 갖는 의의를 깨닫게 되었다. 이는 예수님의 부활이 시대의 종말의 신호로 받아들여졌음을 의미한다.[65] 한편, 마지막 아담인 예수님이 새 인류의 원형이 되었음은 주지의 사실이다. 이는 예수님에게서 새로운 시작 내지 새로운 시대가 열렸음을 뜻한다. 그런데 예수님의 초림이 종말의 신호가 되면서 동시에 새 시대의 표지로 작용한다는 것은 설명을 필요로 한다. 왜냐하면 이 시대와 새 시대가 완전히 분리되지 않고 공존하고 있음이 암시되기 때문이다.

이 지점에서 우리는 서로 대립되는 두 시대의 관계에 대하여 질문을 갖지 않을 수 없다.

"이 세대"와 '오는 세대'은 논리적 순서로 선후 관계인데 이 두 시대가 공존하는 양상을 우리가 어떻게 이해해야 하는가?

성격이 완전히 다른 두 시대의 공존은 갈등을 유발한다. 이런 갈등이

---

64 B. J. Oropeza, "Echoes of Isaiah in the Rhetoric cf Paul: New Exodus, Wisdom, and the Humility of the Cross in Utopian-Apocalyptic Expectations," in *The Intertexture of Apocalyptic Discourse in the New Testament*, ed. Duane F. Watson (Atlanta: Society of Biblical Literature, 2002), 100.

65 Hays, *First Corinthians*, 263.

신약 도처에서 발견되는데 바울서신도 예외는 아니다. 바울서신에 나타난 갈등 구조를 살펴보자.

(1) 이미 성취된 종말론

예수님의 구원 사역으로 그리스도와 연합한 사람들은 "이 세대"에 속하지 않고 '오는 세대'에 속한다. 이를 다른 말로 하면, 구원 받음(롬 10:10; 눅 19:9; 행 16:31), 하나님의 자녀가 됨(롬 8:21; 요 1:12), 영생을 얻음(딤전 1:16; 요 3:15), 천국에 들어감(딤후 4:18; 마 7:21), 하나님 나라를 유업으로 받음(고전 6:10; 참조, 갈 5:21) 등으로 표현할 수 있다. 바울은 로마서 5:1에서 다음과 같이 말한다.

> 그러므로 우리가 믿음으로 의롭다 하심을 받았으니 우리 주 예수 그리스도로 말미암아 하나님과 화평을 누리자(롬 5:1).

여기서 "의롭다"라는 법정적 판결이 미래형이 아니라 과거 시제로 표현되고 있음을 확인할 수 있다. 헬라어 원문에서 수동태 과거 분사가 사용되었다는 것은 칭의가 인간의 공로나 능력으로 획득할 수 있는 것이라는 관념을 배제한다. 한 구절 더 살펴보자. 에베소서 2:1-6은 그리스도와 연합된 성도들의 존재론적 변화를 다음과 같이 표현하고 있다.

> 그는 허물과 죄로 죽었던 너희를 살리셨도다
> 그 때에 너희는 그 가운데서 행하여 이 세상의 풍조를 따르고 …
> 전에는 우리도 다 그 가운데서 우리 육체의 욕심을 따라 지내며 …
> 다른 이들과 같이 본질상 진노의 자녀이었더니 …

> 허물로 죽은 우리를 그리스도와 함께 살리셨그…
>
> 또 함께 일으키사 그리스도 예수 안에서 함께 하늘에 앉히시니
>
> (엡 2:1-6).

위의 구절에서 인간의 행위와 하나님의 은혜의 행동이 극명하게 대비되고 있다. 인간의 죄와 허물에도 불구하고 그리스도를 통해 나타난 하나님의 은혜는 "함께 살리셨고," "함께 일으키사"와 "함께 … 앉히시니"와 같은 구체적인 행동으로 나타난다. 바울의 이 대담한 선언적 진술이 놀라운 것은 그것이 미래 시제가 아닌 과거 시제로 표현되었다는 것이다. 그리스도가 죽은 자 가운데서 살아나고 하늘 보좌에 앉으신 것을 과거의 사건으로 진술한다고 해서 이상할 것이 없다. 문제는 바울이 하나님의 자녀들에게도 이를 동일하게 적용한다는 것이다.

언제 우리가 그리스도와 함께 위의 3가지를 경험했단 말인가?

그런 진술이 가능한 이유는 3차례 반복된 "함께"가 암시하듯 "우리와 그리스도 간의 신비적인 연합의 차원"[66]에서 찾을 수 있다.

찰스 하지(Charles Hodge)는 성도들이 살리심을 받고 하늘에 앉히심을 받은 일에 대해 다음과 같이 말한다.

> (성도들이 살리심을 받고 하늘에 앉히심을 받은 일은) 그리스도가 죽은 자 가운데서 살아나고 하나님 우편에 앉았을 때 중요한 의미에서는 성취된 것이다. 몸 전체의 생명은 머리에 있으므로 머리가 일어났을 때 몸도 일어난 것이다. 하지만 각자 순서가 있으니 먼

---

66 D. M. 로이드 존스, 『에베소서 강해 2권: 영적 화해』, 서문 강 역 (서울: CLC, 2001), 150.

저는 그리스도요 그 다음은 그리스도에 속한 자들이다.[67]

그러니까 '이렇게 되었으면' 하는 소원이 아닌 그리스도 안에서 이미 성취된 일의 실상을 바울이 진술한 것이다. 우리가 여전히 하나님 앞에서 죽은 자라면 우리가 새 생명 가운데 행하기를 바라는 기대는 애초에 불가능했을 거라는 피터 T. 오브라이언(Peter T. O'Brien)의 지적은 합당하다.[68]

성도들이 그리스도와의 연합 안에서 경험하는 현재적 구원에 대한 진술은 비단 에베소서에만 국한된 것이 아니다. 사실 바울은 여러 곳에서 이미 실현된 구원에 대해 말하고 있다. 바울에게 있어서 그리스도 안에 있는 성도들의 삶은 새 창조의 결과이다.

> 그런즉 누구든지 그리스도 안에 있으면 새로운 피조물이라 이전 것은 지나갔으니 보라 새 것이 되었도다(고후 5:17).

성도들은 '지금 여기에서' 구원을 누리고 있다. 그래서 구원은 현재적 시점에서 선포된다.

> 내가 은혜 베풀 때에 너에게 듣고 구원의 날에 너를 도왔다 하셨으니 보라 지금은 은혜 받을 만한 때요 보라 지금은 구원의 날이로다(고후 6:2).

---

67 Charles Hodge, *Ephesians*, The Crossway Classic Commentaries (Wheaton: Crossway Books, 1994), 75. (괄호는 이해를 위해 삽입됨)
68 Peter T. O'Brien, *The Letter to the Ephesians* (Grand Rapids: Eerdmans, 1999), 170.

이처럼 그리스도 안에서 이미 성취된 구원이 너무도 확실하며 실제적이기 때문에 바울이 에베소서 2:1-6에서 본 바와 같이 대담하다 못해 극적인 방식으로 성도의 구원을 묘사한 것은 확신의 발로 그 이상이다. 또이는 성도들의 현재적 삶을 승귀한 그리스도의 생명과 관련 짓는 그의 일반적인 경향과도 부합된다(롬 7:4; 고후 4:10; 갈 2:20; 골 3:3을 보라).[69] 구원은 성도들이 지금 여기에서 누리는 하나님 나라의 실제이다.

(2) 아직 성취되지 않은 종말론

한편, 바울은 구원을 미래에 성취될 사건으로 취급하는 입장을 취하기도 한다. 이와 관계된 몇 구절을 소개하면 아래와 같다.

> 그러므로 나의 사랑하는 자들아 너희가 나 있을 때뿐 아니라 더욱 지금 나 없을 때에도 항상 복종하여 두렵고 떨림으로 너희 구원을 이루라(빌 2:12).

> 너희가 아들이므로 하나님이 그 아들의 영을 우리 마음 가운데 보내사 아빠 아버지라 부르게 하셨느니라 그러므로 네가 이 후로는 종이 아니요 아들이니 아들이면 하나님으로 말미암아 유업을 받을 자니라(갈 4:6-7).

우리는 예수를 마음으로 믿고 주라고 입으로 시인하면 구원이 주어진다고 알고 있다(롬 10:9-10). 예수님과 함께 십자가에 달린 강도 중 한 사

---

69 Thomas G. Allen, "Exaltation and Solidarity with Christ: Ephesians 1:20 and 2:6," *Journal for the Study of the New Testament* 28 (October 1986): 105.

람도 입으로 시인하여 즉각적인 구원을 얻었다(눅 23:43).

그런데 일견 빌립보서 2:12 등은 이와는 배치되는 것으로 보인다. "두렵고 떨림으로 너희 구원을 이루라"라는 말씀은 구원의 성취 여부가 사람에게 있는 것으로 보일 뿐 아니라 그 구원은 미래에 속한 것으로 여겨진다. 빌립보서 2:12이 의미하는 바를 밝히는 것이 구원의 미래적 측면과 현재적 측면 사이의 관계를 이해하는 데 도움이 될 것이다.

본문을 이해하려면 우선 빌립보서 2:12이 위치한 문맥을 살펴보아야 한다. 빌립보서 2:1-11에서 바울은 그리스도의 겸손에 대해 말한다. 그의 겸손은 자신을 낮추고 십자가에 달려 죽기까지 하나님에게 순종한 행동으로 드러난다. 뒤이어 12-18절에서 바울은 빌립보 교인들에게 하나님의 자녀로서 흠 없이 생활하며 세상에 빛들로서 드러나라고 권면한다. 그러니까 앞 문맥은 뒤 문맥의 권면을 위한 근거가 된다.

빌립보서 2:12의 "그러므로"(호스테, ὥστε)가 이를 뒷받침한다. 12절에서 바울의 권면은 2가지이다. 그리스도의 순종을 본받아 복종할 것과 두렵고 떨림으로 구원을 이루어 갈 것이 그것이다. '이루다'에 해당하는 헬라어는 '카테르가조마이'(κατεργάζομαι)인데, '카타'(κατα)와 '에르가조마이'(ἐργάζομαι)가 합성된 것이다. '에르가조마이'(ἐργάζομαι)는 '임무 등을 수행한다'는 의미를 가진 동사이다. 그리고 '카타'(κατα)는 여기서는 동작의 완료 혹은 진보를 나타내는 접두사이다.

따라서 구원을 이룬다는 것은 "구원의 촉진이나 달성"을 뜻하며, 나아가 구원을 정적 개념이 아닌, 역동적 개념으로 보고 있음을 함의한다.[70]

두렵고 떨림으로 구원을 이루라는 바울의 말은 다음과 같이 정리된

---

70 Frank Stagg, "The Mind in Jesus Christ: Philippians 1:27-2:18," *Review & Expositor* 77, no. 3 (Summer 1980): 346.

다. 구원이 전적으로 하나님의 은혜로 인한 것이라고 해서 인간이 감당해야 할 몫까지 배제하는 건 아니다. 구원은 하나님의 선물이지만, 인간 편에서 이를 받아들여야 한다. 여기서 인간에게 요구되는 것은 완성의 분량을 채우는 것이다.

구원은 싸구려 선물이 아니기에 받는 편에게 엄중함이 요구된다. 인간의 연약함과 그리스도인의 소명이라는 엄중한 요구는 두려움과 떨림을 일으키기에 충분하다.[71] 예수님의 구속 사역이 2% 부족해서 인간 편에서 뭔가 보태야 한다는 말이 아니다. 여기에 공로 사상이 들어설 자리는 없다. 다만 구원 받은 성도라는 지위에 합당한 삶이 요구되는 것이다. 이는 달리 말해 이 세상에서 "하나님의 자녀 됨의 삶을 구현해 나가는 것"[72]이다.

한편, 갈라디아서 4:6-7은 성도들의 아들 됨에 대해 말하고 있다. 성도들은 종이 아니라 자녀이므로 하나님을 아빠 아버지라고 부른다. 종과 달리 자녀에게는 상속권이 있다. 하나님의 자녀들에게는 유업이 약속되어 있다.

바울이 말하는 유업은 구체적으로 무엇인가?

바울은 갈라디아서 5:21, 고린도전서 6:9-10과 고린도전서 15:50에서 어떤 부류의 사람들이 하나님 나라를 유업으로 못 받을지를 열거하고 있다. 바꿔 말하면, 의롭다 칭함 받은 자들, 즉 구원 받은 자들은 유업을 얻게 될 것이라는 말인데, 그 유업은 곧 하나님 나라이다.[73] 하나님 나라를

---

71 Stagg, "The Mind in Jesus Christ," 345-346.
72 박형용, 『바울 신학』, 98.
73 하나님 나라를 유업으로 상속받는다는 개념은 구약에 그 원형을 갖고 있다. 아브라함과 그 자손들에게 주신 약속에서 보듯이, 구약에서는 땅의 상속에 대해 수차례 반복적으로 말하고 있다. 여기서 한 발 더 나아가, 유대인들은 보다 넓은 의미에서의 땅의 상

상속 받는다는 말에는 그것이 미래적 사건이라는 함의가 이미 들어 있다.

한 가지 예를 들어보자. 자산가인 어떤 아버지가 미리 유언을 작성하여 자녀에게 재산을 물려주려고 한다. 유언장을 작성하여 공증해놓으면 자녀의 몫은 확고부동한 현실이 된다.

다만 당장 상속권이 행사되는 것이 아니기 때문에 자녀의 입장에서는 유언이 집행될 시기까지 기다려야 한다. 이와 같이 성도들은 이미 하늘 나라 시민이라는 신분과 지위를 가지고 있으나 그 나라를 온전히 향유하게 될 때를 기다리고 있는 것이다. 이런 의미에서 하나님 나라는 아직 성취되지 않은 미래적 소망이다.

(3) '이미 그러나 아직'

위에서 살펴본 것처럼 바울은 이미 성취된 종말론과 아직 성취되지 않은 종말론을 말하고 있다. 이는 바울에게서만 나타나는 종말론의 특징이 아니다. 우리는 이 2가지 상반된 종말론을 예수님의 입을 통해서 직접 듣게 된다. 간단히 그 실례를 소개하겠다.

예수님이 사역을 시작했을 때 그 첫 일성(一聲)은 하나님 나라가 가까이 왔으니 회개하라는 것이었다(마 4:17; 막 1:15). 하나님 나라의 핵심은 하나님의 통치이다. 구약에서 "하나님 나라"라는 용어가 직접 사용되지는 않았지만 하나님의 통치라는 주제가 자주 등장한다. 예수님 때에 하

속을 말하는데, 다음과 같다. "하나님의 의도는 단지 이스라엘에게 중동의 약속의 땅을 주는 것이 아니고, 자기 백성을 새 하늘과 새 땅으로 들여보내는 것, 즉 영생과 영원한 왕국으로 들어가게 하는 것이다. 따라서 땅에 대한 약속들은 부활에 대한 가르침으로 편입되어, 이스라엘에게 땅이 회복된다는 소망과 또 그 땅이 에덴의 상태로 회복된다는 소망에 관한 모든 것이 이제는 죽은 자의 부활과 그것에 동반되는 피조물의 완전한 갱신에서 그 궁극적인 절정을 맞게 된다." Roy E. Ciampa and Brian S. Rosner, *The First Letter to the Corinthians* (Grand Rapids: Eerdmans, 2010), 829.

나님 나라 대망 사상이 유대인 사이에 퍼져 있었다. 이 대망 사상에는 2가지가 주축을 이룬다.

첫째, 하나님의 통치가 모든 사람들의 눈에 명명백백하게 드러나게 될 날이 올 것이며(사 45:23; 단 7:13-14; 슥 14:9),

둘째, '그 날'은 '오는 세대'를 열게 된다.[74]

이런 배경에서 예수님은 하나님 나라의 임탁함을 선포했을 뿐 아니라, 더 나아가 그 나라가 이미 실현되었음을 말한 것이다. 예수님이 귀신을 쫓아내자 바리새인들은 바알세불의 힘을 빌렸다고 비난한다. 그러자 예수님은 이렇게 응수한다.

> 만일 사탄이 사탄을 쫓아내면 스스로 분쟁하는 것이니 … 그러나 내가 하나님의 성령을 힘입어 귀신을 쫓아내는 것이면 하나님의 나라가 이미 너희에게 임하였느니라(마 12:26-28).

예수님은 하나님 나라를 이미 실현된 것으로 본 것이다.

반면, 예수님은 비유를 통해 하나님 나라의 미래적 실현을 말한다. 누가는 은 열 므나의 비유가 주어진 배경을 다음과 같이 설명한다.

> 그들이 이 말씀을 듣고 있을 때 비유를 더하여 말씀하시니 이는 자기가 예루살렘에 가까이 오셨고 그들은 하나님의 나라가 당장에 나타날 줄로 생각함이더라(눅 19:11).

---

74 David Wenham and Steve Walton, *Exploring the New Testament*, vol. 1 of *The Gospels and Acts* (London: SPCK), 160-161.

이 비유를 통해 예수님은 사람들의 오해와 잘못된 기대를 바로 잡는다. 사람들은 하나님 나라가 당장 이루어질 것으로 기대하기 보다는 그 나라에 대한 미래적 전망을 가져야 한다. 왜냐하면 그 나라가 임하는 때와 시기는 하나님의 권한이지 사람들이 알 바가 아니기 때문이다. 이것은 하나님 나라가 당장 실현되지 않음을 강력히 시사한다. 따라서 제자들은 소망 가운데 기다리면서 증인의 삶을 살아야 한다.[75]

이미 살펴본 바와 같이 실현된 종말론과 아직 실현되지 않은 종말론은 신약성경 전반에 걸쳐서 미묘한 긴장을 형성한다. 예수님 자신이 현재적 하나님 나라와 미래적 하나님 나라를 말하고 있다. 완전히 대조되는 이 둘의 공존을 성경은 담담히 인정한다. 서로 양립이 불가능한 대립 관계에 있는 둘의 공존으로 인한 긴장 발생은 필연적이다. 신학자들은 이런 특성을 '이미 그러나 아직'(already but not yet)이라는 시간적 표현으로 담아낸다.[76]

그러니까 종말론은 '실현된 것'과 '아직 실현되지 않은 것'이 일정 기간

---

[75] "이스라엘 나라를 회복하심이 이 때이니까?"(행 1:6) 제자들의 질문 뒤에는 메시아가 오시면 다윗의 왕국이 회복될 것이라는 유대인들의 기대가 자리잡고 있다. 당시 오랫동안 나라의 주권을 빼앗긴 채 살아야 했던 유대인들의 여망이 독립이었음을 짐작할 수 있다. 예수님의 부활은 그들의 이와 같은 기대감을 한층 고조시켰을 것이다. 하지만 제자들의 문제는 그들이 3년 동안 지근거리에서 예수님의 가르침을 들어 왔기에 그때쯤이면 그 의미를 알아챘어야 했다는 데 있다. 칼빈은 제자들이 부질없는 호기심을 가졌다고 비판한다. 스승이 가르쳐 주려는 것과 감추려 하는 것에 대해 제자들은 민감할 필요가 있다. 예수님의 반응은 이와 같은 칼빈의 지적을 지지하는 것으로 보인다. 만약 제자들의 관심이 여전히 육신적인 이스라엘에서 벗어나지 못한 것으로 볼 경우, 예수님은 하나님 나라라는 주제로 전환하여 그들의 질문에 반응하는 것으로 이해가 된다. 그러는 한편, 예수님은 이들이 궁금해하는 때와 시기에 대한 호기심을 단호히 차단한다. 그것은 인간의 소관이 아닌, 하나님의 소관이다. 예수님의 태도가 암시하는 바는 하나님 나라가 가까운 장래에 임하지 않을 가능성에 무게를 실어준다. 요한 칼빈, 『사도행전. 칼빈 주석 19』, 신윤수 옮김 (고양: 크리스챤 다이제스트, 2014), 33-34.

[76] 참조, Oscar Cullman, *Salvation in History* (New York and Evanston: Harper and Row, 1967), 176. 쿨만(Cullman) 이후로 학자들은 '이미 그러나 아직'을 실현된 종말론과 아직 실현되지 않은 종말론의 긴장을 표현하는 일종의 기술적 용어로 취급한다.

겹쳐 있는 독특한 구조를 갖고 있는 셈이다. 그리고 '이미'와 '아직' 사이의 긴장 위에 바울 종말론이 서 있다.[77] 이를 그림으로 나타내면 "이 세대"와 '오는 세대'는 선후 관계에 의해 기본적으로 직선 위에 나란히 표시된다. 그런데 '이미 그러나 아직'이 겹치기 때문에 직선적인 구조에 변형이 일어난다.

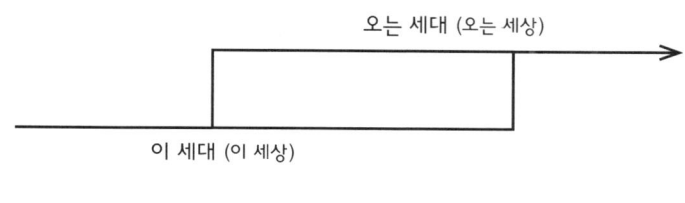

〈 종말론의 구조 〉

그림에서 보듯 "이 세대"는 '오는 세대'와 일정 기간 동안 겹쳐서 지속되다가 결국 사라지게 되고 '오는 세대'는 영원히 이어지는 것을 알 수 있다. 겹치는 구간은 예수님의 초림으로 시작되었다가 재림으로 종지된다.

'오는 세대'는 예수님의 초림으로 그 서막이 열렸고 예수님의 재림으로 절정에 이를 것이다. 이를 '디데이'(D-day)라는 군사 용어로 설명하는 사람들이 있다. 세계 2차 대전 당시 연합군은 독일군과의 전쟁에서 새로운 전기를 마련하기 위해 프랑스 노르망디 해안에 상륙하는 작전을 감행했는데, 그 작전 개시일인 1944년 6월 6일을 '디데이'라고 불렀다.

예수님의 초림이 바로 '디데이'였다면, 재림은 승리의 날인 '브이데이'(V-day, Victory Day)가 될 것이다. 노르망디 상륙 작전이 그랬던 것처럼 전쟁에서는 승기를 잡는 결정적인 전투가 있게 마련이다. 그 전투에

---

77 Lincoln, *Paradise Now and Not Yet*, 178.

서 이겼다고 전쟁이 곧 바로 끝나는 건 아니다. 나머지 전투가 수차례 이어지고 나서야 드디어 적이 백기를 들고 항복하게 된다. 그제서야 비로소 전쟁이 종식되어 승리가 확정되는 것이다.

현재 우리는 두 시대의 공존에서 빚어지는 긴장 속에 살고 있다. 그리고 이 긴장은 역설이라는 말로 특징지어진다. 즉 하늘의 생명이 연약함과 낮아짐의 상태를 통해 현시되는 역설 말이다.[78] 우리의 시민권은 하늘에 있다. 그러면서도 발로는 땅을 딛고 살아야 하며, 몸의 한계를 짊어져야 한다.

박형용은 성도들이 부활 생명을 갖고 있으나 그것이 "감추어진 상태로 유지"된다고 설명한다. 이어서 그는 바울이 두 시대의 공존을 "겉사람"과 "속사람"을 통해 설명한다고 주장한다. 그에 의하면, 겉사람과 속사람은 "구원 받은 성도의 전인(the whole man)을 각각 다른 측면에서 묘사"한 것이다. 구원 받은 성도라는 관점에서는 속사람이지만, 몸을 갖고 이 세상에서 사는 성도라는 관점에서는 겉사람이다.[79]

우리는 바울의 탄식에서 두 시대, 또는 두 세상에 끼어 사는 성도들의 실존적 고뇌를 가장 잘 읽을 수 있다.

> 오호라 나는 곤고한 사람이로다 이 사망의 몸에서 누가 나를 건져내랴!
> 우리 주 예수 그리스도로 말미암아 하나님께 감사하리로다 그런즉 내 자신이 마음으로는 하나님의 법을 육신으로는 죄의 법을 섬기노라(롬 7:24-25).

78　Lincoln, *Paradise Now and Not Yet*, 194.
79　박형용,『바울 신학』, 104-106.

'브이데이'는 아직 오지 않았다. 여기저기서 국지전이 계속 된다는 뜻이다. 성도의 투쟁은 계속 될 것이다. 예수님이 다시 오실 때까지. 그때에는 하나님의 목적과 계획이 완성되어 성도들의 낮은 몸은 그리스도의 영광의 몸의 형체와 같이 변하게 될 것이다(빌 3:21).

2장. 주의 날

1. 구약에서의 주의 날

주의 날이라는 표현은 우리에게 그리 낯설지 않다. 이 표현의 기원은 구약에 있다. 히브리어로 주의 날(또는 여호와의 날)은 '욤 아도나이'(יהוה יום)이다. 이 구절은 '여호와의 큰 날,' '여호와의 분노의 날,' '여호와의 크고 두려운 날' 등의 변형된 형태로 이사야, 아모스, 예레미야, 오바댜, 에스겔, 스가랴, 그리고 말라기에서 등장한다.

마크 D. 반더 하트(Mark D. Vander Hart)는 이 구절이 오랜 기간에 걸쳐서 다양한 선지자들에 의해 지속적으로 사용되었다는 사실이 갖는 의의를 다음과 같이 설명한다.

> 그 구절이 후기 선지자뿐 아니라 초기 선지자들에 의해 사용되었기 때문에 구약 계시 역사에서 기술적 용어(terminus technicus)로서 의미를 갖는다.[1]

---

1 Mark D. Vander Hart, "The Transition of the Old Testament Day of the Lord into the New Testament Day of the Lord Jesus Christ," *Mid-America Journal of Theology* 9, no. 1 (Spring 1993): 6.

즉, 주의 날은 하나님이 인간 역사에 결정적으로 개입하는 날이다. 구약에서 주의 날을 묘사하는 몇 구절을 살펴보자.

> 너희는 애곡할지어다 여호와의 날이 가까웠으니 전능자에게서 멸망이 임할 것임이로다 … 보라 여호와의 날 곧 잔혹히 분냄과 맹렬히 노하는 날이 이르러 땅을 황폐하게 하며 그 중에서 죄인들을 멸하리니(사 13:6, 9).

> 화 있을진저 여호와의 날을 사모하는 자여 너희가 어찌하여 여호와의 날을 사모하느냐 그 날은 어둠이요 빛이 아닐라 … 여호와의 날은 빛 없는 어둠이 아니며 빛남 없는 캄캄함이 아니냐 (암 5:18, 20).

위의 두 구절에서 여호와의 날과 관련된 이미지는 멸망, 분노, 어둠 그리고 심판이다. 이사야 13:6에서 여호와의 날은 가까우며 이날이 몰고 올 우주적인 파멸에(사 13:10) "모든 손의 힘이 풀리고 각 사람이 마음이" 녹게 될 것이며(사 13:7), 세상의 악이 벌 받고 강포한 자와 교만한 자가 낮아질 것이다(사 13:11).

여호와의 심판의 대상은 비단 바벨론만은 아니다. 요엘 3장에서는 만국이 여호와 앞에 소집되어 심판을 받게 된다. 그 날에 천지가 흔들리고 해와 달 그리고 별들이 빛을 잃고 캄캄하게 될 것이다.

한편, 여호와의 심판이 비단 이방에게만 행해지는 것은 아니다. 아모스 5장은 이스라엘의 심판을 말한다. 이스라엘이 여호와를 찾지 아니하고 정직한 자를 미워하며 힘 없고 가난한 자를 압제하고 부당한 이득을 취한 결과는 애곡과 어둠일 것이다. 하나님의 백성 됨을 망각하고 불의를 저지르는 이스라엘이 여호와의 날을 사모하는 것은 어불성설이다. 왜냐하면 그들을 기다리는 것은 심판이기 때문이다.

이처럼 여호와의 날은 하나님의 백성이나 이방이나 관계 없이 하나님을 대적하고 불의한 자들을 겨냥한 심판의 성격을 가진다.

한편, 여호와의 날은 심판의 날이면서도 구원과 회복의 날이기도 하다. 다음 구절들을 계속 살펴보자.

> 여호와의 날이 이르리라 그 날에 네 재물이 약탈되어 네 가운데서 나누이리라 … 여호와께서 아시는 한 날이 있으리니 … 여호와께서 천하의 왕이 되시리니 그 날에는 여호와께서 홀로 한 분이실 것이요 그의 이름이 홀로 하나이실 것이라 … 그 날에는 말 방울에까지 여호와께 성결이라 기록될 것이라 여호와의 전에 있는 모든 솥이 제단 앞 주발과 다름이 없을 것이니(슥 14:1, 7, 9, 20).

> 만군의 여호와가 이르노라 보라 용광로 불 같은 날이 이르리니 교만한 자와 악을 행하는 자는 다 지푸라기 같을 것이라 … 내 이름을 경외하는 너희에게는 공의로운 해가 떠올라서 치료하는 광선을 비추리니 … 보라 여호와의 크고 두려운 날이 이르기 전에 내가 선지자 엘리야를 너희에게 보내리니(말 4:1-2, 5).

스가랴 14장은 이방 나라들에 포위된 예루살렘의 모습을 묘사한다. 이때 여호와가 구원자로 직접 나타나 이방 나라들을 물리친다. 그리고 여호와가 천하의 왕으로 등극하게 된다. 그리고 예루살렘에 있는 모든 것들은 성결한 것으로 선언된다. 한편, 스가랴 14장에 묘사된 여호와의 대적들이 받을 재앙은 가공할 수준이다(슥 14:12을 보라).

이날 행해질 심판의 맹렬함과 준엄함을 말라기 4:1에서는 "용광로 불"로 비유하고 있다. 이날의 심판에 적당히 봐주기는 없다. 교만한 자와 악을 행하는 자들은 철저히 소멸될 것이다. 말라기 4장은 여호와의 날이 갖는 이중적인 성격을 선명하게 잘 드러낸다. 심판의 대상 및 심판의 엄중함과 대비되는 시혜의 대상자 및 그들이 받을 혜택이 "내 이름을 경외하는 너희," "공의로운 해," "치료하는 광선" 등으로 묘사된다.

마찬가지로 오바댜는 여호와가 만국을 벌할 날의 가까움을 선포하는 동시에 이스라엘의 구원과 회복을 선포하며 다음과 같이 맺는다.

> 구원 받은 자들이 시온 산에 올라와서 에서의 산을 심판하리니
> 나라가 여호와께 속하리라(옵 21절).

하나님이 통치하는 나라가 세워지는 것이 주의 날의 최종적 목표임을 알 수 있다.[2]

살펴본 바와 같이 주의 날은 심판과 구원이라는 양면성을 지닌다. 여호와의 날에서 주인공은 단연 하나님 자신이다. 영화로 치자면 단독 주연인 셈이다. 왕이나 선지자 등 대리인을 세우지 않고 하나님은 친히 형벌과 구원을 집행한다. 그래서 그 날은 결정적이며 궁극적인 특성을 갖는다. 하나님을 믿고 경외하는지 아닌지가 심판과 구원의 기준임이 암시되어 있다. 보다 친숙한 표현을 사용한다면 "누구든지 여호와의 이름

---

2 C. Marvin Pate, *The End of the Age Has Come: The Theology of Paul* (Grand Rapids: Zondervan Publishing House, 1995), 234.

을 부르는 자는 구원을 얻으리니"(참조, 욜 2:31-32)가 될 것이다. 심판과 구원의 집행으로 하나님의 공의가 실현된다.

살펴본 바처럼 주의 날에는 엄청난 무게와 의의가 실리고 있음을 알 수 있다. '그 날이 가까이 왔다'는 소위 선지자적 화법은 주의 날의 임박함 뿐 아니라 그 성취의 확실성을 강조한다. 이 대목에서 일어나는 궁금증은 '언제 어떤 식으로 그 날이 성취되는가?'일 것이다. 이와 관련하여 구약 예언의 성취에 대한 2가지 대표적인 태도를 짚고 넘어갈 필요가 있다.

첫째, 주의 날에 관한 예언은 당시 선지자들의 시대에 성취된 것으로 보는 견해와,

둘째, 당대와는 동떨어진 미래에 성취되는 것으로 보는 견해이다.

그러나 둘 중 어느 하나만을 취사선택하는 것은 구약 예언을 정당하게 취급하지 않는 것이 된다. 구약 선지자들의 예언은 2가지 양상을 모두 띠고 있다. 이 말은 곧, 예언이 해당 선지자의 시대에서 일차적으로 성취되지만 어느 결정적인 시기에 궁극적인 성취의 단계에 이르게 된다는 것이다. 그리고 그 궁극적인 성취는 그리스도에게서 이루어진다.

> (예언의) 첫 번째 적용은 일반적으로 구약 시대의 언약 백성과 관련된 사실 및 사건들과 관계된다. … 그러나 이것은 예언의 적용이 갖는 한 가지 양상에 불과하다. 하나님 백성의 역사 내에서의 모든 심판과는 별도로 예언의 중심적 성취는 예수님의 초림과 관련되며 최종적 성취는 그의 재림, 최후의 심판 날과 관계된 것으로 봐야 한다.[3]

---

3 Pieter A. Verhoef, *The Books of Haggai and Malachi*, The International Commentary on the Old Testament (Grand Rapids: Eerdmans, 1987), 325. (괄호는 이해를 위해 삽입됨)

구약 예언의 이런 양상과 관련하여 말라기의 예언은 우리의 이목을 집중시키기에 충분하다.

말라기에서 특기할 것은 여호와의 날이 이르기 전에 선지자 엘리야를 보낸다는 약속이 주어졌다는 것이다. 이 약속을 끝으로 구약은 대단원의 막을 내려서 앞으로 열릴 약속의 성취의 때를 대망하게 만든다. 따라서 선지자 엘리야의 재등장은 시대적 가늠자 역할을 하게 된다. 신약에서 세례 요한의 등장을 그 약속의 성취로 봄으로써 구약에서의 주의 날이 신약으로 전이되는 연결 고리를 형성한다.

2. 복음서에서의 주의 날

구약의 마지막 책인 말라기가 선지자 엘리야를 다시 보내겠다는 약속으로 끝을 맺는 것은 의미심장하다. 왜냐하면 역사 속에서 그가 다시 등장한다는 것은 주의 날이 임박했음을 알리는 신호이기 때문이다.

사복음서가 약속이라도 하듯 세례 요한을 다룬 것은 이와 무관하지 않다. 마가복음은 아예 서두에서 말라기 3:1과 이사야 40:3을 인용하여 세례 요한을 소개한다. 말라기의 예언을 기억하는 사람들은 세례 요한이 약속된 엘리야로 소개되고 있다는 걸 단박에 깨달을 것이다. 그 무엇보다도 주목할 것은 예수님 자신이 세례 요한을 엘리야로 인정했다는 사실이다.

> 만일 너희가 즐겨 받을진대 오리라 한 엘리야가 곧 이 사람이니라
> (마 11:14).

어떤 의미에서 세례 요한에게 맡겨진 사명은 시대적 지표 역할이라 할 수 있다. 그의 역사적 등장이 여호와의 날이 곧 뒤따를 것이라는 예고편 역할을 한다는 의미에서 그러하다. 세례 요한이 회개를 촉구하면서 사람들이 진짜 바라볼 대상은 자신이 아니라 바로 예수님이라고 강조한 것은 놓쳐서는 안 되는 부분이다. 예수님과 더불어 새 시대가 열릴 것이기 때문이다.

사람들이 고대하던 메시아의 시대가 열렸고, 메시아를 눈으로 보고 있음에도 불구하고 사람들은 예수님을 시험하여 하늘로부터 오는 표적을 요구했다. 이에 예수님은 사람들이 천기는 분별하면서도 막상 시대의 표적은 분별하지 못함을 꾸짖었다(마 16:1-3). 시대 전환의 주역인 예수님과 주의 날은 아주 자연스러운 조합일 것이다. 주의 날과 관련하여 예수님 자신의 진술은 이렇다.

> 너희 조상 아브라함은 나의 때 볼 것을 즐거워하다가 보고 기뻐하였느니라(요 8:56).

"나의 때"가 구약에서의 주의 날과 어느 만큼 직접적인 연관성을 갖는지 여기서는 불분명하다. 하지만 누가복음 17장에서는 보다 직접적인 표현이 사용되고 있다.

> 때가 이르리니 너희가 인자의 날 하루를 보고자 하되 보지 못하리라 … 번개가 하늘 아래 이쪽에서 번쩍이어 하늘 아래 저쪽까지 비침 같이 인자도 자기 날에 그러하리라 … 노아의 때에 된 것과 같이 인자의 때에도 그러하리라(눅 17:22-26).

구약에서 주의 날에 벌어질 일들의 규모와 엄중함을 연상시키는 표현들이 사용되고 있다. 예수님은 30절에서 "인자가 나타나는 날"이라는 보다 구체적인 어구를 사용하여서 듣는 이들로 하여금 미래 시점으로 눈을 돌리게 한다.

한편, 누가복음 17장의 "날"과 "때"는 각각 헬라어 '헤메라'(ἡμέρα)의 단수형과 복수형을 우리 말로 번역한 것이다. 따라서 "인자의 날," "자기 날"이나 "인자의 때"라는 다양한 표현은 "인자의 날"을 기본형으로 하고 있음을 알 수 있다. 예수님은 인자의 날을 노아의 때와 롯의 때에 빗대어 언급함으로써 그 날이 심판과 구원의 날이 될 것을 예고하고 있다.

예수님은 구약에서의 주의 날을 "인자의 날"이라고 고쳐서 부르고 있다. 베드로는 시편 110편을 인용하면서 하나님이 예수님을 "주와 그리스도"가 되게 하였다고 천명했다(행 2:34-36). 유대인들이 종말론적 표징으로 알고 있던 성령 강림[4]이 오순절에 일어난 것은 바로 주님이신 예수님에 의해서이다(행 2:33). 또 하나님은 심판을 예수님에게 맡겼다(요 5:22, 27). 예수님은 구세주이면서 동시에 심판주이다(약 5:9). 그러므로 예수님이 주의 날을 "인자의 날"이라고 부른다고 해서 이상할 것은 없다.

예수님은 생생한 비유를 통해서 장차 자신이 행할 심판에 대해 말하는데 심판에는 명료한 기준이 적용될 것이다. 양과 염소가 정확히 구분되어 분리되듯이 악인과 의인은 각각 분리되어 최종적인 운명을 맞게

---

4 구약 시대에는 성령이 극히 제한된 사람에게만 주어졌었는데, 만민에게 성령이 임할 것이라는 욜 2:28-29의 예언은 자연히 종말의 징표로 이해되었다. 이는 행 2장에서 베드로의 설교 내용과도 일치한다. 성령의 임함은 또한 믿는 자들이 '오는 세대'에로의 참여를 가능하게 해 준다. 성도들이 하나님을 '아빠'라 부를 수 있는 것은 양자의 영, 즉 성령의 사역에 의한 것이기 때문이다. 성도들은 다가올 진노에서 피하고 하나님이 예수님 안에서 예비한 은혜와 복을 누리는 새 시대의 참여자들이다. Adela Yarbro Collins, "The Reception of Paul's Apocalyptic Eschatology in the Letter to the Colossians," *Svensk Exegetisk Arsbok* 76 (2011): 26.

되는데, 곧 영벌과 영생이다(마 25:31-46).

한 가지 특기할 사항은 예수님 스스로 '주의 날'을 자신의 초림보다는 재림과 더 밀접하게 연결한다는 인상을 준다는 것이다. 사실 사복음서에서 주의 날이란 구절이 사용된 예가 얼마 되지 않는다는 사실도 주목할만하다.

그러면 왜 그럴까?

아마도 그것은 미래의 종말론적 심판이 아직 남았기 때문인 것으로 이해된다.[5] 예수님 당시의 최우선 초점은 구원 사역에 있었다. 예수님은 대속을 위한 고난과 죽음이 당면 과제이었기 때문에 그것에 더 무게를 실은 것으로 자연스러운 일이다. 인자의 날의 최종적 성취는 여전히 미래적 사건이기에 초림과의 시간적 간극은 불가피한 현실이다.

구약에서의 주의 날을 예수님이 "인자의 날"이라 고쳐 부름으로써 주의 날의 본질인 심판과 구원이 예수님에 의해 집행될 것을 드러낸다. 이제 바울서신에서 주의 날이 어떤 식으로 자리 매김을 하고 있는지 살펴보자.

3. 바울서신에서의 주의 날

바울서신에서 주의 날은 비교적 자주, 그리고 그의 사역 기간 전반에 걸쳐 고르게 사용된다(롬 2:5; 고전 1:8; 3:13; 5:5; 고후 1:14; 6:2; 엡 4:30; 빌 1:6; 살전 5:2; 살후 1:10; 2:2; 딤후 1:12; 4:8 등). 이 용어가 사용된 몇 구절을 소개하면 아래와 같다.

---

5 Vander Hart, "Transition of the Old Testament Day of the Lord," 15.

> 형제들아 때와 시기에 관하여는 너희에게 쓸 것이 없음은 **주의 날**이 밤에 도둑 같이 이를 줄을 너희 자신이 자세히 알기 때문이라(살전 5:1-2).

> 주께서 너희를 **우리 주 예수 그리스도의 날**에 책망할 것이 없는 자로 끝까지 견고하게 하시리라(고전 1:8).

> 생명의 말씀을 밝혀 나의 달음질이 헛되지 아니하고 수고도 헛되지 아니함으로 **그리스도의 날**에 내가 자랑할 것이 있게 하려 함이라(빌 2:16).

구약에서의 주의 날이 예수님에게 적용되어 예수님 자신이 "인자의 날"이라 고쳐 표현하였듯이, 바울도 이를 예수님에게 적용하고 있다.[6] 바울은 '주의 날'을 "그리스도 예수의 날," "그리스도의 날"이나 "우리 주 예수 그리스도의 날" 등으로 보다 다채롭게 변형시켰는데, 때로는 단순히 "그 날"(딤후 1:18; 4:8)로도 표기한다.

이외에도 그 어구를 직접적으로 사용하지는 않지만 의미상 '주의 날'을 암시하는 다양한 표현들(고전 1:7; 11:26; 엡 4:30; 살전 3:13 등)까지 감안하면 바울서신에서 '주의 날'이 차지하는 비중이 적지 않음을 알 수 있다.

감람산 강화(Olivet Discourse)[7]가 바울의 '주의 날' 이해에 영향을 주었

---

6 참조, Pate, *The End of the Age Has Come*, 235.
7 감람산 강화는 예수님이 제자들에게 재림 및 종말에 일어날 사건들에 대해 예언하고 가르친 것을 그 내용으로 하는데, 감람 산에서 가르침이 주어졌기 때문에 이와 같은 이름이 붙여졌다. 마 24:3-25:46, 막 13:3-37, 눅 21:8-36을 참조하라.

다는 지적[8]이 있는데 이에는 충분한 근거가 있다. 감람산 강화에서는 종말의 징조가 거론되는데, 이를 열거하면, 거짓 메시아와 거짓 선지자, 기근, 지진, 전염병, 전쟁, 유대인들에게 미칠 환난, 만연한 불법 등이 그것이다. 비단 지상뿐 아니라 천체에서도 이상 징후가 나타남으로써 종말의 징조는 우주적인 성격을 띠게 된다. 감람산 강화의 절정은 예수님의 재림 묘사에서 이루어진다. 그는 구름을 타고 권능으로 임하여 택한 자들을 사방에서 모을 것이다.

감람산 강화는 종말의 징조와 일어날 일을 들은 자들에게 깨어 있으라는 경고로 마무리된다. 주의 날이 갖는 위엄, 거대한 규모와 우주적 차원은 바울서신에서도 고스란히 드러난다. 베들레헴의 초라한 마구간에서의 탄생과 대조적으로 예수님의 재림은 하늘을 그 무대로 한다.

예수님을 "능력의 천사들"을 수행원으로 하여 "하늘로부터 불꽃 가운데"(살후 1:7) 나타나실 것으로 묘사하는 바울의 표현은 여러 가지 점에서 감람산 강화를 연상시킨다. 이 부분을 마가복음 13:26에서는 "구름을 타고 큰 권능과 영광으로," 마태복음 24:30-31에서는 "구름을 타고 능력과 큰 영광으로"와 "큰 나팔 소리와 함께 천사들을 보내리니"라고 묘사되어 있어서 바울의 표현과 매우 유사하다.

감람산 강화에서의 거짓 선지자 및 거짓 그리스도에 대한 경고와, 특히 마태복음 24:15("멸망의 가증한 것이 거룩한 곳에 선 것")는 데살로니가후서 2:1-12과 대응된다. 배교가 일어난 후 멸망의 아들이 일어나 하나님을 참칭하게 될 것이라고 바울은 말한다. 그리고 디모데후서 3:1-5에 열거된 말세의 사회적 현상의 목록(돈을 사랑함, 자만, 부모에게 불순종, 조

---

8 Craig A. Blaising, "The Day of the Rapture," *Bibliotheca Sacra* 169, no. 675 (July-September 2012): 261.

급함, 불경건, 사랑이 식음, 자제력 상실, 포악함, 쾌락을 사랑함 등)은 마태복음 24:12과 대응되는 것으로 보인다.

무엇보다도 불의한 자들에게 주의 날은 두려운 날이 될 것이다. 왜냐하면 그들은 "주의 얼굴과 그의 힘의 영광을 떠나 영원한 멸망의 형벌을"(살후 1:9) 받게 될 것이기 때문이다. 반면, 주의 나타나심을 사모하는 모든 자에게 그 날은 영광의 날이 될 것이다. 왜냐하면 그 날 그들에게 의의 면류관이 주어질 것이기 때문이다(딤후 4:8).

또한 주의 날이 갖는 엄중함은 그 날의 불시성과 급박함에 의해 배가된다. 그래서 예수님은 깨어 있으라고 경고한다(마 24:13; 막 13:33). 마찬가지로 바울도 깨어 정신을 차리라고 권면한다. 그 날은 도둑같이 임할 것이기 때문이다(살전 5:1-6).

심판과 구원을 골자로 하는 주의 날은 한마디로 말해서 "하나님의 궁극적인 공의가 실현"[9]되는 날이다. 모든 사회마다 정의를 모토(motto)로 하고 있다. 정의가 세워지지 않는 사회나 나라는 오래 유지되지 않는다. 정의에 기초하여 사법 체계를 운영하고 사회를 지탱하려고 노력하지만 완전하지는 않다. 요령을 부려 정의의 그물망을 빠져나가는 자들이 있게 마련이다.

그래서 무전유죄 유전무죄라는 자조 섞인 푸념이 나오게 된다. 옳은 일을 하면 보상을 받기는커녕 오히려 화를 당하거나, 의로운 자들이 핍박을 받기도 한다. 그래서 세상 사람들은 세상이 불공정하다고 불평하면서 하나님의 살아계심에 의문을 품는다. 그 근저에는 만약 하나님이 정말 존재한다면 그 하나님은 공의의 하나님이어야 한다는 사고가 깔려

---

9 Fee, *First Epistle to the Corinthians*, 142.

있다. 믿지 않는 자들까지도 하나님의 공의에 대한 본능적인 의식내지는 갈구가 있음을 알 수 있는 대목이다.

주의 날은 이러한 갈구가 완전히 해소되는 날이다. 벌 받을 자들에게는 형벌이, 상 받을 자들에게는 상이 주어진다. 누락되거나 배제되는 일 없이 말이다. 입법, 행정, 사법에서의 3권이 분리된 오늘날의 민주 사회에서와 달리 고대 세계에서 사법권은 왕의 권한이었다. 이 사법권의 결정적 행사야말로 하나님의 왕권을 명확하게 확인시켜주는 사건이 될 것이다.

살펴본 바대로 바울서신에서 발견되는 주의 날의 묘사는 감람산 강화의 그것과 일맥상통하며 더 나아가 구약에 그 연원을 두고 있음을 알 수 있다. 주의 날을 자구적(字句的)으로 풀이하면, 하나님이 자기 백성을 찾아 오는 날이다.[10] 요한복음 1:14은 피조물인 인간을 찾아오신 사건을 가장 단적으로 잘 드러낸다.

말씀이 육신이 되어 우리 가운데 거하시매 …(요 1:14).

예수님은 이렇게 하여 주의 날을 열었다. 그리고 예수님은 이 땅을 다시 찾아올 것이란 약속을 남기고 승천하였다. 주의 날의 절정이 아직 남은 것이다. 예수님의 재림 때 사람들은 주의 날의 엄위를 목도하게 될 것이다. 주의 날은 예수님의 초림과 재림을 아우른다. 예수님 자신도 "나의 때"(요 8:56)나 "인자의 날"(눅 17:26)을 자신의 초림과 연결 지은 적이 있다.

하지만 주의 날이 가진 심판이라는 성격으로 볼 때, 재림에 방점이 찍힌다. 심판이라는 성격이 강조될 때 바울에게 있어서 주의 날은 스바냐

---

10 Vander Hart, "Transition of the Old Testament Day of the Lord," 17.

1:14-18의 "여호와의 분노의 날"과 맞닿아있다(참조, 욜 3:4-6; 살전 1:9-10).[11]

주의 날과 재림의 연관성은 '이미 그러나 아직'이라는 종말론적 구조를 다시 확인할 수 있는 부분이다.[12] 바울은 교회들에게 보낸 편지에서 주의 날을 언급할 때 재림과 연관 지었지만, '이미 그러나 아직'이 갖는 이중적 구조를 염두에 두고 있었다고 보아야 한다. 그리고 역사의 전개에서 절정은 아직 도래하지 않은 상태이다.

앞에서 살펴보았듯이 주의 날의 목적이 심판, 구원이므로, 이 목적을 이루기 위한 일련의 과정들이 있음을 생각해야 한다. 주의 날의 개념은 구약에서 신구약 중간기[13]를 거쳐 신약으로 이어진다. 주의 날이 "이스라엘 관련 문제에서 하나님이 적극적인 행동을 취하는 때"[14]라는 인식이 신구약 중간기까지 이어졌다면 바울은 이를 아래와 같이 재해석한다.

바울에게 있어서 주의 날은 그리스도의 재림, 성도의 부활 및 심판을 포함하는 일련의 사건을 포함한다.[15] 그리고 그 날은 예수님의 재림을 기점으로 할 것이다.[16] 이러한 점에 비추어보아 주의 날을 어느 특정한 하루로 한정한다는 건 어려워 보인다. C. 마빈 페이트(C. Marvin Pate)의 말처럼, 오히려 주의 날을 특정 기간으로 보는 것이 합리적일 것이다. 하나님의 계획을 최종적으로 성취하는 기간 말이다.

---

11 Witherington, *Jesus, Paul and the End of the World*, 165.

12 Pate, *The End of the Age Has Come*, 235.

13 말라기를 끝으로 구약이 완료되고 난 다음 신약 시대로 이행하기까지 약 400여 년 동안 아무런 계시가 주어지지 않았는데, 그 시기를 신구약 중간기(the intertestamental period)라고 부른다.

14 Scott, "Paul and Late-Jewish Eschatology," 139.

15 Fee, *First Epistle to the Corinthians*, 142. (그의 각주를 보라)

16 Witherington, *Jesus, Paul and the End of the World*, 168; George E. Ladd, *A Theology of the New Testament* (Grand Rapids: Eerdmans, 1993), 600.

신약에서뿐 아니라 당시 유대교에서도 '주의 날'은 오는 시대의 도래를 표현하는 용어로 받아들여졌고, 따라서 주의 날은 지금 이 시대의 종결을 내포한다.[17] 이 시대에서 새 시대로의 전환은 그냥 이루어지는 것이 아니라 엄청난 지각 변동을 수반하는 일이다. 주의 날을 성취하는 과정에서 어떤 일들이 발생하는지 이제 구체적으로 알아보자.

4. 주의 날에 일어날 일들

주의 날은 그리스도의 재림을 핵심으로 한다. 예수님의 재림에는 일련의 사건들이 동반되어 하나님의 최종적인 계획을 이루게 된다. 따라서 예수님의 재림은 결정적인 사건이 될 것이다.

재림이 갖는 중차대함으로 인해 여러 사람들이 궁금증을 못 참고 재림 시기를 계산하는 우를 범해 왔다. 예수님 자신도 그 날과 때를 알지 못한다고 확실히 못을 박았음(막 13:32)에도 불구하고 말이다. 때와 시기를 아는 것은 하나님의 소관 사항이며, 이를 굳이 알려고 하는 것은 하나님의 권한을 침해하는 것이 된다. 하지만 사람에게 알 권한도 없고, 또 알려고 해도 그 날이 언제일지 알 수 없다는 것이 경계를 늦추고 방심하며 지낼 핑계가 될 수는 없다.

예수님은 우리가 그 시기를 알 수 없기에 더욱 깨어서 대비할 것을 거듭 강조한다(막 13:33, 35, 37). 비록 우리가 재림의 정확한 시기를 알 수는 없으나 그렇다고 완전히 무지한 상태로 방치된 건 아니다. 예수님은

---

17 Pate, *The End of the Age Has Come*, 234-235.

제자들에게 이렇게 말한다.

> 이와 같이 너희가 이런 일이 일어나는 것을 보거든 인자가 가까이 곧 문 앞에 이른 줄 알라(막 13:29).

이 말인즉, 재림에 선행하는 일들이 반드시 있으리라는 것이다. 바울도 주의 날이 이르기 전에 선행되어야 할 일들에 대해 말하고 있다. 이런 일들이 일어나는 것을 보게 되면 주의 날이 가까이 왔음을 알게 된다. 이런 일들은 영화 예고편의 구실을 하게 된다. 예고편을 통해 머지 않은 장래에 그 영화가 상영되리라는 걸 누구나 짐작하게 된다.

바울이 주의 날을 언급하면서 깨어 있으라는 권면을 하는 것은(살전 5:6) 준비되지 않은 자들이나 경고를 외면한 자들이 급작스럽게 닥치는 그 날의 압도적인 현실을 피할 수 없기 때문이다. 그러나 경고의 말을 듣고 깨어 있는 자들은 선행하는 사건들과 징조들을 그냥 흘려 보내지 않을 것이다.

1) 선행 사건(살후 2:1-12)

어떤 큰 일이 일어나기 전에 이를 알리는 조짐들이 먼저 나타나는 경우가 종종 발생한다. 이를 일러 전조 증상이라고들 한다. 이와 같이 예수님의 재림에도 전조가 되는 현상들이 일어날 것이 감람산 강화에서도 예고되고 있다. 바울 역시 재림에 선행되는 사건에 대해 데살로니가 교인들에게 말하고 있다.

그러나 바울은 종말의 자세한 시간표를 제시하여 사람들의 호기심을 채워주려는 의도를 조금도 갖고 있지 않았다. 그가 재림 직전에 일어날 일들에 대해 말해주는 것은 실용적인 이유 때문이었다. 이제 그 이유가 무엇인지에 대해 알아보고, 더 나아가 바울이 말해주는 선행 사건에 대해 다루기로 하자.

(1) 배교

우선 데살로니가후서 2:1-12의 기록된 배경을 잠시 살펴보겠다. 데살로니가 교인들이 몹시 놀라고 동요하게 된 상황이 발생했다. 그것은 "주의 날이 이르렀다"(살후 2:2)는 말 때문이었다. "이르렀다"를 주의 날이 가까이 왔다는 것으로 해석하는 학자들도 있지만, 완료형 동사의 일반적 의미를 적용하지 않을 특별한 이유는 없어 보인다.[18] 따라서 말 그대로 데살로니가 교인들은 주의 날이 이미 이른 것에 몹시 동요되었던 것임을 알 수 있다.

그렇다면 데살로니가 교인들은 주의 날에 대해 전혀 알지 못하다가 갑자기 어디서 그런 정보를 듣고 놀란 것은 아니다. 이미 바울은 그들과 함께 지낼 때 가르침을 주었다(살후 2:5).

그런데도 그들이 크게 당황한 것은 주의 날에 대한 올바른 이해가 제대로 정립되지 않았음을 보여준다. 바울을 사칭한 편지나 아니면 누군가의 잘못된 가르침 때문이었든지 간에, 그들이 잘못된 정보를 습득하게 된 정확한 경위는 불확실하다. 아무튼 바울로서는 잘못된 정보를 바

---

18 Leon Morris, *The First and Second Epistles to the Thessalonians* (Grand Rapids: Eerdmans, 1991), 214; Ernest Best, *A Commentary on the First and Second Epistles to the Thessalonians* (London: A & C Black, 1986), 275.

로 잡고 이로 인해 벌어진 사태를 수습하는 것이 급선무였을 것이다.

데살로니가 교인들은 심리적으로 동요되어 불안정한 상태에 있었다. 마음으로 번역된 헬라어 '누스'(νοῦς)는 정신, 이성 등을 일컫는 말이다. 교인들의 마음이 쉽게 흔들리고 두려워한다는 말은 이들의 감정 및 이성적인 기능까지 통틀어 영향 받았다는 뜻인데, 사람의 마음에 불균형을 초래하거나 정신을 온전히 차리지 못하게 하는 건 하나님의 진리가 아닌 것이다.[19]

바울이 데살로니가 교인들의 문제를 꺼내면서 다음과 같이 말한다.

> … 우리 주 예수 그리스도의 강림하심과 우리가 그 앞에 모임에 관하여(살후 2:1).

그리스도의 강림 즉, 재림을 의미하는 헬라어가 신약에서 여러 개 사용되는데, 본문에서는 '파루시아'(παρουσία)가 사용되고 있다. '파루시아'라는 단어 자체에 재림이라는 뜻은 없다. 원래 이 단어는 도착, 도래, 임석(臨席)을 뜻하는 말이었는데, 종말론적 문맥에서 그리스도의 재림을 표현하는 기술적인 용어로 사용되고 있다(살전 2:19; 3:13; 4:15; 5:23; 살후 2:1, 8; 고전 15:23).

그러면 "우리가 그 앞에 모임"은 구체적으로 무엇을 말하는가?

본문에서 그리스도의 재림과 연동된 것으로 보아 일상적인 성도의 모임이 아님은 분명하다. 헬라어 본문에서는 "그리스도의 강림"과 "우리가 그 앞에 모임"이 하나의 전치사 '휘페르'(ὑπέρ, ~에 관하여)로 결합되어 있

---

19 Mal Couch, *The Hope of Christ's Return: Premillennial Commentary on 1 and 2 Thessalonians* (Chattanooga: AMG Publishers, 2001), 203.

어서 두 사건 사이의 긴밀한 관계를 드러내고 있다. 이 둘은 "하나의 큰 사건의 두 부분"[20]인 것이며, 그리스도와 교회의 뗄래야 뗄 수 없는 관계를 암시한다.

'모임'이나 그 동사인 '모이다'는 흩어진 유대인들이 본국으로 다시 모이는 것을 묘사할 때 사용되는 말이라는 점에서(사 52:12; 마카비후서 1:27; 2:7-8) 종말론적 의의를 간과하기 어려우며, 마태복음 24:31과 마가복음 13:27에서도 그런 의미로 사용되었음을 확인할 수 있다.[21] 여기서는 재림과 밀접히 연계되어서 종말론적 함의를 놓칠 수 없다. "우리가 그 앞에 모임"은 데살로니가전서 4:17에서 바울이 묘사한 것과 동일한 것이며, 흔히 우리가 하는 말로는 휴거(携擧)를 지칭한다.[22]

도대체 교인들이 주의 날이 이르렀다고 불안해한 원인은 무엇이었을까? 당시 이들은 박해와 환난 중에 있었는데(살후 1:4) 때 마침 누군가의 잘못된 가르침으로, 이를 종말 때의 혼란으로 인식했을 가능성을[23] 배제할 수는 없다. 즉, 그들은 메시아 때의 고통(the messianic woes)을 떠올렸을 수 있다. 메시아 때의 고통이란 메시아가 오기 직전 하나님의 백성들에게 닥칠 큰 슬픔과 환난의 때를 이른다. 이는 후대에 주조된 용어이지만, 그 사상은 이미 구약에 배태되어 있으며 주의 날과 연관되어 있다 (암 5:16-20; 사 24:17-23; 단 12:1; 욜 2:1-11; 습 1:14-2:3).[24]

---

20 Morris, *Thessalonians*, 213.
21 Best, *Thessalonians*, 274.
22 Gordon D. Fee, *The First and Second Letters to the Thessalonians* (Grand Rapids: Eerdmans, 2009), 272.
23 Earl J. Richard, *First and Second Thessalonians*, vol. 11 of *Sacra Pagina Series* (Collegeville: The Liturgical Press, 1995), 342.
24 Pate, *The End of the Age Has Come*, 227.

물론 데살로니가 교인들이 실제로 그렇게 생각했다는 증거는 없지만, 바울이 이전 편지에 쓴 내용을 더듬어보면 이들이 처한 어려움을 주의 날에 비추어 해석했을 가능성을 아주 배제할 수는 없다.

이전 편지에서 바울은 재림 때 성도들이 먼저 죽은 성도들과 함께 공중에서 예수님을 영접하게 될 것이라고 가르쳤었다(살전 4:13-17). 그런데 누군가의 말대로 주의 날이 도래했다면 이는 곧 그들이 예수님의 재림을 놓쳤음을 의미했을 것이다. 바울은 때로 주의 날과 재림을 호환적으로 사용하기도 하는데 본문에서도 역시 그러한 현상을 발견할 수 있다.[25]

재림을 고대하던 성도들에게 이보다 더 큰 충격은 없을 것이다. 데살로니가 교인들이 느꼈을 엄청난 당황과 불안은 짐작조차 되지 않는다. 인식의 오류로 촉발된 심각한 불안과 절망 등이 성도들의 신앙의 뿌리까지 뒤흔들기 전에 신속한 조치가 필요했다.

바울이 이 상황을 바로 잡기 위해 해야 할 일은 인식의 오류를 바로 잡는 것이다. 바울은 미혹되지 말라고 단호하게 말하면서 그들이 생각하는 그때가 아직 오지 않았음을 확인시켜 준다. 큰 지진이 오기 전에 전조가 되는 전진(前震)이 일어나는데, 그것이 없었다면 지진은 아직 일어나지 않은 것이다. 그래서 선행 사건이 아직 발생하지 않았음을 확신시켜 주는 것이 바울이 취한 조치였다.

그렇다면 주의 날에 필히 선행되는 일이란 무엇일까?

데살로니가후서 2:3을 보면 2가지 일이 먼저 발생해야 하는데, 배교과 멸망의 아들의 등장이 그것이다.

바울은 다음과 같이 말한다.

---

[25] Witherington, *Jesus, Paul and the End of the World*, 163.

> ⋯ 먼저 배교하는 일이 있고 저 불법의 사람 곧 멸망의 아들이 나타나기 전에는 그 날이 이르지 아니하리니(살후 2:3).

여기서 "그 날"은 주의 날을 지칭하는 것임은 의심의 여지가 없다. 바울의 표현대로라면 배교와 불법의 사람이라는 선행 사건에는 시간적 순서가 있는 것으로 보이는데, 곧 배교가 멸망의 아들보다 선행된다.[26]

배교란 말은 정치적 변절이라는 의미뿐 아니라 종교적 의미도 갖는 단어이다. 마카비 시대[27] 이후로 배교라는 말은 압제자들이 유대인들로 하여금 하나님을 배반하게 하는 시도와 관련되어 사용되었다. 종말에 하나님의 백성 중 다수가 신앙적으로 변절할 때가 올 것이라는 믿음이 일부 유대인들 사이에 존재했었다.[28] 성경이 말하는 배교는 본질적으로 하나님의 통치 사상과 관련되어 있어서, 하나님의 통치를 거부하는 것이 배교의 핵심이다.[29]

바울이 본문에서 말하는 배교를 단지 개인적인 일탈이 아닌, 대규모적인 차원에서의 배교로[30] 볼 수 밖에 없는 2가지 이유가 있다.

---

26 Couch, *The Hope of Christ's Return*, 208.
27 바벨론 포로 귀환 이후 유대 민족은 여전히 주변 강대국의 속박으로부터 벗어나지 못하고 있었다. 자신을 제우스의 현현이라고 주장하는 시리아의 안티오쿠스 에피파네스(Antiochus IV Epiphanes)는 유다 땅을 짓밟고 예루살렘 성전 제단에 제우스 신상을 세우는 등 온갖 만행을 저지르자 모데인(Modein)이라는 마을의 제사장이었던 마타디아스(Judas Ben Mattathias)와 그의 아들들을 중심으로 저항 운동이 일어났다. 마타디아스의 아들 중 유다 마카비(Judah Maccabee)가 가장 유명하였는데(마카비는 망치라는 뜻), 그의 뛰어난 능력으로 전쟁을 성공적으로 이끌어 마침내 안티오쿠스 에피파네스를 물리치고 왕조를 이루게 되었다. 다윗의 혈통이 아닌 이 왕조는 BC 167-63년까지 이어지게 되며 하스모니아 왕조(Hasmonean dynasty) 혹은 유다의 별명을 따서 마카비 왕조라고 불린다.
28 Best, *Thessalonians*, 281.
29 Morris, *Thessalonians*, 218.
30 Morris, *Thessalonians*, 218; F. F. Bruce, *1 and 2 Thessalonians*, Word Biblical Commentaries (Waco: Word Books, 1982), 166.

첫째, 영어로 치면, 배교라는 단어 앞에 정관사가 붙어 있다는 것은 그 배교가 이미 예고되었고 그래서 데살로니가 성도들에게도 잘 알려진 그런 종류의 배교임을 암시한다.

둘째, 이 배교는 시대를 가리키는 주요 지표가 되는 사건이기에 지엽적 차원에서의 배교가 될 수 없다.

종말에 일어날 대대적인 배교에 대해서는 신구약 중간기에 생성된 문헌들에서도 찾아볼 수 있다(쥬빌리서 23:14-23; 에스라 4서 5:1-13; 에녹 1서 91:3-10; 93:8-10 등).[31] 복음서 역시 동일한 입장을 취한다(마 24:11; 막 13:5; 눅 21:8). 마가복음 13:22을 통해 배교로 이끄는 미혹이 얼마나 강하고 집요하게 이루어질 지 알 수 있다.

> … 할 수만 있으면 택하신 자들을 미혹하려 하리라(막 13:22).

미혹하는 편에서 볼 때 미혹은 당연히 적극적인 측면을 가지지만, 미혹을 받아 배교하는 편에서 볼 때 배교를 단지 수동적인 행위로 보기는 힘들다. 배교자를 단순히 미혹의 희생자로 볼 수 없는 것은 디모데전서 4:1-2과 디모데후서 3:4에서 시사하는 바처럼 배교하는 사람의 능동성이 드러나기 때문이다("믿음에서 떠나," "배신하며," "쾌락을 사랑하기를 하나님 사랑하는 것보다 더하며"). 그러니까 배교는 참을 버리고 거짓을 받아들이는 주체적 행위인 것이다.

여기서 생기는 질문은 배교의 주체가 누구냐는 것이다. 배교가 본래 하나님과 관련된 일이라는 점에서 어떤 이는 우대인들을 배교자로 보는

---

31 Pate, *The End of the Age Has Come*, 228.

데 무게를 싣는다.[32]

한편 감람산 강화에서 예수님이 미혹에 관해 경고할 때 교회의 배교를 염두에 둔 것으로 해석된다.[33] 디모데전서 4:1-5과 디모데후서 3:1-5은 마지막 때에 다가올 배교를 말하고 있는데, 사실 배교는 당시에 이미 진행 중이었음이 디모데에게 주는 훈계에서 드러난다. 그리고 갈라디아서 1:6-10에서 바울은 교인들이 참 복음에서 떠나 거짓 복음을 받아들인 것을 지적함으로써 배교의 일단을 보여 주고 있다.

교회의 배교를 염두에 두지 않았다면 바울이 굳이 이런 경고와 훈계를 할 필요는 없었을 것이다. 따라서 마지막 때에 하나님의 백성들 중 일부가 참 신앙에서 떠날 것이 예상된다.

당시에 미혹과 배교는 이미 산발적 형태로 존재했으며 주의 날이 가까워 올수록 점점 전반적인 양상으로 확산되어 결정적인 형태를 취할 것이다. 말 카우치(Mal Couch)는 기독교의 핵심적인 교리 및 그리스도인의 삶 전반을 포괄하는 광범한 범위에서 배교가 일어날 것을 지적한다. 사람들은 하나님(딤후 3:4-5), 예수님(벧후 2:6; 요일 2:22; 4:3) 및 믿음 자체(딤전 4:1-2)를 거부할 뿐 아니라 예수님의 재림(벧후 3:3-4), 건전한 교리(딤후 4:3-4), 성별된 삶(딤후 3:1-7), 그리스도인의 자유(딤전 4:3-4), 윤리(딤후 3:1-3, 13; 유 18절), 그리고 권위(딤후 3:4)까지도 부정할 것이다.[34]

그러면, 대체 이 배교의 범위는 도대체 어디까지인가?

레온 모리스(Leon Morris)는 성도의 배교를 부정하지는 않으나 교회

---

32 Best, *Thessalonians*, 282-283.
33 Craig L. Blomberg, *Matthew: An Exegetical and Theological Exposition of Holy Scripture*, vol. 22 of *The New American Commentary* (Nashville: B & H Publishing Group, 1992), 355.
34 Couch, *The Hope of Christ's Return*, 207.

전체가 배교에 얽히리라는 데에는 다소 회의적이다.[35]

하지만 말 카우치는 배교를 교회 안팎에서 일어나는 종교적, 문화적, 사회적 차원에서의 반역으로 보고 있다.[36] '배교 = 하나님에게서 돌아서는 것'의 정의에 의해 배교는 하나님의 백성들 사이에서 일어나는 일임에는 분명하지만, 배교를 배태하는 사회, 문화적 토양을 도외시할 수는 없다. 하나님을 떠난, 상실한 이 시대의 정신이 사회, 문화예술, 정치 전반에 걸쳐 거대한 흐름을 형성하고 있다. 진공 상태에서 교회가 존재하는 게 아니기 때문에 정신을 바짝 차리지 않으면 언제든 그 흐름 속에 휘말릴 수 있다는 점에서 카우치의 주장은 설득력을 얻는다.

교통 수단의 발달로 세계는 점점 좁아지고 있으며, 인터넷의 보편화된 사용으로 뉴스는 엄청난 속도로 빠르게 전파된다. 손가락만 움직이면 지구 반대편에서 일어나는 일들을 실시간으로 알 수 있는 시대에 우리가 살고 있다. 비단 뉴스뿐 아니라 문화와 사상 등도 역시 과거와 비교가 안 될 정도로 엄청나게 빠르고 넓게 전파, 확산되고 있다.

이런 점을 감안한다면, 배교를 지엽적인 상황으로, 그리고 어떤 특정한 분야로 한정하는 것은 타당하지 않다. 지금 우리 시대의 사회, 문화, 경제, 정치의 전반적인 지형은 인간이 하나님과 하나님의 질서로부터 점점 이탈하고 있음을 반증하고 있다. 교회가 세상으로 들어가 변화를 선도하지 못하고 오히려 세상이 교회로 스며들어 교회와 세상 간의 구별이 어려워진다면, 그래서 성경적 가치가 세속주의로 희석되며 복음이 변질된다면 배교의 결정적 시기가 그리 멀지 않은 것일 수 있다.

---

35 Morris, *Thessalonians*, 218-219. (그의 각주를 보라)
36 Couch, *The Hope of Christ's Return*, 207.

오늘날 소위 종교 대화합이라는 기치 아래 예수님을 통하지 않고도 구원에 이르는 길은 다양하다는 목소리가 높아지고 있다. 구원에 이르는 길은 오직 하나라고 주장하는 기독교는 시쳇말로 '왕따' 신세를 면하지 못하고 있다.

배교는 불법의 사람이 세상에 나타날 토양을 마련해주고, 그의 등장은 배교의 절정을 이루게 된다. 게할더스 보스는 배교와 불법의 사람의 등장과의 연관성을 2가지로 설명한다.

첫째, 양자가 시간적으로 연속되었으며,

둘째, 둘 다 사탄의 배후 조정을 받는다는 점에서 내적 연관성이 있다.[37]

하나님을 대적하는 악의 세력인 사탄은 비록 십자가에서 철퇴를 맞았지만 현재도 여전히 활동 중이다. 사탄은 거짓의 아비이다. 속이는 것이 주특기이자 공격 무기이다. 할 수만 있으면 택함 받은 자까지도 미혹하려 하는 거짓 선지자들과 거짓 그리스도들의 배후에는 사탄이 있는 것이며, 그의 최대의 사기극은 불법의 사람을 통해 이루어질 것이다.

배교가 먼저냐 불법의 사람이 먼저냐는 알이 먼저냐 닭이 먼저냐의 질문 같이 들릴 수 있지만, 바울이 본문에서 진술하듯 배교가 먼저 발생한다. 참을 배격하고 거짓을 환영하여 받아들일 종교적, 정신적, 사회적 분위기가 형성되지 않은 상태에서는 소기의 목적을 달성하기 어려울 것이기 때문이다. 교회가 건강한 교리를 가르치고 이를 부지런히 삶으로 실천하는 한 거짓이 쉽게 통할 리 만무하다.

반대로 사슴을 가리켜 말(馬)이라고 해도 별 의심 없이 받아들일 정도로 거짓에 대한 수용력이 높아져 있을 때, 불법의 사람은 역사 속에 '짠!'

---

[37] 보스, 『바울의 종말론』, 189.

하고 등장할 것이다.

(2) 불법의 사람(멸망의 아들)

바울은 불법의 사람(성경 사본에 따라 '죄의 사람'이라고도 함)을 멸망의 아들이라고도 지칭한다. '~의 사람'은 히브리적 표현으로 그 사람의 특성을 나타낸다. 영어에서도 'a man of honesty'가 정직한 사람을 의미하는 것처럼 말이다. 따라서 불법의 사람의 특징은 본성적으로 천연덕스럽게 불법을 자행하는 것으로 이해할 수 있다. 불법과 상반되는 말인 법은 다름아닌 하나님의 법을 말한다. 따라서 불법이란 하나님의 법에 순응하지 못하는 것이며 이는 죄의 요체이기에 불법의 사람이나 죄의 사람이나 의미상 상통한다.[38]

그리고 멸망의 아들이란 호칭은 멸망 받기로 정해진 사람이라는 의미이다. 신약에서 이 호칭으로 불린 또 다른 인물이 있었는데, 가룟 유다가 이렇게 불렸다(요 17:12).[39] 바울은 이 호칭을 통해 그 사람의 궁극적 운명을 예견케 하고 있다.

불법의 사람의 등장은 한창 무르익은 배교의 분위기와 걸맞게 센세이션(sensation)을 불러일으킬 것이다. 그의 등장을 표현할 때 바울이 평범치 않은 동사들을 선택한 것이 이것을 암시한다. 우리 말 '나타나다'(3, 8절) 혹은 "나타남"(9절)은 2가지 헬라어를 번역한 것이다. 하나는 앞에서 다룬 '파루시아'이고 다른 하나는 '아포칼룹토'(ἀποκαλύπτω)이다.

---

38 Morris, *Thessalonians*, 220.
39 개역개정의 요 17:12에는 "멸망의 자식"이라 번역되어 있으나, 헬라어 원문에는 동일하게 '호 휘오스 테스 아폴레이아스'(ὁ υἱὸς τῆς ἀπωλείας)라고 표현되어 있다.

'아포칼룹토'는 원래는 '나타내다' 또는 '감춰진 것을 드러내다'라는 의미를 가진 말이다. 그 명사형인 '아포칼룹시스'(ἀποκάλυψις)에서 나온 말인 '아포칼립스'(apocalypse)는 계시, 요한계시록뿐 아니라 세상의 종말도 뜻한다.

바울은 '파루시아'와 '아포칼룹토'를 항상 하나님과 예수님과 관련하여 사용하는데(롬 1:17-18; 16:26; 고전 1:7; 2:10; 고후 12:1; 엡 1:17; 갈 1:16 등), 여기서 불법의 사람에게도 예외적으로 적용하고 있다. 그가 '파루시아'뿐 아니라 '아포칼룹토'까지 이중으로 불법의 사람에게 적용한 것은 그를 평범한 사람으로 보기 힘들게 한다.

그래서 그가 단순한 인간인지 아니면 초인간적 존재인지 헷갈릴 정도이다.[40] 그가 초인간적 존재가 아니라고 해도 평범한 인물이 아닐 것임은 확실하다. 그래서 그가 정치적인 영향력을 가진 인물일 것이라는 추측이 억지스럽지 않은 것이다.[41]

한편, 아포칼룹토가 불법의 사람에게 적용되었다는 것은 그가 선재(先在)적 존재라는 잘못된 인상을 줄 수 있으나 바울이 의미하는 바는 그가 하나님의 정한 때에야 역사에 등장하게 됨을 의미한다.[42] 바울이 이 단어를 사용한 것은 그의 정체가 감추어졌거나 확실히 알려지지 않았다가 때가 되어 갑자기 등장할 것을 예상케 한다.[43] 그는 여간 비범한 사람

---

40 베스트(Best)는 아포칼룹토의 사용으로 보아 단순한 인간은 아닐 것으로 보지만 그렇다고 그가 초인간적 존재라고도 확신하지 않는다. 왜냐하면 고전 2:6, 8의 이 세상의 통치자들이 인간인지 아니면 초인간적 존재인지 바울이 확실한 구별을 하고 있지 않는 것처럼 보이기 때문이다. 같은 선상에서 불법의 사람의 정확한 정체를 확신하기는 어렵다고 본다. Best, *Thessalonians*, 284.

41 Witherington, *Jesus, Paul and the End of the World*, 161.

42 Herman Ridderbos, *Paul: An Outline of His Theology* (Grand Rapids: Eerdmans, 1975), 512.

43 Couch, *The Hope of Christ's Return*, 209.

이 아닐 것이다. 이제 그가 대중 앞에 나타나서 할 일을 보면 이것이 더 확실해진다.

불법의 사람이 처음에 대중 앞에 어떤 식으로 등장할지는 알 수 없다. 하지만 사람들의 이목을 집중시키기에 충분한 자질들과 명분을 가지고 등장할 것이고 성공을 거둘 것이다. 데살로니가후서 2:4의 내용은 그가 성공의 절정에서 할 행동으로 보인다.

> 그는 대적하는 자라 신이라고 부리는 모든 것과 숭배함을 받는 것에 대항하여 그 위에 자기를 높이고 하나님의 성전에 앉아 자기를 하나님이라고 내세우느니라(살후 2:4).

"대적하는 자"에서 사용된 헬라어 동사는 현재 분사의 형태를 취하고 있다. 이 점에 비추어 대적하는 것이 불법의 사람에게서 보여지는 지속적인 태도임이 드러나며 아울러 그의 사악한 성품이 암시된다.[44] "대적하는 자"라는 표현은 그의 핵심적인 성격과 태도뿐 아니라 사탄과의 연관성을 내비친다.

"대적하는 자"는 신이라 불리고, 신으로 숭배되는 그 어떤 것이라도 허용하지 않고 대항하며, 급기야는 스스로를 하나님이라고 주장하게 된다. 결국 그가 궁극적으로 대적할 대상이 하나님임을 알 수 있다. 팽창할 대로 한껏 팽창된 그의 자아에 대해 리온 모리스는 이렇게 말한다.

---

[44] Morris, *Thessalonians*, 222.

그는 최고의 정치적 지위에 만족하지 않고 인류 가운데 최고의 경배 대상에게 따로 마련된 자리를 차지하겠다고 고집한다. 그는 종교적인 숭배를 요구한다. 보다 정확히 말하자면, 그는 그 어떤 신이나, 하나님의 이름을 가진 그 어떤 것, 혹은 그 어떤 경배의 대상에게라도 자부심의 자리를 내어주어서는 안 된다고 주장한다. 불법의 사람은 모든 것 중 으뜸이 되어야 한다.[45]

그리하여 마침내 그는 성전에 앉아 하나님을 참칭하게 된다. 여기서 성전이란 예루살렘 성전을 말하며, 특히 지성소를 지칭한다.[46] 지성소에는 하나님의 임재를 상징하는 언약궤 외에 다른 것이 있을 수 없고, 아무나 함부로 들어갈 수 있는 곳도 아니다. 오로지 대제사장만, 그것도 1년에 단 한 번 들어갈 수 있는 곳이다. 특히 유대인들에게 있어서 이런 곳에 누군가 들어가 '내가 바로 하나님이다'라고 선언하는 건 상상조차 못할 일이다. 메가톤(megaton) 급의 충격을 몰고 올 사건이다. 이 사건 자체가 갖는 엄중한 의의는 아래의 예수님의 말에서도 짐작이 된다.

> 너희가 선지자 다니엘이 말한 바 멸망의 가증한 것이 거룩한 곳에 선 것을 보거든 …(마 24:15).

> 멸망의 가증한 것이 서지 못할 곳에 선 것을 보거든 …
> (막 13:14).

---

45 Morris, *Thessalonians*, 222.
46 성전으로 번역된 '나오스'(ναός)는 성전 건물 전체를 의미하기도 하지만 지성소의 뜻도 갖는 단어이다. 문맥상 지성소로 이해하는 것이 바울이 말하려는 내용과 어울린다.

예수님의 말은 다니엘 12:11("매일 드리는 제사를 폐하며 멸망하게 할 가증한 것을 세울 때부터")[47]을 인용한 것이다. 예수님이 완곡한 표현을 사용했다면, 바울은 직설적인 표현을 사용했음을 알 수 있다. 불법의 아들은 역사적으로 존재해 왔던 자칭 메시아들보다 훨씬 교활한 수단과 방법을 사용하여 자신의 목적을 이룰 것이다. 과연 어느 정신 나간 사람이 자신을 하나님이라고 할지 의구심이 든다면 멀리 갈 필요도 없이 한번 주변을 둘러보자.

한국에서만 해도 자신을 메시아라고 칭하는 사람들이 버젓이 활동하면서 많은 사람들을 속이는 예를 찾아보는 것이 어렵지 않다. 아무리 그렇다 하더라도 어느 누군가가 감히 자신을 하나님이라고 주장한다는 건 여전히 상상하기 힘든 일이다.

하지만 바울 당시와 멀지 않은 때에 있었던 실제 사건을 생생하게 기억하던 사람들로서는 바울의 예언이 예사롭지 않게 들렸을 것이다.

비근한 실례로 자주 인용되는 사건은 안티오쿠스 에피파네스(안티오쿠스 4세)가 자행한 일이다. 스스로를 신의 현현(에피파네스)이라 자처한 이 사람은 BC 2세기 시리아 왕이었다. 그는 예루살렘 성전을 노략하고 유대인들의 전통인 할례를 금지하는 등 갖은 폭압을 자행했다. 그는 이

---

[47] 단 7장과 11장에서 우리는 불법의 사람에 대한 예언을 찾아볼 수 있다. 페이트(Pate)는 살후 2:3-12과 다니엘의 예언 사이의 유사성을 다음과 같이 지적한다. "(1) 단 7:8; 11:35-36의 짐승처럼 불법의 사람은 스스로를 신의 지위로 올리고 심지어는 하나님의 성전에 자리 잡기까지 한다(단 11:31에 묘사된 성전 모독과 살후 2:4을 참조하라). (2) 둘 다 불법한 자로 묘사된다(아노미아스[anomias], 살후 2:3; 아노문테스[anomountes], 단 11:32). (3) 둘 다 적시에 나타난다(아포칼룹프데나이 카이로[apokaluphthenai kairo], 살후 2:6; 아포칼룹프데나이 카이루[apokaluphthenai kairou], 단 11:35). 하지만 살후 2장에서 불법의 사람은 그리스도의 패러디라는 부가적 요소를 취한다. 즉 그는 그리스도와 같이 놀라운 '파루시아'(parousia)를 하게 될 것이다(8절과 9절을 참고하라). 그는 진정한 의미에서 적그리스도이다." Pate, *The End of the Age Has Come*, 226.

에 그치지 않고 3년 반 동안 성전 제사를 금지시키고, 심지어는 제우스 신상을 제단 위에 세우고 돼지를 잡아 제단에 분향하게 하는 등 모독 행위를 서슴지 않았다.[48]

결국 이 사건은 유대인들의 격렬한 반발과 군사적 저항을 촉발하여 유대가 독립을 쟁취하는 계기가 되었다. 이때 유대인들은 더럽혀진 성전을 정화하였으며 이를 기념하는 절기가 오늘날에도 지켜지고 있는 하누카(요 10:22의 수전절)이다.

또 다른 역사적 실례는 바로 칼리굴라(Caligula)와 관계 있다. 가이우스(Gaius)라는 본명보다는 오히려 칼리굴라(작은 군화라는 뜻)별명으로 더 유명한 그는 로마의 황제였다(AD 37-41). 당시 유대에 거주하던 그리스인들이 유대인들을 격분하게 만든 사건이 발생했는데, 그들이 칼리굴라를 위해 제단을 세워 제물을 바치려 한 것이다. 우상 숭배를 엄격히 금하던 유대인들로서는 자기 땅에서 벌어지는 이 상황을 용납하거나 묵과할 수 없었다. 그래서 그리스인들이 세운 대리석 제단을 부숴버리게 된다.

이 소식을 들은 칼리굴라는 보복 조치에 들어가서, 시리아 총독에게 자신의 모습을 본 떠 만든 쥬피터 신상을 예루살렘 성전에 세우라고 명령했다. 유대인들의 종교와 관습에 민감했던 총독은 황제의 명령을 즉각 이행하지 않고 일부러 태업을 했다. 이에 분노한 황제는 총독에게 자살을 종용하는 편지를 보냈는데, 아이러니하게도 얼마 안되어 자신의 부하에게

---

48 플라비우스 요세푸스, 『유대 전쟁사』 1권, 박정수, 박찬웅 역, 한국학술진흥재단 학술명저총서 서양편 226 (파주: 나남, 2008), 27-28. 요세푸스가 이 사건을 다니엘 예언의 성취라고 보았을 수 있겠으나, 복음서에 예언된 내용을 볼 때 안티오쿠스 4세의 만행을 예언의 성취로 볼 수 없다. 왜냐하면 지성소가 더럽혀지는 것을 복음서가 암시하는 것으로 봐야 하기 때문이다. 안티오쿠스 4세가 제우스 신상을 세운 곳은 지성소가 아니라 성전 뜰이었다는 점을 브루스(Bruce)는 지적한다. 비록 그 사건이 다니엘서의 예언 성취는 아닐지라도 앞으로 있을 사건에 전조가 된다는 점에 있어서 상당한 의미를 갖는 사건이라고 할 수 있다. Bruce, *1 and 2 Thessalonians*, 181.

암살 당하고 만다. 천운으로 황제가 죽었다는 소식이 그의 편지보다 먼저 총독에게 전해지게 되면서 신상 건립은 없던 일이 되었다.[49]

이 두 인물이 성전에 대하여 한 일과 성경 예언과의 유사성으로 인해 그들은 후대 사람들이 불법의 사람을 이해하는 모델이 되었다. 불법의 사람의 정체를 역사적 실존 인물에서 찾으려는 시도들이 있었는데 레온 모리스의 말마따나 이는 무익한 일이다. 왜냐하면 그는 종말론적 인물로서 예수님 재림 직전에나 역사 무대에 등장할 것이기 때문이다.[50]

그리고 불법의 사람의 활동과 관련하여 예루살렘 성전이 중요한 무대적 배경이 될 것인데, 문제는 AD 70년에 성전이 파괴된 이래로 현재까지 성전이 건축되지 않은 상태이다.

그렇다고 예수님과 바울의 예언에 등장하는 예루살렘 성전을 문자적으로 받아들이지 않고 상징화하는 것은 문제이다.

예수님의 초림을 예언한 여러 구약의 구절들(동정녀 탄생, 베들레헴 탄생, 나귀를 타고 예루살렘 입성 등)이 문자적으로 이루어지지 않았다면 과연 무엇을 근거로 예수님의 탄생과 사역이 약속의 성취라고 확증하겠는가?

예루살렘 성전에 대한 예수님의 예언은 문자 그대로 이루어졌다. AD 70년에 로마 군에 의해 돌 하나도 돌 위에 남지 않고 성전은 파괴되었다(막 13:2). 그러므로 불법의 사람에 대해서만 상징적 해석을 적용할 이유는 없는 것이다. 그의 등장이 구체적 현실로 나타나게 되는 것처럼 그의 활동의 무대 배경이 될 성전 역시 실제로 존재해야 하는 것이다. 따라서 모리아 산에 제3성전이 건축될 가능성을 우리는 열어 놓아야 한다.[51]

---

49 시오노 나나미, 『로마인 이야기』 7권, 김석희 역 (서울 한길사, 1998), 304-307.
50 Morris, *Thessalonians*, 221.
51 과거 솔로몬 성전 터에 현재 이슬람 사원(the Dome of the Rock)이 세워져 있다는 사

2천 년 동안 뿔뿔이 흩어졌던 유대인들이 선조들이 살던 땅에 다시 돌아와 1948년 5월에 이스라엘을 다시 건국한 일은 성전 건축 가능성에 무게를 실어주는 사건이다. 불법의 사람은 언젠가 역사 속에 등장할 것이고, 그의 불법의 행위가 자행될 무대인 성전도 그때는 건축되어 있을 것이다.

불법의 사람에게는 보통 사람과 다른 무엇이 있다. 그래서 초자연적인 무언가와 그를 연결 짓지 않을 수 없게 된다. 9-10절에서 바울은 이렇게 말한다.

> **악한 자의 나타남은 사탄의 활동을 따라 모든 능력과 표적과 거짓 기적과 불의의 모든 속임으로 멸망하는 자들에게 있으리니 …**
>
> (살후 2:9-10).

그의 뒤에 있어서 힘의 원천이 되어 주는 존재는 바로 사탄이다. 원래 '능력, 표적, 기적'[52]은 예수님과 결부되는 것인데(마 16:4; 눅 11:19, 30; 요 12:18), 이제 불법의 사람도 능력을 행하며 표적과 기적을 보여준다는

실은 제3성전 건축에 대한 회의론의 근거가 된다. 하지만 솔로몬 성전 터가 이제까지 알고 있던 그 자리가 아니라는 주장이 대두되고 있어서 귀추가 주목된다. 만일 그것이 사실이라면 분쟁의 소지 없이 성전을 건축할 수 있다는 조심스러운 전망을 가능케 한다. 아무튼 현재 이스라엘은 제3성전 건축을 위한 만반의 준비를 하고 있다. 성전 제사에 사용될 여러 집기들이며 제사장의 의복 등을 이미 준비한 상태이며, 희생 제물을 바치는 연습까지 하리만큼 철두철미하게 성전 제사를 위한 준비에 만전을 기하는 모습이다. 이는 이스라엘이 성전 건축을 얼마나 간절하게 염원하고 있는지를 여실히 드러내는 대목이다.

52 "원래 성경에서 사용된 '능력'은 이적의 성질과 관계된 명사이고, '표적'은 그것의 영적 의미를 생각한 명사이다. '기적'은 이적의 경이로움을 가리키는 명사이다. 바울이 이처럼 같은 용어들로 사단의 역사를 표현한 것은 사단의 역사가 하나님의 역사와 비슷하게 보여 사람들이 미혹 받을 것임을 암시하고 있다." 박형용, 『데살로니가전후서 주해』 (수원: 합신대학원 출판부, 2008), 267-268.

것은 그가 예수님을 모방하는 것이다.[53]

불법의 사람은 말만 번드르르 한 것이 아니라 사람들 앞에 자신의 능력을 실제로 드러낼 것이다. 사람들은 이 사람의 넘치는 카리스마(charisma)에 완전히 압도될 것이다. 그가 행하는 표적과 기적에 사람들은 놀라고 매료되겠지만 문제는 그게 거짓이라는 것이다. 그렇다고 마술사처럼 눈속임을 한다는 뜻은 아니다. 기적과 표적 자체는 진짜지만, 그 힘의 원천이 하나님이 아닌 사탄이라는 의미에서 거짓이다.[54]

불법의 사람이 과시하는 여러 능력과 기적들을 보고 속지 않을 사람이 많지 않을 것이다. 왜냐하면 그는 속이는 데 능하고 속이는 것이 이 사람의 일이기 때문이다.

속이는 데 아주 능한 사람들의 공통된 특징은 기민함과 매끄러운 말솜씨이다. 그리고 그들은 상대방을 잘 파악하여 마음을 움직이는 데 능란하다. 그들은 사람들의 원하는 바가 무엇인지 알아채고 마치 자신들이 그것을 이루어 줄 수 있는 것처럼 행동한다. 불법의 사람은 이런 방면에서 단연코 탁월함의 경지에 오른 자일 것이다.

사람들이 원하는 바를 눈치 빠르게 알아채기에 불법의 사람은 시대정신에 부합하는 말과 행동을 함으로써 사람들의 환심을 사려 할 것이다. 사람들이 가려워하는 부분을 긁어주고 그들의 필요를 채워줄 수 있는 양 자신을 그럴싸하게 포장하기 때문에 대중적인 인기와 지지를 얻게 될 것이다.

이와 같은 인기와 신망의 절정에서 그가 벌일 일은 대담함과 뻔뻔함의 정도를 넘어선다. 불법의 사람이 "신이라고 불리는 모든 것과 숭배함

---

53 Morris, *Thessalonians*, 232.
54 Morris, *Thessalonians*, 232.

을 받는 것에 대항하여" 어떠한 형태의 종교도 허락하지 않고 모든 종교적 열망을 하나로 모아 오직 자신만 숭배하게 할 것이 짐작된다. 그의 최고의 사기는 성전에 앉아 하나님을 참칭하는 데에서 이루어진다. 지성소에 앉는 것 자체가 하나님이라고 주장하는 행위이다.

어떻게 이런 일까지 가능하겠는가 싶겠지만 유대인들이 이 사람을 메시아로 받아들인다면 어려운 일이 아니다.[55] 물론 하나님을 참칭하는 데까지 사태가 진전되면 유대에 거주하는 자들은 모두 도망가야 되겠지만 말이다(마 24:16; 막 13:14).

불법의 사람의 술수와 거짓은 어떤 결과를 낳을까?

결국 그를 받아들인 사람들은 복음을 거부할 것이다.

그러면 이 자에게 속는 사람들은 너무 억울한 것이 아닌가?

바울은 10절에서 말한다.

> 불의의 모든 속임으로 멸망하는 자들에게 있으리니 이는 그

---

55 Best, *Thessalonians*, 286. 불법의 사람이 마지막 때에 나타나 자행할 일에 대해 예수님은 다니엘서의 예언을 인용한다. 다니엘의 70주의 마지막 주에 해당하는 기간 동안(7년) 불법의 사람은 평화 협정을 체결하는데, 3년 반이 지난 중간 시점에 계약을 어기게 된다. 그때 성전 제사를 금하며 자신이 하나님이라 주장하게 된다(단 9:27과 12:11). 예수님은 이 예언이 이루어지는 시점에서 유대인들이 침공 받을 것을 예고하고는 급히 도망하라고 미리 경고한다. 왜냐하면 전무후무한 환난이 그들에게 닥칠 것이기 때문이다. "멸망의 가증한 것이 서지 못할 곳에 선 것을 보거든 (읽는 자는 깨달을진저) 그때에 유대에 있는 자들은 산으로 도망할지어다 지붕 위에 있는 자는 내려가지도 말고 집에 있는 무엇을 가지러 들어가지도 말며 밭에 있는 자는 겉옷을 가지러 뒤로 돌이키지 말지어다 그 날에는 아이 밴 자들과 젖먹이는 자들에게 화가 있으리로다 이 일이 겨울에 일어나지 않도록 기도하라 이는 그 날들이 환난의 날이 되겠음이라 하나님께서 창조하신 시초부터 지금까지 이런 환난이 없었고 후에도 없으리라"(막 13:14-19). 한편, 유대교에서 예수님을 메시아로 인정하지 않음은 주지의 사실이다. 오늘날도 유대 랍비들은 메시아를 기다리는데, 이들에게 메시아는 무엇보다도 다윗의 혈통을 이어받은 정치 지도자이다. 그들은 메시아가 나타나 성전 제사를 회복하기를 기대하고 있다. 그렇기 때문에 정치적인 수완을 가진 불법의 사람이 이들의 염원을 이뤄주는 제스처를 취한다면 메시아로 인정받게 될 거란 전망이 있다.

들이 진리의 사랑을 받지 아니하여 구원함을 얻지 못함이라

(살후 2:10).

속이는 자에게 속는 것은 그들이 진리를 거부하기 때문이다. 여기서 진리란 복음의 진리를 말하며, 이 진리를 받아들이거나 거부하는 선택은 오로지 당사자의 자유 의지에 의한 것이다.[56] 그러니 핑계할 수 없다(롬 1:20).

불법의 사람이 사람들 앞에 자신을 드러내는 방식과 하는 일들은 그가 철저히 그리스도를 흉내 내고 있음을 드러낸다. 그러면서 철저히 그리스도에 반하는 행동을 한다. 불법의 사람이라는 표현보다 우리에게 더 친숙한 용어가 있는데 그것은 곧 "적그리스도"이다.

이미 초대 교회 때 적그리스도들이 일어나서 하나님과 예수님을 부인했다(요일 2:18, 22; 요이 1:7). 적그리스도의 영은 당시 이미 활동 중이었고(요일 4:3), 지금 역시 그러하다. 많은 적그리스도들의 활동은 불법의 사람의 예고편으로 볼 수 있다. 그런 의미에서 불법의 사람은 진정한 의미에서의 '바로 그 적그리스도'이다.

그런데 적그리스도라는 보다 친숙한 용어를 바울은 왜 사용하지 않은 걸까?

아마도 당시에는 용어가 통일되지 않았던 것으로 보인다. 초대 기독교 문헌에서 적그리스도라는 말은 공식적인 명칭으로 등장하지 않았으며, 1세기 말이 되어서야 뚜렷한 개념을 얻게 되는데, 데살로니가후서 2장은 그 형성 과정 단계의 일부였을 것으로 보인다.[57] 그러다가 세월이 지나면

---

56 Best, *Thessalonians*, 309-310.
57 보스, 『바울의 종말론』, 146; Best, *Thessalonians*, 289.

서 적그리스도가 사람들의 뇌리에 각인되어 널리 회자되었을 것이다.

이 불법의 사람, 또는 적그리스도의 출신에 대해 많은 사람들이 궁금해 왔다. 바울이 그를 유대 율법과 관련하여 불법의 사람이라고 부르고 있다는 점에 비추어 유대인일 것으로 보는 의견이 적지 않다. 이레니우스(Irenaeus) 이래로 교부들의 의견은 그가 단 지파일 것이라는 데로 모아지지만, 보스는 이는 풍유적 해석에서 도출된 결론이라고 일축한다. 하지만 적그리스도가 유대인이 아닐 것이라고 주장하는 건 아니다. 단지 유대인만의 메시아로 올 것이라는 사상을 배제할 뿐이다.[58]

한편에서는, 유대인이 하나님을 참칭하리라는 것은 상상조차 할 수 없는 일이기에 적그리스도가 유대인 중에서 나온다는 생각에 회의적인 의견도 있다. 우리의 궁금증에도 불구하고 바울이 그의 정확한 정체나 출신에 대한 정보를 주지 않으므로 궁금증은 그냥 궁금증으로 남겨두어야 할 것 같다. 중요한 것은 그가 어디 출신이라는 것보다는 그가 세상에 나타나 할 일들이다.

바울은 본문에서 다음과 같은 말을 한다.

> 너희는 지금 그로 하여금 그의 때에 나타나게 하려 하여 막는 것이 있는 것을 아나니 불법의 비밀이 이미 활동하였으나 지금은 그것을 막는 자가 있어 그 중에서 옮겨질 때까지 하리라
>
> (살후 2:6-7).

---

58 보스, 『바울의 종말론』, 181-182, 192. 다수의 학자들은 적그리스도가 유대인 중에서 나올 것으로 예상한다. Couch, *The Hope of Christ's Return*, 216; Best, *Thessalonians*, 284.

불법의 사람이 등장하려 해도 때가 되기까지는 그것을 가로 막는 무언가가 있다는 것에 우리의 관심이 모아질 수 밖에 없다. 6절의 "막는 것"과 7절의 "막는 자"는 동일한 단어를 각각 중성과 남성으로 형태를 달리한 것이다. 막는 것과 막는 자의 정체에 대해서 의견이 분분하다.

제시된 의견들을 정리해보면, 예루살렘 교회의 야고보, 로마 제국과 로마 황제, 사도 바울, 천사, 악한 영 등이 후보로 거론되었다. 어니스트 베스트(Ernest Best)의 경우 막는 자를 "적대적인 점유 세력"이라고 보는데, 이 세력은 현재 활동 중이지만 때가 되면 불법의 아들에게 길을 내어줄 것으로 보고 있다.[59]

반면, 성령이 적그리스도의 나타남을 억지하는 것으로 해석하는 견해도 있다. 신약에서 영은 중성으로 표기되는데 하나님의 영을 지칭하는 경우에는 남성형을 취하기 때문에 문법적으로는 문제가 없는 해석이다. 하지만 이 경우 '그 중에서 옮겨진다'라는 표현을 성령에 적용하는 것이 타당한지 의구심을 낳는다.[60] 이에 대해 성령의 억제 기능만 중지될 뿐, 구원 사역과 관련한 성령의 사역은 계속 된다는 설명이 가능하지만[61] 이 역시 결정적인 해석은 아니다.

이외에도 미가엘 천사[62] 혹은 악의 활동을 억제하는 원리 내지는 질서로 보는 견해도 있지만, 바울의 말하는 바를 현재 우리로서는 명확히 알 수 없다는 한계를 인정해야 한다.[63]

---

59 Best, *Thessalonians*, 301-302. (막는 자에 대한 다양한 해석을 보려면 295-302를 보라)
60 Morris, *Thessalonians*, 229.
61 Couch, *The Hope of Christ's Return*, 217-218, 220.
62 Ridderbos, *Paul*, 522-526.
63 Morris, *Thessalonians*, 228.

바울에게 있어서 불법의 아들이 나타남을 막는 자의 정확한 정체보다 더 중요한 것은 아마도 하나님이 이 모든 일을 통제한다는 사실이었을 것이다.

> 이러므로 하나님이 미혹의 역사를 그들에게 보내서 거짓 것을 믿게 하심은 진리를 믿지 않고 불의를 좋아하는 모든 자들로 하여금 심판을 받게 하려 하심이라(살후 2:11-12).

악이 세상에 횡행하고 기승을 부리고 심지어 하나님을 참칭한다고 해서 그것이 하나님의 부재나 능력의 부족을 반증하는 건 아니다. 또는 사탄과 하나님을 동급으로 보아 양자 사이에 팽팽한 줄다리기가 벌어지는 것으로 이해해서도 안 된다. 바울은 전혀 그렇게 생각하지도, 말하지도 않는다.

사람들이 하나님을 거부하고 미혹의 역사를 참으로 받아들이는 것은 앞에서 언급한 것처럼 자유 의지를 발휘한 결과이다. 하나님이 악의를 갖고 사람들을 심판으로 몰고 가는 것이 아니다. 자신의 선택과 결정에 의한 것이니 책임 또한 본인의 몫이다.

하나님은 악한 자들이나 심지어 사탄까지도 사용하여 자신의 목적을 이룰 뿐이며, 악한 자는 그보다 더 악한 자를 통해 징벌 받는 것이다.[64] 악은 하나님의 허용 범위와 한도 내에서만 활동할 수 있을 뿐이다. 모든 것은 하나님의 통제 아래 있다는 것이 바울이 이 구절을 통해 말하는 바이다. 이는 그리스도의 재림을 통해 사실로 명명백백하게 드러날 것이다.

64　Richard, *Thessalonians*, 354; Morris, *Thessalonians*, 235.

적그리스도, 즉 불법의 사람은 한 동안 승승장구할 것이다. 신의 자리에까지 올랐으니 그를 막을 사람은 없을 것이다. 그가 세상을 자기 손 안에 틀어쥐고 악의 통치를 구축하여서 승승장구하는 것으로 보일 것이다. 하지만 메뚜기도 한 철이다. 잠시 잠깐 동안 그의 폭주가 허용될 뿐, "멸망의 아들"이라는 호칭이 암시하듯 그의 운명이 곤두박질 칠 날이 온다.

> 그 때에 불법한 자가 나타나리니 주 예수께서 그 입의 기운으로
> 그를 죽이시고 강림하여 나타나심으로 폐하시리라(살후 2:8).

진짜가 나타나는 것이다. 불현듯 그리스도의 강림으로 적그리스도는 파멸을 맞는다. 예수님의 재림을 묘사하는 말을 살펴보자. "강림하여 나타나심"(테 에피파네이아 테스 파루시아스 아우투, τῇ ἐπιφανείᾳ τῆς παρουσίας αὐτοῦ)은 예수님의 재림을 묘사하는 두 단어 '파루시아'와 '에피파네이아'가 결합된 형태를 띠고 있다. '에피파네이아'는 신의 현현을 뜻하는 단어이다. 좀 더 구체적으로 말해서 헬라적 배경에서 이 단어는 사람들을 도와주고 구원하기 위해 신이 찾아오는 것을 의미한다. 그리고 신격화된 황제가 어느 도시를 방문할 때에도 확대 적용된다.[65]

바울은 한 단어만 사용해도 재림의 의미를 충분히 나타낼 수 있었는데도 불구하고 '파루시아'와 '에피파네이아'를 모두 사용하고 있다.

그 의도는 무엇일까?

진짜 그리스도의 등장을 차별적으로 드러내는 효과 때문이었을 것이다. 가짜가 진짜를 흉내 내어 위세를 갖추고 등장했다면, 예수님의 재림

---

65 Best, *Thessalonians*, 303; Witherington, *Jesus, Paul and the End of the World*, 161.

은 더더욱 웅장하고 위엄에 넘치는 것이 당연하다.[66]

악의 화신인 적그리스도를 처리하는 방식에서 예수님의 명실상부한 위엄과 능력이 증명된다. 그를 물리치기 위해 그다지 애쓸 것도 없다. 예수님의 "입의 기운" 한 번이면 상황은 정리된다. 우리 말 "입의 기운"과 NIV의 "the breath of his mouth"에서 "기운"과 "breath"에 해당하는 원어는 '프뉴마'(πνεῦμα)이다. 언뜻 창세기 2:7이 연상될 수도 있을 것이다.

하지만 여기서는 원수를 제압하는 절대적인 힘으로 묘사되고 있다. 같은 선상에서 요한계시록은 이를 비유적으로 "좌우에 날선 검"이나 "예리한 검"이라 표현하고 있다(계 1:16; 19:15, 21). 예수님의 입의 능력은 즉각적인 결과를 만들어낸다. "그를 죽이시고"와 "폐하시리라"는 적그리스도가 저항하거나 반격할 가능성을 아예 배제한다.

적그리스도가 폐함을 당한다는 것이 존재 자체의 소멸을 의미하지는 않는다.[67] 하나님의 심판에서 제외될 존재는 아무도 없다. 심지어 사망과 음부조차 불 못에 던져질 것이다(계 20:10-15). 불법의 사람은 이렇게 멸망하게 된다. 화려한 등장과 너무 대조되는 최후이다. 바울은 이렇게 예수님의 영광스러운 등장과 승리로 주의 날을 간략하게 묘사하는 것으로 끝낸다.

데살로니가 교인들이 어려운 형편에 직면해 있는 것은 사실이지만 불법의 사람이 아직 세상에 나타난 것은 아니다. 이는 곧 주의 날이 아직 오지 않았다는 강력한 증거이다. 이로써 "혹시라도 우리가 재림을 놓치고 남겨진 건 아닌가?"하는 당혹감과 두려움을 가졌을 데살로니가 교인들에게 큰 안도가 되었을 것이다. 이제 바울의 소기의 목적은 달성된 것

---

66 Witherington, *Jesus, Paul and the End of the World*, 161.
67 Couch, *The Hope of Christ's Return*, 221.

이다. 다른 편지에서 바울은 예수님의 재림에 대해 직접 다루게 된다.

2) 그리스도의 재림과 성도의 부활(살전 4:13-5:11; 고전 15:51-55)

주의 날은 한마디로 주님이 당신 백성을 찾아오는 날이라는 것은 우리가 이미 알고 있는 바이다. 오늘날 성도들은 주의 두 번째 강림을 고대하고 있다. 이와 관련하여 이런 질문이 가능할 것이다.

'예수님의 승천 이후 교회가 재림을 기다린 세월이 2천 년이 지나는 동안 수많은 성도들이 이 세상을 떠났다.

주의 날이 오면 당시 생존해있는 성도들은 그 날을 맞이하게 될 것이나, 이미 죽은 성도들은 어떻게 되는 건가?'

해 아래 새 것이 없다는 말처럼, 우리만 이런 의문을 갖는 건 아니다. 아마 이 질문을 가장 먼저 한 사람들은 데살로니가 교인들일 것이다. 데살로니가전서 4:13-5:11은 바로 이 문제를 다루고 있다.

데살로니가 교인들은 종말에 대한 바울의 가르침을 이미 받은 상태였었다. 그래서 예수님의 재림과 부활에 대한 소망을 갖고 있었다. 그런데 주의 날이 기대하는 것처럼 오지는 않고 그동안 성도 중 일부가 세상을 떠나는 경험을 하게 되었다. 사랑하는 사람과의 이별은 언제나 슬픈 법이다. 당시 데살로니가 교인들은 단순히 사별에서 오는 슬픔을 넘어 한 가지 걱정에 사로잡히게 되었다.

'주의 날이 올 때 우리는 기쁨과 영광 가운데 그 날을 맞이할 줄을 알지만, 먼저 간 우리 부모님이나 친구는 어떻게 되는 건가?'

세상을 떠난 이들에 대한 걱정으로 이별의 슬픔이 더욱 가중되었던 것으로 보인다.

슬픔에 빠진 이들을 위로할 필요가 분명 바울에게 있었지만, 단순히 몇 마디 위로의 말로 끝낼 일은 아니었다. 주의 재림 때 성도들의 경험할 부활과 관련한 가르침을 교인들이 확실히 알아야 한다고 바울은 판단했다. 왜냐하면 이는 그리스도인들의 궁극적인 소망과 불가분의 관련을 갖기 때문이다.

그리스도인들의 소망은 단순히 이루어졌으면 하는 바램이 아니라, 확실한 근거에 기초한 것이다. 그리고 그 근거는 하나님이 미리 계획한 것이고 예수님을 통해 실행하는 것이다. 따라서 바울은 데살로니가전서 4:13-14에서 다음과 같이 말한다.

> 형제들아 자는 자들에 관하여는 너희가 알지 못함을 우리가 원하지 아니하노니 이는 소망 없는 다른 이와 같이 슬퍼하지 않게 하여 함이라 우리가 예수께서 죽으셨다가 다시 살아나심을 믿을진대 이와 같이 예수 안에서 자는 자들도 하나님이 그와 함께 데리고 오시리라(살전 4:13-14).

여기서 '잔다'는 표현은 죽음의 완곡한 표현이다. 신약에서는 종종 성도들의 죽음을 이렇게 은유적으로 표현하기도 한다(막 5:39; 눅 8:52; 요 11:11-13; 고전 15:18). 죄 가운데 있는 세상에서 죽음은 불가피한 현실이다. 어떤 종류의 이별이건, 이별은 슬픔과 눈물을 낳는다. 이는 인지상정이며 슬퍼하는 것 자체를 하지 말라고 하는 것은 냉혈한이 아니고서야 불가능한 일이다.

그럼에도 불구하고 성도와 불신자의 장례식 분위기가 사뭇 다른 것은 한쪽에는 확실한 소망이 있고 다른 한쪽에는 절망과 회한만 남기 때문이다. 우리에게는 주님 안에서 다시 재회한다는 소망이 있다. 그러므로 세상 사람들의 슬픔과 성도의 슬픔은 다를 수 밖에 없다. 우리는 '죽으면 그만이다'라는 말을 종종 듣는다. 죽음이 갖는 최종적인 확정성에는 조금의 여지도 없다. 당시 사람들에게 죽음은 모든 반전의 기회나 소망을 무참하게 끊어내는 것으로 여겨졌다.

비록 당시에 영혼 불멸에 대해 가르치는 철학이나 내세를 약속하는 밀교(密敎)들이 없었던 것은 아니나 예나 지금이나 대부분의 사람들에게 죽음은 되돌이킬 수 없는 것이었다.[68] 당시 사람들 사이에 퍼져있던 사후 관련 신화마저 음울하기 그지없다.

> 그리스 신화에서 영혼들은 지하세계로 가는데 거기에서 뱃사공 카론(Charon)이 노 젓는 배를 타고 스틱스(Styx) 강을 건너 재판정에 가게 된다. 죄 지은 자들은 왼편으로 보내지는데 심판을 받기 위해 어두컴컴한 지옥(Tartarus)으로 가게 되며, 반면 경건한 자들은 오른편으로 보내져서 화창함과 아름다움의 장소인 엘리시움 낙원(the Elysian Fields)에 이르게 된다. 이처럼 기독교 외의 종교와 문화에서는 죽음에 대해 아주 우울한 전망을 내놓는다. 그리스인들에게는 태어나지 않는 것이 최선이며 일찍 죽는 것이 차선이라는 말이 있었다.[69]

---

68 Best, *Thessalonians*, 185-186.
69 Couch, *The Hope of Christ's Return*, 121. 브루스(Bruce)는 데살로니가 교인들이 부활에 대해 바울로부터 가르침을 받기는 하였으나, 부활과 재림의 관계를 제대로 이해 내지는 확신하지 못했을 것으로 본다. 재림 이후에야 부활이 일어날 것으로 그들이 알고 있었다면 왜 교인들이 먼저 죽은 성도들에 대해 근정했는지가 설명이 된다. F. F. 브루스, 『데살로니가전후서』, 김철 역 (서울: 도서출판 솔로몬, 2000), 189.

이와 같은 사후에 관한 음울한 관념은 기독교의 소망과 크게 대비된다. 그럼에도 불구하고 데살로니가 교인들은 먼저 간 성도들에 대한 슬픔과 염려에 빠져 있었으며, 그것이 주의 날을 배경으로 하고 있다는 점에서 한 걸음 더 나간 설명이 요구된다.

앞서 우리는 예수님이 마지막 아담으로서 새로운 인류의 기원이 되었음을 다루었다. 즉 예수님과 연합한 자들은 모두 그리스도의 부활의 생명을 얻게 되어 하나님 나라를 상속하게 된다. 예수님이 부활의 첫 열매가 되었다는 사실은 그와 연합한 모든 자들이 장차 겪을 부활을 예고하고 있다.

문제는 죽은 성도들에 대한 교인들의 슬픔이 단지 사별에 의한 슬픔이 아니라는 것이다. 그들의 슬픔 뒤에는 주의 날에 예수님이 재림할 때 죽은 성도들과 살아 있는 성도들 사이에 그 어떤 차이 내지는 차별이 있는 건 아닌가 하는 염려가 있었다.

> 그들은 죽었고 우리는 살아있으니 만약 내일이라도 당장 예수님이 재림한다면 동등한 조건과 입장에서 주의 날을 맞이할 수는 없지 않겠는가?
> 그 영광스러운 재림 사건에 그들이 참여하지 못하면 어쩌나?[70]

이런 염려는 그들 생전에 재림이 실현될 것으로 생각하고 있었음을 넌지시 암시한다.[71]

---

70 Joseph Plevnik, "The Destination of the Apostle and the Faithful: Second Corinthians 4:13b-14 and First Thessalonians 4:14," *The Catholic Biblical Quarterly* 62, no. 1 (Jan 2000): 85.
71 Gordon D. Fee, *The First and Second Letters to the Thessalonians* (Grand Rapids:

죽은 성도들이 받게 될 것으로 생각되는 불이익의 실체는 무엇이었을까?

한 가지 가능한 시나리오는 아마 이런 것일 수도 있겠다. 즉 '주의 재림 시 살아있는 성도들은 그리스도와 함께 메시아 왕국을 향유하겠지만, 죽은 성도들은 그 왕국이 끝날 때까지 부활하지 못할 것이다.'[72]

이에 교인들의 우려를 말끔히 씻어줄 바울의 신학적 설명이 요구되는 것이다. 예수님의 부활은 잠자는 성도들의 부활을 보증한다.

그러나 그것은 언제 일어날까?

데살로니가 교인들의 초미의 관심에 대한 바울의 대답은 결론적으로 이런 것이다.

'여러분이 예수님의 부활을 믿는다면 그를 죽은 자 가운데서 일으키신 하나님이 먼저 간 성도들을 재림 때 예수님과 함께 데리고 오는 것을 믿으십시오.'

먼저 세상을 떠난 성도들을 위해 교인들이 우려할 일은 없다. 왜냐하면 그들도 재림 때 부활에 동참하게 될 것이기 때문이다. 그러나 바울은 교인들에게 좀 더 자세하게 설명하는 것이 교인들에게 도움이 되므로 간략하게나마 설명을 덧붙이게 된다. 이제 그 내용을 살펴보자.

(1) 성도들의 부활

바울은 데살로니가전서 4:15에서 살아 있는 성도들이 주의 날에 오히려 죽은 성도들보다 유리한 점이 없다는 것을 다시 강조하여 다음과 같이 말한다.

Eerdmans, 2009), 167.

72　Seth Turner, "The Interim, Earthly Messianic Kingdom in Paul," *Journal for the Study of the New Testament* 25, no. 3 (March 2003): 332.

> 우리가 주의 말씀으로 너희에게 이것을 말하노니 주께서 강림하
> 실 때까지 우리 살아 남아 있는 자는 자는 자보다 결코 앞서지 못
> 하리라(살전 4:15).

그러니까 바울은 자신의 개인적인 기대나 예측을 피력하고 있는 것이 아니라 주님의 말씀을 전해주고 있는 것이다.

여기서 "주"는 구체적으로 누구를 지칭하는 걸까?

구약에서의 주는 하나님을 지칭하지만 신약에서는 경우에 따라 하나님이나 예수님을 의미한다. 바울의 평소 어법상 예수님을 지칭하는 것으로 보는 것이 옳다.[73] 그렇게 보는 것이 문맥과도 어울린다. 그렇다면 바울이 어떤 경로를 통해 재림과 관련한 주의 말씀을 알게 되었다는 것인지 궁금하다. 이에 대한 가능성이 몇 가지로 추려진다.

첫째, 예수님의 지상 사역 당시 했던 말씀이 사람들 사이에 전승되다가 바울에게까지 전해졌을 수 있다.

둘째, 예수님의 승천 후 선지자들에게 임한 계시의 말씀을 바울이 알게 되었을 것이다.

셋째, 바울이 예수님으로부터 직접 들은 말씀이 있었을 것이다.[74]

비록 바울이 예수님의 지상 사역 기간에는 예수님과 만난 적이 없었지만, 승천한 예수님을 만난 이래 여러 계시를 받았던 것을 우리는 알고 있다(고후 12:7). 그래서 세 번째 가능성을 배제하기는 힘들다. 한편, 뒤에 나오는 16절과 감람산 강화와의 유사성으로 보아 첫 번째 가능성이

---

73 Fee, *Thessalonians*, 174.
74 Best, *Thessalonians*, 189-193; Fee, *Thessalonians*, 174-175.

유력해 보인다.[75] 바울이 사람들 사이에 회자된 예수님의 여러 말씀들을 전해 들었다고 보는 것이 합리적 추론이다. 둘째 가능성 역시 완전히 배제하기는 어려우나 이 역시 추론의 영역이다.

여하튼 중요한 것은 죽은 성도들이 재림 때에 살아 있는 성도들에 비해 불리한 위치에 있지 않다는 것은 다름 아닌 예수님의 권위로 확정되었다는 것이다.[76] 이보다 더 확실한 근거를 구할 이유가 없다.

"우리 살아 남은 자들도"에서 분명 바울은 재림 때 살아 있을 성도들 가운데 자신이 포함되는 것으로 표현하고 있다.

그렇다면 바울은 자기 생전에 재림이 있을 것으로 믿었단 말인가?

데살로니가전서 4:17을 액면 그대로 받아들이는 것은 다소 성급해 보인다. 우리는 말을 하거나 글을 쓸 때 어떤 효과를 의도하여 여러 수사적 기법을 종종 사용하는데, 이를 일컬어 레토릭(rhetoric)이라고 한다.

바울이 레토릭을 사용한 것이라면 어떤 효과를 기대했을까?

바울의 입장에서 보다 생생한 현장감을 부여하기 위해 화자(話者)와 청자(聽者)를 재림의 시점으로 옮겨 놓는 기법을 사용한 것으로 볼 수 있다.

우리도 평소에 그렇게 말할 때가 있지 않은가?

바로 이렇게 말이다.

"앞으로 과학 기술이 더 발전하면 우리는 화성으로 신혼 여행을 가게 될 겁니다."

따라서 '우리'라는 말 자체에 지나치게 집착할 필요는 없다. 바울의 입장에서 '우리'가 재림 때까지 살아있을 수도 있고 아닐 수도 있으나, 방점

---

75 Charles A. Geishen, "Christ's Coming and the Church's Mission in 1 Thessalonians," *Concordia Theological Quarterly* 75 (2012): 47-48.

76 "말씀 또한 단수이며 모든 것을 관장하는 주인의 '권위에 의해서'라고 번역될 수 있다." Couch, *The Hope of Christ's Return*, 123.

은 재림이라는 미래에 성도들이 참여한다는 데 있다. 이와 유사한 기법이 고린도전서 15:51에서도 확인된다.

> 보라 내가 너희에게 비밀을 말하노니 우리가 다 잠 잘 것이 아니요 마지막 나팔에 순식간에 홀연히 다 변화되리니(고전 15:51).

이 구절을 액면 그대로 받아들이면 바울은 성도의 부활 시까지 자신이 살아 있으리라고 전혀 기대하지 않고 있다.

데살로니가전서 4:17과 정반대되는 이 태도를 어떻게 이해할 것인가? 바울이 편의주의적으로 그때그때마다 견해를 바꾼 것이라기보다는, 레토릭의 일환으로서 미래의 상황에 '우리'라는 말을 대입하여 성도의 부활을 보다 생생하게 표현했다고 보는 것이 합당하다. 일관성 없는 태도라는 비난은 지나친 해석일 뿐이다. 더구나 바울이 편지를 쓸 당시는 그와 데살로니가 교인들이 살아 있었으므로 '우리'라는 표현을 사용했다고 해서 이상할 것은 없다.[77]

따라서 데살로니가전서 4:17은 그가 생전에 재림을 볼 것으로 기대했다는 결정적 증거가 되지 못한다. "우리 살아 남은 자들"은 단지 재림 때 살아 있을 성도들을 지칭할 따름이다.[78] 바울은 예수님이 속히 오기를 소망하며 살았고, 그런 소망이 "우리 살아 남은 자들"이라는 표현에 묻어난 것일 뿐이다.[79]

---

[77] Fee, *Thessalonians*, 175.
[78] 토마스 R. 슈라이너, 『바울 신학: 그리스도 안에 있는 하나님의 영광의 사도』, 엄성옥 역, (서울: 도서출판 은성, 2005), 694.
[79] 박형용, 『데살로니가전후서 주해』, 150.

이미 세상을 떠난 성도들이 재림 때 그 어떤 불이익을 당하지 않을 것을 강조한 후 바울은 데살로니가전서 4:16-17에서 재림 때 펼쳐질 일에 대해 보다 구체적으로 설명한다.

> 주께서 호령과 천사장의 소리와 하나님의 나팔 소리로 친히 하늘로부터 강림하시리니 그리스도 안에서 죽은 자들이 먼저 일어나고 그 후에 우리 살아 남은 자들도 그들과 함께 구름 속으로 끌어올려 공중에서 주를 영접하게 하시리니 그리하여 우리가 항상 주와 함께 있으리라(살전 4:16-17).

예수님의 재림은 초림과 사뭇 대조적이다. 초림 때는 이를 환영해주는 이가 몇 안되었고, 너무나도 낮고 초라한 모습의 강림이었다. 이와 대조적으로 재림 때는 심판주요, 왕으로서의 당당하고 장엄한 모습으로 많은 무리의 에스코트(escort)를 받으며 오실 것이다. 예수님 자신의 말로 표현하면 이와 같다.

> 그 때에 인자의 징조가 하늘에서 보이겠고 그 때에 땅의 모든 족속들이 통곡하며 그들이 인자가 구름을 타고 능력과 큰 영광으로 오는 것을 보리라 그가 큰 나팔 소리와 함께 천사들을 보내리니 그들이 그의 택하신 자들을 하늘 이 끝에서 저 끝까지 사방에서 모으리라(마 24:30-31).

재림은 모든 사람들이 인지할 수 있는 공공연한 사건이 될 것임을 예수님이 말하고 있다. 주의 나타남이 번개가 비침 같다는 언급이 시사하는 바 역시 동일하다(마 24:27; 눅 17:24).[80] 주의 강림은 천사들을 대동한 그야말로 시선을 압도하는 사건이 될 것이다. 이와 유사하게 바울도 예수님의 재림 장면을 묘사하면서 이에 동반되는 3가지 요소를 열거한다. 즉 "호령," "천사장의 소리," 그리고 "하나님의 나팔 소리"이다.

첫째, "호령"은 군사적 용어로 명령을 의미한다. 지휘관의 호령 한 번이면 일사불란하게 군인들이 행동하게 된다. "주께서 호령과 …"의 헬라어 본문에서 주어(아우토스 오 퀴리오스, αὐτὸς ὁ κύριος)가 강조된 형태이므로 '주님 자신이' 혹은 '주님께서 직접' 정도로 번역될 수 있다. 따라서 호령과 연결하면 예수님의 이미지는 명령을 하달하는 총사령관의 모습이다.

그런데 누구에게 내리는 호령인가?

만약 천사들이 그 대상이라면 본문에서 그들의 역할이 불분명하므로 맞지 않다. 한편, 호령을 소집과 관련시킨다면 재림 목적과 직접 연결된다는 이점이 있고, 이 경우 소집 대상은 바로 성도들, 특히 죽은 성도들인 것으로 이해된다.[81]

이 장면에서 우리는 예수님이 나사로를 살린 사건을 떠올리지 않을 수 없다. 부패가 이미 진행된 나사로를 향해 예수님이 "나사로야 나오라"(요 11:43)라고 큰 소리로 명하니 그가 온전한 모습으로 살아났다. 하지만 이번에는 단지 회생이 아닌 그 이상의 모습으로 죽은 성도들을 불러 일으키실 것이다.

80　Joost Holleman, *Resurrection and Parousia: A Traditio-Historical Study of Paul's Eschatology in 1 Corinthians 15* (New York: Brill, 1996), 101.

81　Couch, *The Hope of Christ's Return*, 125; Best, *Thessalonians*, 196. 베스트는 명령의 하달자가 예수님일 수도 있지만 하나님일 수도 있다는 가능성을 열어 두고 있다. 왜냐하면 재림 사건의 궁극적인 연출자는 하나님이시기 때문이다. 14절에서 재림 때 죽은 성도들을 예수님과 함께 보내는 이가 하나님이시기 때문에 베스트의 주장은 일리가 있다. 하지만 바울의 모호한 표현 때문에 정확한 구분은 불가능할 뿐 아니라, 본문에서 크게 의미는 없어 보인다.

둘째, "천사장"은 성경에 아주 드물게 등장하는데, 천사장은 가장 높은 계급의 천사를 일컫는다. 유다서 9절에 나오는 천사장의 이름은 미가엘이다. 물론 미가엘이 구약에도 등장하기는 하지만 "가장 높은 군주 중 하나"라고 소개되고 있다(단 10:13). 이로 보아 천사장은 구약의 용어가 아님을 알 수 있다. 이 용어는 신구약 중간기 때 유대교에서 주조된 것이다.[82] 바울이 미가엘을 염두에 둔 것인지 확실하지는 않으나 그럴 가능성이 있다.[83]

아무튼 천사장이 예수님의 재림에 대동된다면 다른 천사들 역시 마찬가지일 것이라는 추론은 자연스럽다(참조, 막 13:27). 과거에 왕이나 황제 등 주권자들이 행차할 때 수행원을 동반했다. 그것이 공식적인 행차인 경우라면 신분과 위세에 걸맞게 많은 수행원들이 대동되었다.

과연 천사 군단의 규모는 어느 정도일까?

빌라도에게 심문 받을 때 예수님은 이렇게 말한다.

> 너는 내가 내 아버지께 구하여 지금 열두 군단 더 되는 천사를 보내시게 할 수 없는 줄로 아느냐(마 26:53).

당시 로마 1개 군단이 6천 명이었으니 12개 군단이면, 7만 2천의 천사들이 예수님의 말 한마디에 즉각 출동할 수 있었음을 말한다. 숫자 자

---

82 Fee, *Thessalonians*, 177. 유대 전승에는 천사장 일곱이 있는데, 우리엘, 라파엘, 미가엘, 사리엘, 가브리엘, 레미엘(혹 에스라4서 4:36에서는 예레미엘?)이다. F. F. 브루스, 『데살로니가전후서』, 190.

83 박윤선, 『바울서신, 성경주석』 (서울: 영음사, 2005), 448. 박윤선은 미가엘이라는 이름의 뜻에서 천사장이 말세에 할 일이 암시된 것으로 본다. 즉, 미가엘은 '누가 하나님과 같으리요?'라는 의미인데, 주님의 재림이 사단의 퇴망과 관련 깊기 때문에 미가엘의 활동이 기대되는 것이다.

체에 집착할 필요는 없지만, 그 정도로 많은 천사들을 부릴 수 있는 권세를 드러낸 것이다. 재림 때 왕 중 왕으로서의 위용을 나타내기에 부족함이 없을 정도의 허다한 천사 무리가 예수님의 재림을 호위할 것은 확실하다. 그것은 적그리스도의 가짜 '파루시아'와는 비교를 불허하는 강림이 될 것이다.

셋째, "하나님의 나팔"은 구약에서 여러 다양한 맥락에서 사용된다. 하나님의 현현과 연관 되기도 하지만 유대 절기와도 관계 있다(출 19:13, 16, 19; 20:18). 더 나아가 종말과의 관련성도 놓칠 수 없다(사 27:13). 유대 묵시 문학에서 하나님의 나팔 소리는 메시아나 종말의 전령 역할을 하는데(에스드라 4서 6:26; 솔로몬의 시편 11:1; 아브라함의 계시록 31 등), 엘리야, 미가엘, 혹은 하나님이 나팔을 부는 것으로 묘사된다.[84]

이와 궤를 같이 하여 감람산 강화에서도 나팔 소리는 재림의 요소로 등장한다(마 24:31). 한편 바울이 하나님의 나팔 소리라고 말할 때 하나님이 직접 나팔을 부는 것으로 보기보다는 오히려 나팔이 하나님의 소유임을 나타내는 것으로 보는 것이 타당하다.[85]

호령과 천사장의 소리, 하나님의 나팔 소리를 재림에 동반되는 3가지 요소로 보는 대신, 호령을 나머지와 동격으로 보자는 주장이 제기된다. 이에 따르면 해당 구절이 '호령으로, 즉 천사장의 소리와 하나님의 나팔 소리로'라고 해석된다. 이 경우 전체적으로 그려지는 그림은 호령이 떨어지게 되면 그 명령의 실행이 천사장의 소리와 하나님의 나팔 소리로 나타나는 식이다.[86]

---

84 Scott, "Paul and Late-Jewish Eschatology," 138.
85 Best, *Thessalonians*, 197.
86 Fee, *Thessalonians*, 177.

잘 편제되고 규율이 엄격한 군대에서 총사령관의 명령이 어떤 식으로 하달, 집행되는지 생각해보면 상상이 될 것이다. 이런 구문론적 접근이 전체적인 해석에 큰 영향을 주는 것은 아니지만, 예수님의 권위가 어떻게 드러나는지를 잘 보여준다는 측면은 확실히 있다.

한편, 재림을 동반하는 3가지 이미지 모두 청각적이라는 것에 주목할 필요가 있다. 이는 재림 사건이 공개적일 거라는 의견에 힘을 실어주는 것 같다.[87] 적어도 비밀스럽거나 일정 지역에 한정되어 재림이 알려지는 건 아닐 것이다. 따라서 재림의 진위 여부를 확인하기 위해 여기저기 물어볼 필요 없이 모든 사람들이 재림을 알 수 있는 방식으로 진행될 것이다.

"친히 하늘로부터 강림하시리니"는 사도행전 1:11에서의 재림의 기약이 실현되는 장면이다. 마태복음 24:27은 재림을 역동적인 이미지로 담아내는데, "번개가 동편에서 나서 서편까지 번쩍임"은 재림의 시각적 버전이라 하겠다.

이에 대해 크레이그 L. 블롬버그(Craig L. Blomberg)는 이렇게 말한다.

> 20세기에 여호와의 증인들이 1914년에 예수님이 비밀스럽고 눈에 띄지 않게 재림할 것이라 믿었던 것은 그리스도가 우리에게 피하라고 명한 것의 고전적인 실례가 된다. 대신, 그의 실제 재림은 그 본질에 있어서 의심의 여지가 없고, 그 가시성에 있어서 광범위하며, 그리고 그 범위와 효과에 있어서 우주적이다.[88]

---

87 Witherington, *Jesus, Paul and the End of the World*, 157.
88 Blomberg, *Matthew*, 361.

재림은 모든 사람에게 부정할래야 부정할 수 없는 현실이 될 것이다.

이제 바울은 재림 때 성도들에게 일어날 일들을 단도직입적으로 말한다. 먼저, 바울은 죽은 성도들이 일어날 것을 말한다. 신약에서 '일어나다'(아니스테미, ἀνίστημι)는 예수님의 부활을 표현하는 데 사용되기도 하는 동사이다. 본문에서는 수동태 미래형이 죽은 성도들에게 적용되고 있어서 이들의 부활을 예고하고 있다. 바울이 죽은 성도의 부활을 먼저 언급하는 것은 편지를 쓰는 목적과도 부합된다. 죽은 성도들 역시 재림 때에 살아있는 성도들과 동일한 선상에서 예수님을 맞이하게 될 것이다.

바울은 살아 있는 성도들에 대해선 단지 구름 속으로 끌어올려진다는 것 외에는 별다른 언급이 없다. 이것은 살아 있는 성도들에게는 아무런 변화가 없을 거라는 의미는 아니다. 우리는 이미 고린도전서 15장에서 부활의 몸에 대해 살펴보았다. 고린도전서 15:51-53은 현재 본문에서 바울이 생략한 부분을 보완해준다.

> 보라 내가 너희에게 비밀을 말하노니 우리가 다 잠 잘 것이 아니요 마지막 나팔에 순식간에 홀연히 다 변화되리니 나팔 소리가 나매 죽은 자들이 썩지 아니할 것으로 다시 살아나고 우리도 변화되리라(고전 15:51-52).

바울은 고린도 교인들에게 비밀을 말하는데, 그 내용은 성도들이 장차 겪을 영광스러운 변화에 관한 것이다. 바울에게 있어서 비밀은 현재 감춰진 것을 말하는 것이 아니라, "한 때는 감춰졌다가 이제 그리스도를 통해 계시된 것"[89]을 말한다.

---

89 Fee, *First Corinthians*, 800.

마지막 나팔은 여러 차례 울리는 나팔의 마지막 부분이 아니라 종말 때에 울리는 나팔이라는 의미라는 해석이 있다.[90] 혹은 말 그대로 여러 차례의 나팔 소리 중 마지막 것이라는 의미로 보는 견해도 있다.[91] 두 견해가 서로 배타적이라기 보다는 둘 다 바울의 의도를 일부 담아내는 것으로 보인다. 바울이 언급하는 나팔 소리는 종말 때 울리는 것으로, 특히 연속되는 것 중 마지막 나팔 소리라고 볼 수 있다.

중요한 것은 이 나팔 소리가 울릴 때 성도들의 몸이 일제히 큰 변화를 겪게 된다는 것이다. 성도들이 썩지 않는 몸을 입게 된다는 것은 죽음의 정복이다. 고린도전서 15:54에서 사망은 삼킴을 당한다. 삼킨다는 말은 강력하고 파괴적인 힘으로 상대방을 무력화하는 것을 은유적으로 표현한 것으로, 일단 죽음이 삼켜지면 흔적도 없이 사라지는 것이다.[92]

성도들이 그리스도처럼 부활의 몸을 입게 됨으로써 죽음에 대한 완전한 승리를 얻게 될 것이다. "홀연히"는 그 변화가 얼마나 순식간에 일어나는지를 잘 나타낸다. 다른 표현으로 '눈 깜박할 사이'이다. 이 정도면 당사자조차 변화를 잘 느끼지 못한 채 변화될 것이다. 초자연적이고 신비한 변화이다. 오직 하나님의 창조의 능력으로만 가능한 변화 말이다. 우리의 이해와 경험의 폭을 훨씬 초월하는 이 사건은 너무 엄청나서 믿

---

90 Fee, *First Corinthians*, 802; C. K. Barrett, *A Commentary on the First Epistle to the Corinthians* (New York and Evanston: Harper & Row Publishers, 1968), 381.

91 Ridderbos, *Paul*, 534. 리더보스는 각주에서 하나님의 나팔과 관련된 유대 문헌의 내용을 이렇게 소개한다. "하나님이 커다란 나팔을 손으로 잡을 것이다. … 첫 나팔 소리에 온 땅이 진동할 것이다. 둘째 나팔에 흙이 날리게 될 것이다. 셋째 나팔에 뼈들이 맞춰질 것이다. 넷째 나팔에 사지에 온기가 감돌 것이다. 다섯째 나팔에 살이 입혀질 것이다. 여섯째 나팔에 영과 혼이 그들의 몸에 들어갈 것이다. 일곱째 나팔에 말 그대로 그들이 살아나서 옷을 입은 채 발로 설 것이다." 그가 소개한 내용은 아키바(R. Aqiba)의 Alphabet-Midrash에서 인용된 것이다.

92 Ciampa and Rosner, *First Corinthians*, 833.

기 힘들 정도이다.

사실 생명 자체가 신비스럽지 않은가!

생명 공학이 상당히 발전한 현재로서도 생명의 신비는 여전히 경외감을 자아낸다. 이 죽을 몸, 즉 이 썩을 몸이 하나님의 신비한 생명력으로 썩지 아니할 몸으로 순간적으로 변한다는 건 전율할 일이다.

호기심 많은 사람들이라면 죽은 성도들은 재림 때까지 어디에서 어떤 상태로 지내게 되는지 궁금해할 것이다. 안타깝게도 그것은 본문에서 다루어지는 현안과는 거리가 먼 주제이다. 한 가지 확실한 것은 사람이 죽으면 몸과 영혼이 분리된다는 것이다.

그러나 그것은 일시적인 분리가 될 것이기에 바울이 죽음과 재림 사이의 중간 상태에 관심을 두지 않았을 것으로 보인다.[93] 토마스 R. 슈라이너(Thomas R. Schreiner)는 죽음과 재림 사이의 중간 상태에 대하여 다음과 같이 말했다.

> 중간 상태의 실존에 대한 믿음을 가리키는 듯한 본문이 하나 있고, 또 그러한 견해를 뒷받침하는 것으로 해석할 수 있는 본문이 하나 있다. 빌립보서 1:19-26에서 바울은 자기가 죽을 수도 있다는 것에 대해 깊이 생각하면서, 죽으면 '그리스도와 함께 있을'(빌 1:23) 것이므로 죽는 것이 바람직하다는 것을 알게 된다. … 바울은 죽음 안에서 동시적인 유익을 발견하는 듯하므로, 바울이 죽은 직후에 그리스도와 함께 있을 것이라고 결론짓는 것이 보다 자연스럽다.[94]

---

93 슈라이너, 『바울 신학』, 701.
94 슈라이너, 『바울 신학』, 702.

이는 예수님의 말에서도 확인된다. 함께 십자가에 달린 강도 중 믿음을 고백한 자에게 예수님은 다음과 같이 말한다.

> … 오늘 네가 나와 함께 낙원에 있으리라 …(눅 23:43).

한편, 바울은 믿지 않는 자들에 대해서는 전혀 언급하고 있지 않다. 논지에서 벗어나 논점을 흐리고 싶지 않기 때문으로 이해된다. 하지만 성경은 불신자의 운명에 대해서도 관심을 갖는다.

> 땅의 티끌 가운데에서 자는 자 중에서 많은 사람이 깨어나 영생을 받는 자도 있겠고 수치를 당하여서 영원히 부끄러움을 당할 자도 있을 것이며(단 12:2).

다만 불신자도 결국 부활할 것이라는 것이 성경의 가르침이라는 것을 아는 것으로 족할 것 같다. 이들의 운명에 대해서는 나중에 다루기로 하고 다음으로 넘어가보자.

(2) 휴거

죽은 성도들이나 살아 있는 성도들 모두 부활의 몸을 입게 된다. 바울은 고린도전서 15:50에서는 다음과 같이 말한다.

> 형제들아 내가 이것을 말하노니 혈과 육은 하나님 나라를 이어 받을 수 없고 또한 썩는 것은 썩지 아니하는 것을 유업으로 받지 못하느니라(고전 15:50).

이제 성도들은 하나님 나라의 실제적 상속이 가능해진 몸을 입게 된다. 그들은 구름 속으로 끌어올려지며 그리고 거기서 예수님을 영접하게 된다. 구름 속으로 끌어올려진다는 것은 예수님의 승천 장면을 연상시킨다. 보통 구름은 구약에서 하나님의 현현에 동반되는 현상이었다(출 34:5; 신 31:15; 시 97:2; 왕상 8:11). 그리고 종말의 사건에도 등장한다(막 14:62; 눅 21:27; 계 1:7). 이처럼 구름은 하나님의 임재를 나타내는 수단인데, 본문에서는 부활한 성도들에게 적용되어서 휴거의 수단이 되고 있다.[95]

사실 구름보다 우리의 이목을 끄는 것은 '끌어올려지다'라는 의미의 헬라어 '하르파조'(ἁρπάζω)이다. 이 단어의 원래 뜻은 '낚아채다,' '끌어올리다,' 혹은 '강제로 잡다'이다. 들짐승이나 소매치기가 사냥감이나 물건을 확 채가는 동작 등에 어울릴 법한 동사이다.[96] 하지만 이 단어가 공중으로의 이동과 관련되어 사용되어서 특별한 주의를 끈다. 구약에서 사람이 하늘로 이끌려 간 사례를 찾을 수 있다. 에녹, 엘리야, 에스겔이 그 주인공들이다. 특히 앞의 두 사람의 경우 영구적으로 하늘로 옮겨졌다. 휴거의 개념이 이미 구약에 있었음을 알 수 있다.[97]

한편, 신약에서 '하르파조'가 사용된 예는 빌립 집사의 경우이다. 빌립 집사는 성령의 지시로 광야로 나갔다가 에디오피아 내시에게 복음을 전하여 세례를 받게 한다. 그런데 내시가 세례를 받고 물에서 올라올 때 더 이상 빌립의 모습을 볼 수 없게 된다. 그가 갑작스럽게 화면에서 사라진 것을 사도행전 8:39은 성령이 빌립을 '하르파조'하였다고 표현한다.

바울 자신도 '하르파조'를 경험했다. 그는 환상 중에 낙원으로 이끌려

---

95 Best, *Thessalonians*, 198.
96 Couch, *The Hope of Christ's Return*, 127.
97 Scott, "Paul and Late-Jewish Eschatology," 138.

가서 사람의 말로는 표현할 수 없는 말을 들었다(고후 12:2-4). '하르파조'가 사용된 예들이 공통적으로 보여 주는 것은 사람이 원하거나 구한다고 해서 그걸 경험할 수 있는 것이 아니라 순전히 하나님의 주도권에 의해 이루어진다는 것이다.[98]

유다서에서는 이 동사가 가진 비자발성 내지는 강제성이 잘 나타난다.

> 또 어떤 자를 불에서 끌어내어 구원하라 …(유 23절).

본문에서 '하르파조'의 수동형이 사용된 것이 이 점을 잘 드러낸다. 재림 때 성도들이 부활의 몸을 입고 공중으로 끌어올려지는 것을 일러 우리는 휴거라고 한다. 데살로니가후서 2:1에서도 바울은 "우리 주 예수 그리스도의 강림하심과 우리가 그 앞에 모임"을 언급하는데, "우리가 그 앞에 모임" 역시 휴거를 의미하는 것으로 해석된다.[99] 휴거라는 용어 자체가 성경에 있는 건 아니지만, 성경에서 그 개념이 충분히 드러나있음을 알 수 있다.

성도들의 몸이 홀연히 변화되는 것처럼 '하르파조' 역시 순식간에 이루어지는 사건이라는 추론이 가능하다. 재림 때 성도들의 경험은 그야말로 초자연적인 것들의 연속이다.

이렇게 낚아채 듯하여 성도들이 도달하게 되는 곳은 공중이다. 이는 천사들을 보내어 택한 자들을 사방으로부터 모을 것이라는 예수님의 말씀과 맥을 같이 한다(막 13:27). 하늘과 땅 사이의 공간인 공중은 성경에

---

98 David E. Garland, *2 Corinthians*, vol. 29 of *The New American Commentary* (Nashville: B & H Publishing Group, 1999), 512-513.
99 F. F. Bruce, *1 & 2 Thessalonians* (Nashville: Thomas Nelson, 1982), 163.

서 악한 영의 거주지이기도 하다(엡 2:2). 이 공간에 성도들이 일제히 소집되는 목적이 있으니 곧 주님을 영접하는 것이다. 여기서 공중의 악한 영들과의 다툼이 전혀 고려되지 않고 있어서 눈길을 끈다. 오직 예수님과의 반가운 만남만 있을 뿐이다. 이는 공중이 이미 비워졌음을 암시하는 듯하다(참조, 계 12:7-12).

한편, '영접하다'는 뜻의 '아판타오'(ἀπαντάω)는 "도시를 공식적으로 방문하는 왕이나 고관의 행차가 임박했을 때 그를 마중 나가 여행의 마지막 단계에 있는 그를 수행하여 도시로 돌아오는 환영 사절단의 행동을 지칭한다."[100]

현대 사회에도 이런 식의 의전은 존재한다. 대통령이 어느 나라를 공식 방문하면 그 나라 고관대작들이 공항으로 나가 환영하고 수도로 함께 돌아오는 경우가 그것이다. 바울은 공중에서 성도들이 예수님을 만나는 것까지만 기술했지 그 다음에 어디로 가는지 그리고 무엇을 하는지는 말하지 않는다. 대신 공중에서의 회합은 "우리가 항상 주와 함께" 있는 것으로 연결된다(살전 4:17).

본문의 문맥에서 바울은 죽은 성도들에 대한 걱정이나 불안을 말끔히 해소하는 데에 주안점을 두고 있다. 이를 고려한다면 목적에 충실한 귀결이라 할 수 있다. 모든 그리스도인들의 소망은 예수님과 영원히 함께 있는 것이다. 그리고 이와 더불어 사랑하는 형제자매와 떨어지지 않고 함께 하는 것이다. 재림 때에 이 소망이 이루어지는 그림을 보여 주는 것으로 바울의 소기의 목적은 달성되는 것이다. 그리고 이는 데살로니가 교인들이 서로를 위로할 수 있는 근거가 된다.

---

100 Witherington, *Jesus, Paul and the End of the World*, 158.

그러므로 이러한 말로 서로 위로하라(살전 4:13).

덧붙여 말하자면, 주와 함께 한다는 것은 단순히 친밀한 교제 그 이상의 의미를 갖는다. 우리는 예수님을 믿는 순간부터 예수님과 운명 공동체가 된다. 그래서 앞에서 이미 다룬 것처럼 예수님의 부활의 생명을 우리가 얻을 뿐 아니라, 그와 더불어 하늘에 앉힌 바 되었다. 운명 공동체의 삶은 세상에서 사는 동안과 종말 때에 각각 다른 차원을 갖는다. 어니스트 베스트는 성도들이 예수님과 함께 한다는 의미를 다음과 같이 잘 설명한다.

> 땅에서의 그것은 그리스도인들이 그리스도의 죽으심과 부활의 경험 속으로 들어가는 것을 의미한다. … 그러나 종말에 그리스도는 단지 살아 있는 자가 아닌, 다스리는 자이다. 따라서 그리스도인들은 그와 함께 다스리게 될 것이다.[101]

'주와 함께 한다'는 그 짤막한 말에 이런 영광스럽고 복된 내용이 내포되어 있다는 건 참으로 놀라운 일이다.

그래서 잠시 시편 기자의 말을 빌린다.

> 사람이 무엇이기에 주께서 그를 생각하시며 인자가 무엇이기에 주께서 그를 돌보시나이까(시 8:4).

---

101 Best, *Thessalonians*, 202.

바울이 주는 정보가 여기까지이므로 그 이상은 순전히 추론의 영역에 속할 수 밖에 없다. 그래서 공중에서 재회한 예수님과 성도들이 그 다음 단계로 지상으로 다시 내려올지 아니면 하늘나라로 갈지 누구도 확실하게 말하기는 어렵다.[102]

'영접하다'라는 단어를 우리가 위에서 다룬 것처럼 꼭 그렇게 전형적인 개념으로만 해석할 수 없다는 회의론이 있는 건 사실이다.[103] 하지만 그 단어의 전형적인 개념에 충실하다면, 거기서 도출될 자연스러운 추론은 예수님과 성도들이 다시 지상으로 돌아오는 것이다.[104] 또한 성도들만 데리고 예수님이 하늘나라로 그냥 돌아가는 건 상상하기 힘들다. 왜냐하면 만약 그렇게 되면 주의 날의 아주 중요한 목적 중 하나가 이루어지지 않게 되기 때문이다. 심판 말이다. 따라서 지상으로의 이동을 그 다음 단계로 보는 것이 보다 합리적이다.

(3) 때와 시기에 관하여

이제 여기까지 말하고 난 뒤 바울은 교인들에게 무언가 덧붙여 말할 필요를 느꼈는데, 그것은 때와 시기에 관한 것이다. 때와 시기라는 두 단어 모두 복수형이라는 것은 일련의 종말 관련 사건들을 가리키는 것일 수도 있으나 확실치는 않다.[105]

하지만 고든 D. 피의 설명에 따르면 종말론적 맥락에서 두 단어가 결합하여 하나의 관념을 표현하게 된다. 그리고 다소 애매모호한 이 어구

102　Best, *Thessalonians*, 199-200.
103　Fee, *Thessalonians*, 180.
104　Witherington, *Jesus, Paul and the End of the World*, 158; 박윤선,『바울서신』, 450.
105　Best, *Thessalonians*, 204.

는 종말적 사건들이 하나님의 결정에 의한 것이며 "정확한 사건의 본질은 오로지 하나님의 지혜와 지식에 속한다"는 것을 암시한다.[106]

데살로니가 교인들이 때와 시기에 관하여 알고 있는 바는 "주의 날이 밤에 도둑 같이"(살전 5:2) 이른다는 것뿐이지 실제로 재림이 언제 일어날지 안다는 말은 아니다. 주의 날을 도둑에 비유한 것은 그 날이 언제일지 정확히 알 사람이 없다는 표현으로서, 도둑의 침입을 기정 사실로 취급하고 있다.

한편, 도둑에 대비하여 집을 지켜야 하는 사람의 입장에서 보자면 긴장과 경계를 늦춰서는 안 되는 필연적인 상황이 만들어진다.

이런 속담이 있다.

"열 사람이 도둑 하나 못 지킨다."

하루 이틀은 긴장을 늦추지 않고 깨어 있을 수 있지만 연속적으로 그러는 것이 쉽지 않다. 며칠 잘 지키다가 딱 하루 방심한 날, 하필이면 그 때 도둑이 든다. 그래서 도둑이 얄궂은 것이다.

도둑의 은유가 가진 함의를 계속 보존한 채 바울은 데살로니가전서 5:3에서 또 다른 은유로 옮겨간다.

> 그들이 평안하다, 안전하다 할 그 때에 임신한 여자에게 해산의 고통이 이름과 같이 멸망이 갑자기 그들에게 이르리니 결코 피하지 못하리라(살전 5:3).

---

[106] Fee, *Thessalonians*, 186.

여기서 바울은 불특정 다수의 불신자들을 그리스도인들과 대조하여 "그들"이라 칭하고 있다. 주의 날은 믿는 자들에게만 해당되는 사건이 아니라 모든 사람들에게 해당된다. 사람들이 "평안하다, 안전하다"라며 세상의 시류만 좇고 안정과 번영만을 좇아갈 때 주의 날이 불시에 닥칠 것이며 그들의 종국은 멸망이 될 것이다.

평안과 안전은 데살로니가가 당시 로마 제국에 기대어 누렸던 혜택이었지만, 정작 그들은 하나님의 심판이라는 엄중한 실제를 무시했다.[107] 당시 로마 제국의 기치는 '팍스 로마나'(*Pax Romana*)[108]였다.

동서고금을 통틀어 평화와 안정에 대한 갈구는 보편적인 현상이지만, 실제로는 군사력이나 정치, 외교적 수단에 의해 잠시 유지될 뿐이다. 여기저기서 국지전이 일어나고 난리가 나도 직접적인 영향을 받지 않는 한, 사람들은 평안하다고 느끼는 경향이 있다. 하나님의 심판이 코 앞에 닥쳤는데도 불구하고 '아, 세상이 평화로워서 안정된 생활을 할 수 있으니 참 다행이야!' 이렇게 사람들이 말하는 것은 아이러니이다.

예수님도 다음과 같이 예고한다.

> 노아가 방주에 들어가던 날까지 사람들이 먹고 마시고 장가 들고 시집 가더니 홍수가 나서 그들을 다 멸망시켰으며 … 인자가 나타나는 날에도 이러하리라(눅 17:27, 30).

---

107 Fee, *Thessalonians*, 189.
108 로마 제국의 초대 황제인 아우구스투스 때부터 약 200년간 비교적 안정된 시기를 '팍스 로마나'라고 부른다. 이 시기는 영토 면에서 국경선이 최대로 확대되었던 시기이며, 로마는 당시 최강국의 자리에서 문화적으로도 융성하였다. '팍스 로마나'는 한마디로 로마의 힘에 의해 이루어진 평화이다.

'먹고 마시고 시집 장가가는 것'은 일상생활의 풍경으로서, 심판의 경고에 진지하게 귀를 기울이지 않았음을 표현한다. 영적인 무감각 상태를 여실히 드러내는 말이다. 그 결과 그들은 심판의 '쓰나미'(Tsunami)에 휩쓸려갔다. 재림 때도 마찬가지 상황이 벌어질 것이다. 바울은 그 상황을 갑자기 찾아오는 산통에 비유한다. 산모에게 산통이 찾아올 것이라는 건 이미 예고된 불가피한 상황이다. 그러면서도 산통은 불현듯 갑자기 찾아온다.

산통은 사람이 겪는 가장 극심한 통증의 대명사이다. 옛날에는 산모가 아이 낳다가 죽는 경우가 종종 있었다. 그래서 우리네 할머니들은 섬돌에 놓인 자기 고무신을 한 번 바라보고 비장한 마음으로 산실로 들어가곤 했다. 감람산 강화에서와 마찬가지로 바울은 산통이 시작되는 초기 단계에 대해 말하고 있지, 그것이 절정에 이른 상태를 염두에 둔 것이 아니다. 그리고 그것은 고통이 갑자기 찾아와 일정 기간 동안 지속될 것임을 암시한다.[109]

도둑의 침입과 산통의 비유가 주는 전체적인 메시지는,

첫째, 주의 날은 언젠가 반드시 올 것이며,

둘째, 그 날이 예상치도 못한 때에 갑자기 오기 때문에 항상 깨어서 대비해야 하며,

셋째, 만약 경고를 무시하면 파국만이 기다릴 것이며,

넷째, 이 파멸을 피할 자는 아무도 없다는 것이다.

정신이 번쩍 드는 메시지가 아닐 수 없다. 하지만 데살로니가 교인들을 불안하게 하는 것이 바울의 의도나 목적이 아니다. 오히려 그의 의도

109　Blaising. "The Day of the Lord and the Rapture," 262-263.

는 달리는 말에 채찍을 가하는 것이다.[110] 그래서 데살로니가전서 5:4-11
에서 바울은 다음과 같이 말한다.

> 형제들아 너희는 어둠에 있지 아니하매 그 날이 도둑 같이 너희
> 에게 임하지 못하리니 너희는 다 빛의 아들이요 낮의 아들이라
> … 그러므로 우리는 다른 이들과 같이 자지 말고 오직 깨어 정신
> 을 차릴지라 … 하나님이 우리를 세우심은 노하심에 이르게 하
> 심이 아니요 오직 우리 주 예수 그리스도로 말미암아 구원을 받
> 게 하심이라 … 그러므로 피차 권면하고 서로 덕을 세우기를 너
> 희가 하는 것 같이 하라(살전 5:4-11).

바울은 빛과 어둠이라는 대조적인 은유를 새로 도입한다. 빛과 어둠의 은유는 거의 모든 문화권에서 발견되는 은유이다. 여기서 어둠은 하나님을 알지 못하고, 믿지 않는 불신의 어둠이다.[111]

성도들은 어둠에 있지 않으며, 바로 그런 연유로 주의 날이 성도들에게는 도둑 같이 임하지 못하는 것이다. '도둑 같이 임하다'에서의 동사 '카탈람바노'(καταλαμβάνω)는 "적대적인 의도를 갖고 붙잡는다는 의미를 갖고 있어서 그 행위의 돌발이 강조된다."[112] 어둠에 속한 자들과 달리 빛의 아들인 성도들에게 주의 날은 아무 예고 없이 밀어닥치는 돌발상황이 될 수 없다.

빛과 낮은 성도들의 영적 각성 상태와 관련 되는 은유이다. 정신을 바

---

110 Fee, *Thessalonians*, 190.
111 Best, *Thessalonians*, 209.
112 Blaising, "The Day of the Lord and the Rapture," 262.

짝 차리고 깨어 있는 것은 낮의 아들이라는 존재의 본질과 부합한다. 그래서 바울은 교인들에게 '깨어 정신을 차리라'는 주문을 한다. 비단 영적인 차원에서뿐 아니라 빛과 어둠은 도덕적 차원에서도 대비된다. 주의 날을 소망으로 기다리는 성도들의 삶이 그렇지 않은 사람들과의 삶과 같을 수는 없다.

주의 날은 도둑 같이, 갑자기 찾아오는 해산의 고통 같이 닥쳐서 사람들은 피할 수 없는 파국을 맞을 것이다. 반면, 하나님은 성도들을 구원으로 불렀지, 진노로 부른 것이 아니다. 주의 날에 공중으로 이끌리어 거기서 예수님을 영접하게 되고 이후로는 예수님과 함께 하는 것이 그리스도인들을 위해 하나님이 정한 운명이다. 하나님의 약속은 모든 그리스도인들을 향한 것이다.

이 약속이 우리에게 말하는 바는, 믿음이 굳센 자이든 혹은 연약한 자이든 모든 믿는 자들은 구세주의 재림을 고대하고 있어야 한다는 것이다.[113] 그렇다고 오실 날이 정확히 언제인지 계산에 열중하는 건 기다림의 자세와 거리가 멀다. 하나님은 성도들이 정확한 종말의 시기에 관해 알 필요가 있다고 판단하였다면, 알려 주었을 것이다.

하지만 알려주시기 않은 데에는 그만한 이유가 있을 것이다. 정확한 이유야 알 수 없지만, 아마도 우리 자신에게서 한 가지 원인을 찾을 수 있을 것이다. 그래서 어떤 사람은 이렇게 설명한다. 만약 우리가 그때를 안다고 하면 일을 뒤로 미루는 천성 때문에 그 날을 위해 준비하는 대신 나태해질 것이 뻔하다는 것이다. 우리보다 우리에 대해 더 잘 아시는 하나님의 현명한 조치라고 겸손히 받아들인다면 억지로 날짜 계산하는 어

---

113 Couch, *The Hope of Christ's Return*, 143.

리석음과 교만에 빠지는 일은 없을 것이다.

3) 심판

(1) 하나님의 진노

거리를 지나치다 보면 "하나님은 사랑이시라"라는 글귀가 적힌 현수막이 교회 건물에 내걸린 것을 가끔 보게 된다. 그렇다. 하나님은 사랑이시다. 그리고 그 사랑은 성자 예수님을 통해 가장 극적으로 표현되었다. 사랑은 하나님의 내재적 속성이다. 하나님에게서 사랑을 뗄 수 없다. 그래서 우리는 하나님의 자비와 용서에 기댈 수 있는 것이다.

한편, 성경은 선하고 인자하고 사랑으로 우리를 돌보는 하나님에 대해서만 말하고 있지 않다. 오늘날 설교 강단에서 사랑 일변도의 설교만 듣게 되는 그리스도인들에게는 분노하는 하나님이 참으로 낯설 것이다. 간혹 어떤 사람들은 징벌하는 무서운 하나님은 구약의 하나님이고, 지금은 은혜의 시대이기 때문에 사랑의 하나님에 대해서만 말하는 것이 옳다고 주장할지 모르겠다. 구약에서 진노하는 하나님의 모습을 많이 보게 되는 것은 사실이지만 신약에서도 하나님의 분노가 종말론적 심판이라는 주제에 녹아있다는 사실을 간과해서는 안 된다.

진노나 분노의 개념을 담은 히브리 단어가 구약에서 여럿 발견된다. 각 단어가 갖는 미묘한 뉘앙스(nuance)의 차이가 있지만 신학적으로 유의미한 구별은 없는 것으로 알려져 있다.[114] 반면, 신약에서는 분노를 표현하는 두 단어가 사용되고 있는데, '쑤모스'(θυμός)와 '오르게'(ὀργή)가

---

114 Terence E. Fretheim, "Theological Reflections on the Wrath of God in the Old Testament," *Horizons in Biblical Theology* 24, no. 2 (December 2002): 4.

그것이다. 원래 고전 헬라어에서는 두 단어가 구분되어서 전자는 내적인 분노의 감정을, 후자는 분노의 외적 표현을 각각 나타내었으나, 70인경이나 신약에서는 구별 없이 호환적으로 사용되고 있다.[115]

분노는 극한 감정이 들끓는 상태를 말한다. 분노는 격한 감정의 분출이며 그 에너지가 뿜어내는 기운은 대부분의 경우 부정적이고 파괴적이다. 많은 경우, 성경에서 하나님의 진노를 묘사할 때 사람이 분노하는 모습과 비슷하게 표현한다. 이러한 신인동형적인 표현에 근거하여 하나님의 분노를 사람의 그것과 동일시해서는 안 된다.[116] 그것은 사람의 눈높이에 맞춘 표현으로 보면 된다. 때로 사람이 분 내어도 그것이 죄가 되지 않는 경우가 있다. 의분(義憤)이라는 것이 있기 때문이다.

그러나 대부분의 경우 사람의 분노는 죄와 직결된다. 우리는 몹시 화를 낸 다음 많은 경우 후회한다. 또는 분노를 표출한 결과가 부메랑이 되어서 자신에게 돌아오기도 한다. 분노의 동기 자체가 잘못된 경우도 있으며, 한계를 넘어서서 분노를 드러내기도 한다. 그래서 잠언은 사람의 분노를 경계하는 것이며(잠 14:17; 19:19; 29:22), 그리스도인들이 피해야 할 목록에 "노함과 분냄"이 있는 것이다(엡 4:31). 하지만 하나님의 진노는 사람의 그것과 다르다. 하나님의 진노는 거룩한 분노이다.

하나님의 진노는 한마디로 "죄에 대한 하나님의 거룩하심의 기능"[117]이다. 다른 말로 하자면 죄를 지은 사람에 대한 징벌적인 반응이 하나님의 진노이다.[118] 사람이 죄를 짓지 않는 한, 하나님이 진노할 일이 없다는

---

115 Scott A. Ashmon, "The Wrath of God: A Biblical Overview," *Concordia Journal* 31, no. 4 (October 2005): 349.
116 Ashmon, "The Wrath of God," 350.
117 Donald A. Carson, "God's Love and God's Wrath," *Bibliotheca Sacra* 156, no. 624 (October-December 1999): 388.
118 Ashmon, "The Wrath of God," 350.

것은 진노가 하나님의 내재적인 속성이 아님을 시사한다.[119] 이런 점에서 하나님의 분노는 하나님의 사랑과 다르다.

사람들이 저지르는 모든 죄에 대해 하나님이 분노하는 근거는 무엇일까?

바로 그분이 창조주이자 다스리시는 분이라는 사실에 있다.[120] 죄는 근본적으로 하나님을 하나님으로 인정하지 않는 것이다. 사람에게 자율성을 부여하는 대신 하나님의 말씀에 100% 순종하도록 프로그램화했다면 애초에 죄 짓는 일이 없었겠으나, 그 경우 사람은 인격이 없는 로봇에 지나지 않게 된다. 그러나 하나님은 우리가 인격을 갖도록 만들었고, 그래서 사람은 하나님과 '나와 당신'(I-Thou) 관계를 맺게 되었다. 직접적이든 간접적이든 모든 죄는 하나님과의 관계를 해치는 것이다.

그런 의미에서 하나님의 분노는 관계적일 수 밖에 없다.[121] 자식이 잘하면 부모의 마음은 기쁘지만, 잘못을 저지르면 슬프거나 분노하게 된다. 친밀한 관계일수록 마음이 움직이는 진폭도 그만큼 커진다.

죄와 관련하여 볼 때 하나님의 분노는 징벌적이다. 징벌은 공의와 직결된다. 어떤 사람이 온갖 악행을 저지르는데도 그를 처벌하지 않는다면 그것은 사랑도 아니며 정의도 아니다. 정의는 인류의 보편적인 가치이다. 동서고금에 정의를 지키고 구현하는 것은 통치자에게 요구되는 의무이자 덕목이다. 아브라함도 조카 롯을 구하기 위해 하나님에게 간청할 때 그의 공의에 기대어 이렇게 호소했다.

---

119 Fretheim, "The Wrath of God in the Old Testament," 17.
120 Ashmon, "The Wrath of God," 353.
121 Fretheim, "The Wrath of God in the Old Testament," 7.

> 세상을 심판하시는 이가 정의를 행하실 것이 아니니이까?
> (창 18:25).

피조물인 인간이 하나님에게 공의를 기대하는 건 당연한 것이다. 성경에는 하나님이 악인들에 대해, 심지어는 이방 나라들과 언약을 깨뜨린 이스라엘에 대해 징벌을 하는 예들이 많이 있다. 행한 대로 갚는 것이 하나님의 심판 기준이다(렘 17:10; 32:19; 롬 2:5-6).[122] 분노하고 심판하는 하나님을 구약에서만 찾으려 한다면 그것은 잘못이다. 이제는 은혜의 시대가 아니냐고 반문하는 사람들이 있겠지만, 하나님의 심판 기준이 낮춰지거나 느슨해진 적은 한번도 없다. 하나님의 가장 맹렬한 분노가 쏟아진 곳은 다름 아닌 십자가였다.

> 하나님의 진노가 진정으로 그리고 완전히 충족된 것은 인간의
> 죄에 대한 의롭고 징벌적 분노를 하나님이 그리스도에게 부었기
> 때문이다.[123]

우리 대신 죄의 대가를 치르신 분 덕분에 우리가 하나님의 은혜를 누리는 것이다.

더 나아가 하나님의 진노는 교정적 내지 구속적 측면을 가진다. 징벌 자체가 목적이 아니라 그것을 통해 이루시려는 목적이 있다는 말이다. 때로 성도는 고난을 통해 하나님의 율례와 법도를 체득하게 된다

---

122 Ashmon, "The Wrath of God," 353.
123 Ashmon, "The Wrath of God," 356.

(시 119:71). 하나님의 징계는 사람들을 은처럼 제련하여 정결케 한다 (시 66:10; 사 48:9-11). 그리고 심판의 경고를 듣고 사람들은 회개하게 된다(욘 3:8-9). 하나님의 분노는 목적을 위한 수단이 되는데, "생명과 구원을 위한 하나님의 궁극적인 목적"[124]을 이루기 위함이다. 이처럼 하나님의 분노는 감정적인 차원을 넘어선 내용과 목적을 갖고 있다.

하나님의 분노의 본질을 이해하지 못하고 사랑과 분노를 상극 관계로만 보는 사람들은 이분법적 사고에 갇혀 이 둘이 어떻게 하나님에게서 동시에 나타나는지 깨닫지 못한다. 구약의 하나님과 신약의 하나님이 다르지 않다. 그리고 하나님이 변한 것도 아니다. 하나님의 사랑과 죄에 대한 하나님의 분노가 구속 역사 안에서 드러나는 모습은 실로 역설적이다. 이에 대해 도널드 A. 카슨(Donald A. Carson)은 이렇게 말한다.

> 구약에서 실재는 경험과 모형들 안에서 하나님의 은혜와 사랑을 드러내고 있으며, 이 실재는 신약에서 보다 명확해진다. 마찬가지로 구약은 경험과 모형들 안에서 하나님의 의로운 분노를 나타내며 이러한 실재는 신약에서 더 뚜렷해진다. 다른 말로 옮기자면, 구약에서 신약으로 옮겨감에 따라 하나님의 사랑과 진노 모두 고조된다. 이 주제들은 미해결 상태로 구속 역사를 통해 이어지다가 십자가에서 절정에 이른다. 하나님의 사랑을 보기 원하는가? 십자가를 보라. 하나님의 분노를 보기 원하는가? 십자가를 보라."[125]

---

124 Fretheim, "The Wrath of God in the Old Testament," 25.
125 Carson, "God's Love and God's Wrath," 390.

하나님의 사랑과 진노는 상호배타적이지 않으며, 역설적이게도 하나님의 은혜와 자비가 얼마나 큰지 경험하면 그 진노가 얼마나 큰지를 알 수 있다.[126]

사람들은 흔히 말한다.

'하나님이 정말 있다면 어찌 이런 일이 일어날 수 있는가?'

악한 자가 벌을 받기는커녕 호의호식하며 죽을 때조차도 편하게 눈 감는 것을 보면 과연 세상에 정의가 있기나 한 건지 의심스러울 때가 있다. 그래서 시편 기자도 다음과 같이 불평한다.

> 볼지어다 이들은 악인들이라도 항상 평안하고 재물은 더욱 불어나도다(시 73:12).

누구나 살면서 한 번쯤은 위와 같은 생각을 해보았을 것이다. 사실 하나님이 불의와 악행에 대해 즉각적으로 반응하지 않는 것처럼 보일 때가 있다. 그것은 하나님의 직무유기나 무능력의 증거가 아니라, 오직 우리에 대하여 오래 참고 노하기를 더디 하는 하나님의 은혜의 증거이다.

거꾸로, 불의와 범법의 순간마다 하나님이 즉각적으로 분노를 발한다면 세상에 남아날 사람이 있겠는가?

하나님의 은혜로운 인내를 무관심이나 무능력으로 오해하여 이를 악용하는 자들은 시편 기자의 말에 유의해야 한다.

---

126 피터 T. 오브라이언, 정일오 역, 『골로새서 빌레몬서』, WBC 성경 주석 44 (서울: 도서출판 솔로몬, 2008), 342.

> 하나님의 성소에 들어갈 때에야 그들의 종말을 내가 깨달았나이다 주께서 참으로 그들을 미끄러운 곳에 두시며 파멸에 던지시니 그들이 어찌하여 그리 갑자기 황폐되었는가 놀랄 정도로 그들은 전멸하였나이다(시 73:17-19).

회개하지 않는 자는 진노를 계속 쌓다가 순식간에 돌이킬 수 없는 지경에 빠지게 된다. 하나님의 진노가 역사상 여러 모양으로 드러났지만 그렇다고 하나님의 진노가 다 소진된 건 아니다. 마지막 때를 위해 진노가 유보된 것이다. 이미 드러난 하나님의 진노를 통해 장차 어느 결정적인 시기에 나타날 진노를 전망하게 된다. 하나님의 사랑이 그리스도의 십자가에서 나타난 것처럼, 이제 마지막 날에 예수님의 나타나심을 통해 하나님의 분노가 온전히 드러날 것이다.[127]

이런 의미에서 하나님의 분노는 종말론적인 성격을 띠며, '이미 그러나 아직'의 종말론적 구도에서 앞으로 성취될 '아직'의 요소를 갖고 있다. 믿는 자들이 신원되는 마지막 날은 동시에 믿지 않는 자들에게는 하나님의 진노가 총체적으로 부어지는 날이기도 하다. 이로써 공의가 최종적으로 그리고 완전히 실현되는 것이다.

사람들은 힘든 일을 겪으면 하나님을 원망하며 그분의 공의에 의문을 품는다. 그러다가 하나님의 분노와 심판이라는 대목에서는 하나님의 사랑을 앞세워서 하나님이 그렇게 매몰차게 심판할 리는 없다고 부인하려는 이중적인 심리를 드러낸다. 그리고 하나님의 분노니 심판이니 하는 것은 그저 사람들이 정신차리도록 하기 위한 방편에 불과한 것이라고 애써 현실을 외면하려 한다.

---

127 Ashmon, "The Wrath of God," 356.

하나님의 진노가 그저 위협에 지나지 않는 것이라면 애초에 예수님이 십자가에 달릴 필요가 없었을 것이다. 그렇다던 구원 사역 자체가 무의미한 빈 껍데기요, 요식 행위에 불과했을 것이다. 그리스도를 통해 죄 사함 받아 하나님의 진노에서 벗어났다는 것이 복음의 내용이다. 죄라는 현실은 진노라는 또 다른 현실을 비추는 거울이다. 현실을 그대로 바라보는 것이 건강한 인식이다.

(2) 진노의 날과 심판

바울은 로마서 2:5에서 진노의 날을 언급한다.

> 다만 네 고집과 회개하지 아니한 마음을 따라 진노의 날 곧 하나님의 의로우신 심판이 나타나는 그 날에 임할 진노를 네게 쌓는도다(롬 2:5).

역사적으로 하나님의 분노가 쏟아진 사건들은 비일비재하다. 가장 인상 깊은 사건 중 하나는 단연 노아의 홍수일 것이다. 당시 사람의 죄악이 세상에 가득했는데, 그 죄의 심각성은 사람이 마음으로 생각하는 모든 계획이 항상 악하였다는 데서 여실히 드러난다(창 6:5).

진노가 쏟아졌던 여러 전례들과는 별개로 바울이 진노의 날을 언급한 것은 어떤 의미가 있을까?

이는 진노의 종말론적 성격과 관련되는 바, 진노가 마지막으로 표출되는 날이라고 볼 수 있다.[128] 그리고 그 날은 하나님의 의가 완전히 드

---

128 R. C. H. Lenski, *Interpretation of St. Paul's Epistle to the Romans* (Minneapolis: Augsburg Publishing House, 1961), 142.

러나는 날이기도 하다. '날'이라는 표현은 문자적으로 24시간을 의미하는 것이라기 보다는 기간으로 보는 것이 합당하다. 그렇다면 굳이 '날'이라는 단어를 사용했어야 했느냐는 질문에 제임스 M. 보이스(James M. Boice) 목사는 이렇게 대답한다.

> 가령 사람이 1941년 12월 7일처럼 어느 날을 언급하듯이, 그 날이 하나님의 달력에 고정되어 있기 때문이다. 그 날은 결정되어 있는 것이다.[129]

이는 사람의 힘으로 진노의 날을 취소하거나 혹은 변경할 수 없다는 점을 상기시킨다. 그 날은 하나님의 계획 안에 확정되었다. 노아 홍수의 규모와 강도를 감히 상상해볼 수 있다면, 그것은 진노의 날의 엄중함과 비교가 안 될 것이다. 왜냐하면 노아의 홍수는 종말에 부어질 하나님의 진노를 예고하는 예고편에 불과하기 때문이다.

하나님의 진노가 누구에게 왜 임하는가?

바울은 로마서 1:18에서 "불의로 진리를 막는 사람들의 모든 경건하지 않음과 불의에 대하여" 하나님의 진노가 하늘로부터 나타난다고 말한다. 이어서 로마서 2장에서 이런 자들이 회개하기를 완강히 거부하기 때문에 진노가 임한다고 밝힌다. J. 룬드(J. Lunde)는 회개에 대해서 정의하기를, "하나님에 대한 전심 어린 신뢰를 방해하는 것으로부터 철저히 '돌아서는' 것을 지칭"하며, 여기에는 "사랑과 순종으로 하나님에게 '돌아

---

[129] 제임스 몽고메리 보이스, 『로마서, 믿음으로 의롭다 함』, 김덕천 역 (서울: 도서출판 줄과추, 1997), 1: 292.

가는' 것"이 내포된다고 한다.[130]

회개에는 죄와 잘못에 대하여 뉘우치고 슬퍼하는 감정적인 측면이 포함되지만 근본적으로 회개는 하나님에게 대한 태도의 문제이다. 성경이 말하는 회개의 핵심은 하나님이 예수님을 통해 우리에게 베푼 용서의 은혜를 받아들이는 것이다. 회개의 길은 언제든 열려있으나 회개는 오로지 개인의 의지적 결단의 문제이다. 바울은 여기서 고집과 회개하지 아니한 마음이 진노를 쌓아간다고 말한다. 그 날에 이렇게 항변하는 사람이 있을 수 있다.

'회개하고 싶어도 복음을 들은 적이 없었으니, 어떻게 회개할 수 있었겠습니까? 저는 억울합니다.'

이런 사람들에게 바울은 이렇게 말할 것이다.

> 이는 하나님을 알 만한 것이 그들 속에 보임이라 … 창세로부터 그의 보이지 아니하는 것들 곧 그의 영원하신 능력과 신성이 그가 만드신 만물에 분명히 보여 알려졌나니 그러므로 그들이 핑계하지 못할지니라(롬 1:19-20).

성경이 특별 계시라면 자연과 역사, 인간에 내재된 도덕률 등을 통한 하나님의 계시는 일반 계시이다. 에베레스트산과 같은 거대한 자연 앞에서 사람들은 외경심을 느낀다. 철이 되면 철새는 나침반도 없이 작년에 지은 둥지를 찾아 들고, 벌은 건축학을 배우지도 않고도 알아서 척척 정교하게 집을 짓는다.

---

[130] J. Lunde, "Repentance," in *Dictionary of Jesus and the Gospels*, ed. Joel B. Green, Scot McKnight and I. Howard Marshall (Downers Grove: IVP, 1992), 669.

이 모든 것들 배후에 지적인 설계자의 존재가 느껴지지 않는가?

자연 그 자체가 하나님의 살아계심을 보여 주는 교과서이다. 따라서 무지를 방패 삼을 수는 없다. 평계할 수 없는 것이다. 사람들이 일반 계시를 무시했고, 하나님의 오래 참으심과 인자하심을 경멸해 왔다는 2가지 이유에서 진노는 정당성을 확보한다.[131]

그래서 바울은 다음과 같이 말한다.

무릇 율법 없이 범죄한 자는 또한 율법 없이 망하고 무릇 율법이 있고 범죄한 자는 율법으로 말미암아 심판을 받으리라(롬 2:12).

이 구절을 존 스토트(John Stott)는 이렇게 해석한다. 이방인들은 그들이 알지 못했던 기준에 의해, 즉 율법을 몰랐다는 이유로 심판 받는 것이 아니라 그들이 지은 죄 때문에 심판 받는다. 마찬가지로 율법을 알면서 죄를 지은 자들(유대인들) 역시 자신들이 알고 있는 기준에 의해 심판을 받게 되는 것이니, 곧 율법에 의해서이다. 이로써 하나님의 심판은 완벽히 공평할 것이다.[132]

덧붙여 설명하자면, 보이스는 지적하기를 우리가 흔히 예수 믿지 않으면 무조건 지옥 간다고 말을 할 때 우리는 기본 전제가 잘못되었다는 걸 알지 못하는 경우가 많다고 한다. 그는 모든 사람들이 복음을 들을 동등한 기회를 갖는 것이 아니라는 점과, 그래서 모든 사람이 복음을 거부해서 심판을 받는 건 아니라는 것에 주의를 환기한다.

---

131 보이스, 『로마서』, 289.
132 Stott, *Romans*, 86.

아마존 정글 같은 깊은 오지, 외지인의 발길이 차단된 환경에서 사는 사람들의 경우, 예수님을 믿지 않았다는 것이 형벌의 이유가 되는 것이 아니라, 그들에게 주어진 일반 계시에 근거하여 하나님을 찾지 않았다는 것이 그 이유가 된다고 설명한다.[133]

그러니까 "하나님의 심판은 단순히 천국과 지옥에 갈 사람을 따로 따로 가르는 자리가 아니라, 구체적으로 이 땅에서의 행실을 따져 그 삶의 열매에 따라 보응하는 변별적 준거이다."[134] 이는 형벌에 경중이 있을 것임을 암시한다.

따라서 심판은 사람의 행위를 따지게 된다(참조, 롬 2:9-10). 믿음으로 구원 받는 건 부동의 사실이지만, 믿음의 유무 내지 진정성은 삶의 열매, 행위를 통해서만 드러나게 된다.[135] 믿음과 행위는 별개가 아니라 동전의 양면이다.

진노의 날에 벌어지는 일들은 개인적이고 은밀한 차원에서 이루어지는 것이 아니라 공개적인 차원을 가지게 된다. 그 날에 심판이 공표된다. 사람들이 그리스도에 대해 부정적이든지 긍정적이든지 반응을 보임에 따라, 심판이 줄곧 은밀히 진행되다가 그 날에 결과가 선고되는 것이다.[136]

그리고 심판은 보편적 양상을 띤다. 바울은 하나님이 헬라인과 유대인에게 행한 대로 갚을 것을 말한다(롬 2:9-10). 헬라인은 그리스인을 말하지만 모든 이방인들을 대표하는 것으로 볼 수 있어서 이 경우 헬라인과 유대인은 모든 인류의 총칭으로 보이며, 이는 마태복음 25:32의 모든

---

133 보이스, 『로마서』, 290.
134 차정식, 『로마서』 1권, 262.
135 Stott, *Romans*, 86.
136 Stott, *Romans*, 83-84.

민족과 일맥상통한다.[137]

즉, 모든 사람들이 하나님의 심판 대상이며 예외가 없다는 말이다. 혹시 어떤 사람이 온갖 악행을 저질렀는데도 요행히 법망을 피해서 처벌받지 않고 살았더라도, 하나님의 법정은 피할 수 없다. 차라리 생전에 처벌을 받는 것이 그 사람에게는 나았을 것이다. 그랬더라면 혹시 잘못을 깨우칠 기회, 회개할 기회가 있었을 터인데 오히려 진노만 더 높이 쌓는 셈이 되었다.

진노의 날과 주의 날은 어떤 관계인가?

앞서 살펴본 데살로니가전서 5장의 주의 날이라는 맥락에서 바울은 성도들이 장래의 진노의 대상이 아닌 구원의 대상임을 확인시켜 준다.

하나님이 우리를 세우심은 노하심에 이르게 하심이 아니요 …(9절).

여기서 진노는 하나님의 진노를 말하는 것으로 보인다. 데살로니가전서 5장의 전후 문맥을 볼 때, 주의 날에 관하여 하나님의 진노가 언급된다고 이해된다. 이미 우리는 주의 날이 심판과 관련되었음을 알고 있다. 그리고 심판에 있어서 하나님의 분노는 필수 요소이다. 따라서 분노는 주의 날이 갖는 양상인 것이며, 바울이 주의 날을 왜 '진노의 날'(롬 2:5)이라 부르는 지 우리는 이해할 수 있다.[138]

예수님은 하나님의 대행인으로서 구속 사역을 이루었고, 또한 하나님의 심판을 집행할 것이다.[139] 사도행전 17:31에서 바울은 하나님이 "정

---

137 Lenski, *Romans*, 146, 155.
138 Blaising, "The Day of the Lord and the Rapture," 263.
139 Stott, *Romans*, 87. 하나님의 대리인이 통치하며 심판하고 의인들을 구원한다는 사

하신 사람으로 하여금 천하를 공의로 심판할 날을 작정하시고 이에 그를 죽은 자 가운데서 다시 살리신 것으로 모든 사람에게 믿을 만한 증거를" 주었다고 말한다. 예수님이 심판을 집행할 것은 예수님 자신의 입으로도 확인된다.

> 인자가 자기 영광으로 모든 천사와 함께 올 때에 자기 영광의 보좌에 앉으리니 모든 민족을 그 앞에 모으고 각각 구분하기를 목자가 양과 염소를 구분하는 것 같이 하여 …(마 25:31-32).

그래서 바울은 예수님을 "살아 있는 자와 죽은 자를 심판하실 그리스도 예수"(딤후 4:1)라고 표현한다. 이 문구에 대해 고든 D. 피는 설명하기를 예수님이 두 번째로 세상에 와서 구원을 하고 심판을 집행할 것이라는 확신에 기반하였다고 말한다. 그리고 이 둔구는 후에 바나바서 7:2, 클레멘트후서 1:1 등에서 차용되었으며, 현재 우리가 사용하는 사도신경의 한 구절로 편입되어있다.[140]

살펴본 것처럼 하나님의 진노는 필연적으로 심판으로 이어진다는 것을 알 수 있다. 하나님의 진노를 대수롭지 않게 여기는 사람들은 주의 날에 임할 진노를 피할 수 없을 것이다. 그러나 하나님의 진노를 심각하게 받아들이는 사람은 잘못된 길에서 돌아설 것이다. 성도라면 하나님의 사랑뿐 아니라 하나님의 진노 역시 진지하게 받아들여야 한다.

상은 사실 유대 문헌에서도 발견된다(*Sibyline Oracles* 5:108-110, 158-161, 414-427; 에스라 4서 13:1-13, 25-26, 33-38, 51-52; 에녹 1서 37-71; 바룩 39:7-40:4 등). Holleman, *Resurrection and Parousia*, 103-104.

140   Gordon D. Fee, *1 & 2 Timothy, Titus* (Grand Rapids: Baker Book House, 1984), 284.

하지만 성도들이 살면서 겪게 되는 환난과 하나님의 진노는 같은 개념이 아니다.[141] 우리의 믿음을 단련시키기 위해 환난이 허용되기도 하지만, 하나님은 우리가 하나님의 진노를 피하게 하였다. 십자가에서 우리 대신 하나님의 진노를 온 몸으로 받은 예수님은 우리의 피할 바위이다.

(3) 하나님의 심판과 성도

보통 우리가 피고인으로든, 원고로든 법정에 설 일이 많지 않다. 방청인으로 재판에 참여하는 기회도 평생에 몇 번 안 될 것이다. 그래도 상상력을 발휘해 본다면 법정에 선다는 건 그 자체로도 긴장되는 일일 것이다. 재판관이 낭독하는 판결문 한 구절 한 구절에 입이 바짝 마를 것이다.

하물며 하나님의 법정에서는 어떠하겠는가?

심장은 미친 듯이 뛰고 오금이 저릴 것이다. 법정의 가장 핵심적인 공간은 재판관이 앉는 자리이다. 바울은 로마서 14:10에서 하나님의 심판대를[142] 언급한다. 심판대는 심판의 준엄함과 심판자의 도전할 수 없는 권위를 형상화한다. 따라서 최종적인 권위를 지닌, 그래서 불복이나 뒤집기가 아예 불가능한 하나님의 심판대에 선다는 상상만으로도 식은 땀이 날 것 같다. 바울은 형제를 함부로 비판하는 것을 경계하면서 로마서 14:10-12에서 다음과 같이 말한다.

… 우리가 다 하나님의 심판대 앞에 서리라 기록되었으되 주께

---

141 Fee, *Thessalonians*, 197. (그의 각주를 보라)
142 심판대로 번역되는 헬라어 '베마'(βῆμα)를 재판관의 의자가 놓이는 단상으로 해석하는 학자도 있고, 운동 경기의 심판들이 앉는 벤치로 해석하는 사람도 있다. 하지만 심판대가 누구에게 속하는 것인지 바울이 정확히 밝혔다는 점에서 전자로 해석하는 것이 더 낫다. Lenski, *Romans*, 828; James M. Boice, *Romans* (Grand Rapids: Baker Book House, 1991), 4: 1757.

서 이르시되 내가 살았노니 모든 무릎이 내게 꿇을 것이요 모든 혀가 하나님께 자백하리라 하였느니라 이러므로 우리 각 사람이 자기 일을 하나님께 직고하리라(롬 14:10-12).

바울은 이사야 45:23을 인용하여서 하나님의 재판장 되심을 상기시킨다. 모든 무릎이 하나님 앞에 꿇고 모든 혀가 자백한다는 건 모든 이들이 하나님을 하나님으로서 인정한다는 것을 의미하고, 더 나아가 모든 이들이 하나님이 내리는 판결이 정당하며 옳다고 시인할 것임을 시사한다.[143] 다니엘은 환상 중에 인자와 같은 이를 보는 것만으로도 사색이 되어 온 몸에 힘이 빠지고 말았다(단 10:4-9).

다니엘이 누구던가?

누구보다 하나님을 경외하던 자였다.

그런 다니엘이 그랬다면 평소에 하나님의 살아계심을 부정하던 자들은 어떻겠는가?

"자기 일을 하나님께 직고하리라"는 사람이 제 입으로 자기가 한 일을 술술 고하는 장면을 떠올리게 한다. 세상 법정에서 많은 사람들이 온갖 해괴한 변명과 거짓을 쏟아낸다. 그런데 또 그것이 법정에서 인정되기도 한다. 그것을 반박할 확증이나 증인도 없다. 이런 식으로 처벌 안 받고 풀려나간 사람들이 더러 있다. 그런데 하나님의 법정에서는 사정이 다르다. 거짓과 핑계는 원천적으로 통하지 않는다.

왜냐하면 저지른 일들을 제 입으로 술술 고하게 될 것이기 때문이다. 자기 자신을 속이면서까지 은폐, 왜곡해 왔던 추한 진실들을 말이다. 제

---

143 Lenski, *Romans*, 830.

아무리 파렴치하고 교활한 자라도 하나님의 위엄 앞에서는 진실을 말하지 않을 수 없을 것이며, 죄를 인정하지 않을 수 없게 될 것이다. 비행기의 블랙박스 같은 것이 우리 내면에 있어서 모든 진상을 가감 없이 기록했다가 그 날에 낱낱이 드러내는 건지도 모르겠다. 아무튼 모든 죄상이 한 점 의혹 없이 밝혀진다는 건 공정한 심판을 보증한다.

한편, 원문에서 "모든 무릎"과 "모든 혀"는 집단적 의미가 아닌, 개별적인 의미를 갖는다.[144] 즉, 김 아무개의 식구들이 가족 집단으로서 심판 받는 것이 아니라, 각 개인에 대한 개별적인 심판이 이루어질 것을 말한다.[145] 아무리 가족 간 관계가 돈독했어도 대신하여 판결 받는 일은 불가능하다. 자기가 한 일은 철저히 자신에게 귀책 된다. 심판의 순간에 각 개인은 하나님 앞에 단독자로서 서게 된다. 오로지 그가 한 일들이 스스로를 변호하거나 혹은 치는 증거요 증인이 될 것이며, 혈연 등의 관계 속에 숨을 수 없다.

그렇다면, 구체적으로 어떤 일에 대해 우리가 하나님 법정에서 책임을 지게 되는가?

보이스는 우리가 하나님 앞에서 책임져야 할 것들을 우리가 한 말, 우리에게 주어진 재능, 물질 및 시간이라는 범주로 나누고 있다.[146] 각각에 대해 설명하면 다음과 같다.

첫째, 우리의 말 한마디 한마디에 대해 우리는 책임을 지게 된다. 말의

---

144 '모든'이라고 번역된 형용사 '판'(πᾶν - 중성)과 '파스'(πᾶς - 남성)는 둘 다 관사 없는 단수형태이다. 이런 경우 영어로 말하면 'all'이 아닌 'every'의 뜻을 갖게 된다. Maximilian Zerwick, *Biblical Greek, Scripta Pontificii Instituti Biblici* 114 (Roma: Editrice Pontificio Instituto Biblico, 2001), 61.

145 Stott, *Romans*, 363.

146 Boice, *Romans*, 1758-1761.

중요성과 영향력에 대해서 오래 전부터 많은 격언들이 전해져 온다. 말은 마음에 담겨있던 생각이나 감정이 밖으로 표출되는 것이다. 그래서 예수님은 사람이 한 말에 대해 심문 받을 것이라 경고한다(마 12:36-37). 마찬가지로 바울도 더러운 말(엡 4:29), 어리석은 말이나 희롱의 말(엡 5:4)을 경계한다. 십계명에서는 하나님의 성호를 망령되이 부르는 것을 금한다(출 20:7).

단정한 언어 습관을 갖는 것은 참으로 중요하다. 거짓말, 비방하는 말, 저주하는 말, 온갖 저속한 말 등은 우리 신앙과 양립할 수 없다. 자신의 입술이 하나님을 기쁘시게 하고 이웃을 복되게 하는 입술인지 아닌지, 아직 기회가 있을 때 살펴볼 필요가 있다.

둘째, 달란트 비유에서 주인은 종들의 재능대로 각각 5달란트, 3달란트, 1달란트를 주었다(마 25:15). 재능이란 것을 남들보다 절대적 우위에 있는 능력으로 이해해서는 곤란하다.

1등만을 추구하는 사회에 살면서 우리는 항상 무언가 모를 열등감에 빠져 살지는 않는가?

모두가 모차르트 같은 천재적 재능을 갖는 건 아니다. 내가 가진 것을 헤아려 선용하는 것이 지혜이지, 없는 것을 헤아려 남과 비교하는 건 어리석고 무익한 일이다. 또 아무리 뛰어난 재능이라도 엉뚱한 데 쓴다면 그건 달란트의 남용과 낭비이다. 각자 주어진 은사와 재능으로 하나님을 섬기면 된다. 주신 것에 대한 감사를 밑바탕으로 하고 말이다. 그리고 때가 되면 하나님으로부터 보상이 있을 것이다.

셋째, 사람의 믿음과 됨됨이를 알려면 그 사람이 돈을 어떻게 사용하는지 그리고 어떻게 취급하는지 보면 대충 알 수 있다. 보물이 있는 곳에 마음이 있는 법이다(눅 12:34).

돈은 중립적 가치를 갖는다. 돈 자체가 악한 것이 아니라 돈에 대한 집착과 우상화가 일만 악의 뿌리가 된다(딤전 6:10). 물질의 풍요는 역설적이게도 사람들로 하여금 항상 물질에 허기를 느끼게 만든다. 우리는 늘 배가 고프다. 집 장만하면 그것으로 만족할 줄 알았는데, 그 집을 채울 가구들이 필요하게 되고, 그 다음엔 더 넓은 집이 필요한 식이다. 거지 나사로의 비유와 어리석은 부자의 비유를 통해 얻는 교훈이 늘 다른 사람을 위한 교훈으로 들렸다면 다시 생각해봐야 한다.

모든 것이 다 하나님의 것임을 진지하게 생각한다면 물질에 대한 태도가 달라질 것이다. 우리가 물질을 어떻게 사용하는지의 여부에 따라 책망이나 칭찬을 받게 될 것이다.

넷째, 우리에게 주어진 시간에 대해서도 하나님 앞에서 책임을 지게 된다. 온갖 무익한 일, 이기적인 일, 악한 일에 시간이 사용된다면 그것은 엄청난 낭비이다. TV나 게임 등 오락이나 여가에 충분한 시간을 할애하면서도 누군가의 아픔을 그냥 지나치거나, 성경 읽기나 묵상 등에 소홀하다면 그 역시 낭비로 여겨질 것이다.

한편, 바울은 그리스도의 심판대를 언급한다. 고린도후서 5:10을 보자.

> 이는 우리가 다 반드시 그리스도의 심판대 앞에 나타나게 되어 각각 선악간에 그 몸으로 행한 것을 따라 받으려 함이라(고후 5:10).

하나님의 심판대와 그리스도의 심판대는 서로 어떤 관계인가? 같은 것인가, 아니면 다른 것인가?

후자를 지지하여 하나님의 심판대와 그리스도의 심판대를 구별해야 한다는 주장이 있다.[147] 고린도후서 5:10은 불신자를 아예 논외로 한, 신자들만 따로 처결하는 심판이 있다는 인상을 준다는 걸 부정할 수 없다. 신자들이 심판대에 서게 되는 날 불신자들도 서게 되는 건지, 아니면 다른 때에 따로 처결되는지는 본문만 보아서는 알 수 없다. 만약 바울이 용어를 한 가지로 통일하여 사용하였거나, 두 용어의 관계를 정확히 규명하였더라면 이런 혼선은 없었을 것이다.

하나님의 심판대와 그리스도의 심판대가 다른 것이라는 주장을 하는 사람은 이렇게 말한다. 바울이 심판이라는 말을 할 때 거의 대부분 최후의 심판을 의미하며, 이 심판의 주재자는 하나님이며(롬 3:6), 진노의 날에 그리스도에 의해 사람들의 은밀한 일들을 심판한다(롬 2:16).[148] 그러나 이와는 대조적으로 회의적인 주장이 다음과 같이 제기된다.

> 하나님의 심판과 그리스도의 심판이 각각 불신자와 신자를 대상으로 한다는 주장이 있지만, 이 구별을 단언하기 어렵다. 왜냐하면 그리스도의 심판대라는 표현이 어떤 특별한 법정을 가리킨다는 논리적 이유가 없어 보이기 때문이다. 이 표현은 신약을 통틀어 여기서만 1회 사용되었고, 로마서 14:10에서 하나님의 심판은 확실히 신자들을 염두에 두는 것으로 보인다.[149]

양자의 관계에 대해 의견들이 분분하지만 그 어느 쪽도 결정적인 근거를 제시한다고 보기 힘들다. 하지만 요한계시록 20:11-15은 불신자들

147　Boice, *Romans*, 1756-1757.
148　Donald Guthrie, *New Testament Theology* (Downers Grove: IVP, 1981), 857.
149　Guthrie, *New Testament Theology*, 860-861.

만을 대상으로 하고, 고린도전서 3장은 신자들을 대상으로 한다는 것을 고려할 때, 하나님의 심판과 그리스도의 심판을 서로 별개의 것으로 보는 견해에 무게가 좀 더 실리는 것 같다.

이쯤에서 이런 생각이 들 것이다.

'그렇다면 신자들도 심판대에 서서 심판을 받는다는 말인가?

예수 안에 있는 자에게 결코 정죄함이 없다고 하더니 이제 와서 딴소리 하는 건가?

만약 그렇다면 그건 자기 모순이다. 성경은 스스로를 부정하지 않는다. 그런데 성도들이 심판대에 서게 되어 이생에서의 행위들을 낱낱이 고하게 된다는 의미에서 심판 받는 건 맞다.[150]

하지만 불신자들이 영원한 형벌을 받는 것과 달리, 신자들의 경우 구원을 잃게 되지는 않는다. 바울은 일관되게 성도들의 장래 소망과 보상에 대해 말하고 있다(고후 4:17; 골 1:5; 딤후 4:8 등). 고린도후서 5:10에서 성도들에게 선악간에 하나님의 갚으심이 있을 것을 말한다는 것은 악한 행위뿐 아니라 선한 행위도 판결 시 고려 대상이 된다는 것을 암시한다. 이제 고린도전서 3:11-15을 살펴보자.

> 이 닦아 둔 것 외에 능히 다른 터를 닦아 둘 자가 없으니 이 터는 곧 예수 그리스도라. 만일 누구든지 금이나 은이나 보석이나 나무나 풀이나 짚으로 이 터 위에 세우면 각 사람의 공적이 나타날 터인데 그 날이 공적을 밝히리니 이는 불로 나타내고 그 불이 각 사람의 공적이 어떠한 것을 시험할 것임이라. 만일 누구든지 그

---

150 Boice, *Romans*, 1757.

위에 세운 공적이 그대로 있으면 상을 받고 누구든지 그 공적이 불타면 해를 받으리니 그러나 자신은 구원을 받되 불 가운데서 받은 것 같으리라(고전 3:11-15).

여기서 "그 날"은 주의 날을 말한다. 바울은 여기서 건축의 이미지를 사용하여 그리스도인으로서의 삶을 각각 금, 은, 나무 등의 재료에 빗대고 있다. 문제는 각각의 건축 자재가 '불에 견디느냐 견디지 못하느냐'라는 것이다. 불은 심판이나 정화, 시험 같은 여러 상징들과 결부된다. 본문의 문맥을 고려한다면 성도들의 공적이 어떠한 것인지를 시험하는 것으로 이해하는 것이 가장 합당하다.[151] 불이라는 시험을 통과하면 보상이 주어진다.

만약 공적이 불에 타면 어떻게 되는지에 우리의 비상한 관심이 쏠린다. 15절의 "그 공적이 불타면 해를 받으리니"가 무슨 의미인지 알아야겠다.

사무엘 L. 호이트(Samuel L. Hoyt)는 '해를 받는다'(제미오쎄세타이, ζημιωθήσεται)라는 말에 주목한다. 그는 이 말을 신체적 고통을 의미하는 것으로 해석하는 건 잘못이라고 지적하면서, 이 동사가 수동태임을 강조한다. 수동태일 때 이 동사는 한결같이 '손해를 보다'나 '상실하다'라는 의미를 갖는다. 더군다나, 이 문장의 짜임새를 볼 때 이 동사의 주어는 '공적'이 된다(헬라어 본문에서는 이 점이 분명하게 드러난다). "자신"(아우토스, αὐτὸς)이라는 새로운 주어가 그 뒤를 곧바로 이어 나온다는 사실이 이를 확실히 입증한다.

---

151 Fee, *First Corinthians*, 142.

그러므로 공적이 불타면 해를 받는다는 말은 구원의 상실이 아닌 상급의 상실을 의미한다.[152]

15절의 "그러나"는 오해의 여지를 차단하여 비록 불을 통과하지는 못하였더라도 구원은 흔들림 없이 유지됨을 확인해준다. 만약 공적이 불에 타버린다면 얼굴이 뜨끈해지는 수치를 느끼게 됨은 자명하다. 이를 두고 바울은 "자신은 구원을 받되 불 가운데서 받은 것" 같을 것이라 말한다. 공적이 불탔다고 예수님이 불같이 화내고 처벌한다는 암시를 바울의 말에서 찾을 수 없다.[153]

다만 당사자에게는 다음과 같은 뒤늦은 후회와 자책감이 수치심을 증폭시킬 것이다.

'기회 있었을 때 진작에 주를 위해 헌신했더라면 … 내가 왜 정신을 딴 데 팔았었을까 … 왜 헛된 것을 추구하고 고집했었나 ….'

이것이 현실이지만, 여기에 함몰되면 우리는 더 크고 의미 있는 현실을 외면하는 것이 된다. 왜냐하면 구원 받았다는 기쁨이 창피하고 부끄러운 마음보다 훨씬 더 크고 영속적이기 때문이다.

하나님을 경외하고 마음과 뜻을 다해 섬긴 사람들에 대한 보상은 없고, 단지 불순종하며 악을 행한 자들을 처벌하는 것으로 그친다면 하나님의 심판은 불완전한 심판이 될 것이다. 그것은 하나님의 공의의 온전한 충족이라 볼 수 없다. 따라서 심판의 이면에는 인내와 성실로 하나님을 섬긴 자들에 대한 보상이 있어야 한다. 그래서 보상은 하나님의 공의의 한 측면이다.

---

152 Samuel L. Hoyt, "The Judgment Seat of Christ in Theological Perspective," *Bibliotheca Sacra* 137, no. 546 (April-June 1980): 125-126.
153 Hoyt, "The Judgment Seat of Christ," 130.

그럼 성도들에게 어떤 보상이 주어지는가?

성도의 보상은 시험을 참고 이기는 자에게 주는 생명의 면류관(약 1:12)으로, 하나님을 찾는 자에게 주는 상(히 11:6)으로, 주의 이름을 경외하는 자에게 주는 상(계 11:18)으로 표현되고 있다. 바울 역시 디모데후서 4:8에서 "주의 나타나심을 사모하는 모든 자"에게 의의 면류관이 예비되었음을 말한다. 보상은 꾸준한 인내와 성실한 노력을 이끌어내는 강력한 동기가 된다.

어린아이나 유치한 사람만 상을 바란다는 생각은 잘못된 것이다. 우리는 예외 없이 어떤 형태로든 나의 노력과 땀에 대한 보상을 바란다. 단지 그 보상을 누구로부터 어떻게 받느냐가 다를 뿐이다. 간혹 보상 자체가 목적이 되는 경우가 있는데, 그러다가는 본말이 전도될 수 있다.

하나님에게서 보상을 받으려는 사람은 하나님을 목적으로 삼아야 한다. '보상은 나의 노력과 수고에 대해 마땅히 주어져야 할 대가'라는 인식을 덜어낼 때, 보상은 당연한 것이 아니라 하나님의 은혜가 된다. 왜냐하면 그렇게 하는 것이 마땅한 도리여서 그리 했는데도 불구하고 하나님이 흐뭇해 하면서 우리에게 주시는 상이기 때문이다.

도널드 거쓰리(Donald Guthrie)는 성도의 보상을 다음과 같이 정리한다.

첫째, 보상은 성도가 이생에서 행한 일에 기초하여 이루어진다.

둘째, 그 보상은 사는 동안 부분적으로 주어지지만 대부분은 유보된다. 즉, 전격적인 보상은 하늘에서 주어진다.

셋째, 그 보상은 '의의 면류관'(딤후 4:8)처럼 영적인 본질을 갖지만 보상의 성격에 대해 자세히 상술되지 않고 있다.

넷째, 구원 자체가 보상은 아니다. 그러니까 하나님의 풍성한 은혜로 성도들은 '구원 + α'를 받게 된다.[154]

바울의 은혜의 교리라는 관점에서 심판대 앞에선 성도들의 상황을 정리하면 다음과 말할 수 있다. 우리의 구원은 100% 하나님의 은혜로 구원을 받는다. 여기에 공로 사상이 개입할 여지는 전무하다.

하지만 심판 교리에는 공로 사상이 들어간다.[155] 철저히 행위에 근거하여 행한 대로 보상 받기 때문이다. 그리스도의 심판대에서 공적 판정을 받는다고 두려워할 필요는 없다. 예수 그리스도 안에서 성도들의 입지는 이미 확고하다. 얼마나 그리스도인다운 삶을 살았는지 판정하고 우리에게 상을 주시는 것이므로 오직 우리는 기쁨과 감사로 응답하고 상 받기 위해 힘써야 할 것이다.

4) 왕국을 하나님에게 돌리심 & 새 하늘과 새 땅

악인의 심판으로 종말의 대단원의 막이 내려지는 건 아니다. 우리를 기다리는 영광스러운 미래가 아직 남았기 때문이다. 이제 고린도전서 15:20-28로 눈을 돌려보자. 사실 이 구절은 고린도전서 15장의 전체 흐름 상 곁길로 샌 듯한 인상을 준다. 이 구절을 빼고 19절과 29절을 바로 이으면 오히려 흐름이 더 자연스러워진다.

그런데 그 흐름을 끊어가면서까지 바울이 20-28절을 기록한 데에는 그만한 이유가 있을 것으로 보인다. 앞 부분에서 바울은 죽은 자의 부활에 대해 논하였다. 성도의 부활의 확실성은 바로 예수님의 부활로 보증

---

154 Guthrie, *New Testament Theology*, 862.
155 Guthrie, *New Testament Theology*, 860.

된다. 앞에서 다루었던 것처럼, 바울은 예수님의 부활을 첫 열매로 비유하여서 장차 성도들이 부활할 것을 확신시키고 있다. 부활은 다음과 같은 순서를 따라 이루어진다.

> 그러나 각각 자기 차례대로 되리니 먼저는 첫 열매인 그리스도요 다음에는 그가 강림하실 때에 그리스도에게 속한 자요 (고전 15:23).

> 그 후에는 마지막이니 그가 모든 통치와 모든 권세와 능력을 멸하시고 나라를 아버지 하나님께 바칠 때라(고전 15:24).

> 그가 모든 원수를 그 발 아래에 둘 때까지 반드시 왕 노릇 하시리니(고전 15:25).

> 맨 나중에 멸망 받을 원수는 사망이니라 …(고전 15:26).

> 만물을 그에게 복종하게 하실 때에는 아들 자신도 그 때에 만물을 자기에게 복종하게 하신 이에게 복종하게 되리니 이는 하나님이 만유의 주로서 만유 안에 계시려 하심이라(고전 15:28).

20-28절은 언뜻 15장 전체의 논점에서 볼 때 본류에서 지류로 빠진 것처럼 보이지만 사실 그렇지 않다. 고든 D. 피의 말로 설명하면 이렇다.

> 바울의 관심은 한 가지이다. 즉 그리스도의 부활에 근거하여 죽은 자의 부활의 필연성을 논증하는 것인데, 그 사건을 종말의 최후 사건들, 특히 사망의 패배(참조, 54-55절)와 연결시키고 있다.[156]

이렇게 하여 바울은 우리로 하여금 단지 부활이 어떻게 가능한 것인지에 대해서만 아니라 부활이 갖는 의의를 하나님의 종말 계획이라는 보다 큰 틀에서 바라보게 한다. 죽은 사람이 영원히 죽지 않는 몸으로 살아나는 것에서 부활에 대한 이해가 그친다면 이는 미시적이고 단편적인 이해에 지나지 않는다. 거시적으로 보면 성도의 부활은 하나님이 역사를 다루는 거대한 계획과 목적 안에서 반드시 일어날 일 중 하나이다.

역사 인식 여하에 따라 한 개인의 삶의 목적과 태도가 달라진다. 거대한 역사 속에서 '나'의 역사적 좌표를 인식하는 사람은 뚜렷한 소명 의식과 목적을 갖고 살게 된다. 하나님이 이룰 역사의 완성은 그가 "만유의 주로서 만유 안에 계시"는(고전 15:28) 비전으로 표현된다. 바울만의 독특한 어법이긴 하지만, 이는 고든 D. 피의 말처럼 형이상학적 해석이 아닌 구원론적 해석을 요구한다. 즉, 하나님의 계획과 목적이라는 틀 안에서 죽은 자의 부활이 갖는 의의에 대해서 다음과 같이 설명된다.

> 죽음이 죽음을 맞을 때 우주의 최종적 균열이 치유되어 하나님만이 만물을 다스리신다. 그분은 생명의 제안을 거부한 자들을 추방하나 은혜로 하나님의 '안식'에 들어간 모든 자들을 애정을 기울여 다스리실 것이다.[157]

---

156 Fee, *First Corinthians*, 752-753.
157 Fee, *First Corinthians*, 760.

성도들은 그 역사의 한 가운데서 이루어지는 일들의 증인이며, 수혜자가 될 것이다. 55절은 그 벅찬 감동을 "사망아 너의 승리가 어디 있느냐"라는 말로 토해 낸다. 성도들이 맞이할 영광스러운 결말을 염두에 두고 다시 23-24절로 돌아가보자.

바울은 시간을 나타내는 부사어들을 사용하여 완성을 향해 치닫는 그 마무리 단계를 압축적으로 설명한다. "다음에는," "그 후에는." 바울은 23절에서 그리스도의 부활 다음 순서는 재림 때 있을 성도의 부활임을 밝히고 24절로 넘어간다. 사실 23절에서 문장이 끝나지 않고 24절까지 계속 이어져서 하나의 문장을 이루고 있다.

24절의 첫 구절인 "그 후에는 마지막이니"의 헬라어 원문은 '에이타 토 텔로스'(εἶτα τὸ τέλος)인데, 우리말 번역과는 달리 동사가 없는 형태이다. 다소 모호한 구절 해석에 대해 학자들 사이에 의견이 갈라진다. '에이타 토 텔로스'(εἶτα τὸ τέλος)는 23절과의 연결선상에서 볼 때 성도의 부활 다음에 일어날 사건을 말하는 것으로 보인다. 이와 관련하여 제기되는 주장은 바울이 성도의 부활 다음에 일어날 사건을 '나머지'(텔로스[τέλος]를 '나머지'의 의미로 해석함)라는 말로 표현하는데, 그것은 곧 불신자의 부활이라는 것이다.

과연 24절에서 바울이 불신자의 부활을 말하고 있는지를 알려면 '텔로스'의 뜻을 살펴봐야 한다. 이 단어는 마지막이나 끝(롬 6:21; 고후 11:15), 마침(롬 10:4; 빌 3:19), 목적(딤전 1:5) 등으로 번역된다. 문제는 '텔로스'가 '나머지'라는 뜻으로 사용된 전례를 찾을 수 없다는 데에 있다. 따라서 '텔로스'의 용법상 '나머지'는 무리한 해석이라는 지적은 옳다.[158]

---

158 Turner, "The Interim, Messianic Kingdom in Paul," 338.

'나머지'라는 해석을 거부하면 본문에서 불신자의 부활이 들어설 자리가 없게 된다. 하지만 불신자의 부활을 바울이 언급하지 않는다고 해서 그 부활 자체를 거부하는 것 역시 난센스이다.[159]

이미 살펴보았듯이 불신자나 성도나 마지막 때에 모두 부활하게 된다. 그러나 그것을 본문에 억지로 주입하는 건 지나친 해석이다. 반대로, 바울이 본문에서 불신자의 부활을 언급하지 않는 것이 그가 불신자의 부활을 믿지 않았다는 의미로 해석할 근거가 되지는 않는다. 단지 바울은 본문에서 성도들과 직접 관련된 것에만 관심을 두고 다루고 있을 뿐이며 불신자의 운명은 논외의 대상일 뿐이다.

'텔로스'의 의미는 원래의 쓰임새 그대로 "마지막"이다. 문제는 '에이타 토 텔로스'(εἶτα τὸ τέλος)를 어떻게 이해하느냐 하는 것이다. 고든 D. 피는 이 구절을 23절과 연관시켜서, 재림 때 성도들이 부활하는 사건과 동일시한다. 그는 '텔로스'가 목적이라는 뜻도 가진다는 사실에 착안하여, 성도의 부활에서 하나님의 궁극적 목적이 달성되는 것으로 본다. 그 목적이란 죽음이 종말을 맞이하고 그리하여 그리스도가 나라를 하나님에게 바치는 것이다. 여기서 "모든 통치와 모든 권세와 능력"(24절)은 악한 영적 세력을 가리킨다.[160]

159　Turner, "The Interim, Messianic Kingdom in Paul," 339. 터너는 불신자가 죽으면 존재 자체가 소멸되며, 재림 당시 살아있는 불신자들만 심판을 받는다고 주장한다. 성도들의 경우 재림 당시 죽었던 성도나 살아있는 성도나 모두 부활의 몸을 입는데, 불신자의 경우만 이렇게 다른 운명을 맞이한다는 것은 하나님의 공평하심에 의문을 들게 한다. 더군다나 존재가 소멸된다면 그것 자체가 형벌이라고 보기 어렵다. 성경에서 말하는 죽음은 하나님의 영광스러운 임재와 그분과의 복된 교제의 관계로부터의 단절 및 분리인데, 터너는 죽음에 대한 이해에서부터 오류를 범하고 있다.

160　Fee, *First Corinthians*, 752-754. "통치"는 명령권을 행사하는 우월적 지위에 있는 영적 존재, "능력"은 법적인 권한을 가진 권위자, 그리고 "권세"는 실행 부대를 각각 가리킨다고 고데트는 설명한다. Godet, *First Corinthians*, 788.

이 해석에 의하면 성도의 부활은 사망의 사망을 함의하며, 이는 더 나아가 하나님을 대적하는 악한 영들의 패배이기도 하다. 그러나 이 해석은 '에이타 토 텔로스'(εἶτα τὸ τέλος)라는 어구 자체의 의미에 충실하지 않을 뿐 아니라, 죽음을 지나치게 포괄적으로 해석한다는 비판을 피할 수 없다. 바울이 정말 그런 의미를 내포했다면 굳이 왜 그렇게 애매모호하게 표현했는지 잘 설명되지 않는다.

"마지막"을 주의 재림 또는 성도의 부활과 등일시할 수 없는 또 다른 이유는 부사 '에이타'(εἶτα, 그 다음, 그 후에)[161] 때문이다. 프레데릭 고데트는 '에이타'의 의미상, "마지막"은 성도의 부활 그 다음 발생하는 사건을 말한다고 주장한다. 만약 '성도의 부활 = 마지막'이라면, 바울이 오해의 여지 없이 사용할 수 있는 단어들이 얼마든지 있었을 것이다(예컨대, '토테'[τότε, 그때]). 그런데 굳이 '에이타'를 사용한 것은 성도의 부활 다음에 순차적으로 일어날 사건이 있음을 시사하며, 이는 재림과 "마지막"이라 불리는 사건 사이에 얼마간의 시간 간격이 있음을 의미한다.[162]

더욱이 '텔로스'는 단순히 어떤 일이나 과정의 끝으로 해석하고, 말 그런 성격의 단어는 아니다. '텔로스'가 특별한 수식어 없이 종말론적 문맥에서 사용될 때는 결정적인 종말론적 전환점을 의미한다.[163] 즉, 모든 것의 마지막 내지는 "인간에 관한 하나님의 계획이 마침내 완전히 이루어

---

161 '에이타'(εἶτα)는 '그때에'라고도 번역이 가능한 말이기 때문에 학자들은 각자의 신학적 입장에 따라 관련 구절을 해석하게 된다. 무천년설을 주장하는 입장에서는 성도의 부활과 동시에 마지막이 오는 것으로 이해하면서도, 성도의 부활과 "마지막" 사이의 시간 간격이 있을 수 있다는 여지는 남겨놓기도 한다. Timothy A. Brookins and Bruce W. Longenecker, *1 Corinthians 10-16: A Handbook of the Greek Text* (Waco: Baylor University Press, 2016), 156.

162 Godet, *First Corinthians*, 785.

163 Witherington, *Jesus, Paul and the End of the World*, 53.

져 그리스도 안에서 완벽하게 진보를 달성하는 때"라는 의미가 '텔로스' 안에 담겨 있다.[164]

이 짧은 구절을 해석함에 있어서 이렇게 견해가 엇갈리는 것은 상반된 신학적 입장이 서로 충돌하기 때문이다. 전자의 경우 '성도의 부활 = 마지막'이란 해석은 예수님의 재림, 성도의 부활 그리고 나라를 하나님에게 바침 사이에 시간적 간격을 배제한다.

반면, 성도의 부활과 "마지막"을 별개의 사건으로 보는 경우, 양자 사이에 필연적으로 시간차가 생기는데 전천년주의에서는 바로 이 기간을 요한계시록의 천 년이라는 기간과 동일시한다. 책을 읽을 때 우리의 선입견을 본문에 주입하는 경우가 더러 있다.

이런 식의 독법은 작가의 원래 의도와 무관하게 이루어진다. 일차적으로 본문에서 쓰인 단어나 어구의 자연스러운 의미를 따라 가는 것이 작가의 의도에 맞게 책을 읽는 방법이다. 이 원리에 입각해서 보면 후자가 합리적인 해석으로 보인다(다음 장에서 자세한 설명이 이어진다).[165]

24절의 '나라를 아버지 하나님께 바치다'는 하나님이 완벽히 통치하게 되는 상태를 말한다.[166] 25-26절은 궁극의 마지막이 이르기까지 무슨 일이 일어나게 되는지를 말해준다. 그리스도는 "반드시 왕 노릇"할 것이다. 구체적으로는 모든 원수를 그의 발 아래 둘 때까지 그리스도의 통치는 계속될 것이며, 맨 마지막에 처리될 원수는 사망이다. 원수를 발 아래

---

164 Godet, *First Corinthians*, 786.
165 전천년주의적 해석에 회의적인 견해를 갖고 있는 게할더스 보스는 그렇다고 해서 '에이타 토 텔로스'라는 어구에 담긴 시간적 간격 자체를 완전히 부정하지는 않는다. 다만 그는 그것이 천 년이라는 긴 시간을 요할 정도는 아니라고 보는 것이다. 보스, 『바울의 종말론』, 340.
166 Godet, *First Corinthians*, 787.

둔다는 표현은 시편 110:1에서 빌어온 것이다.

> 여호와께서 내 주에게 말씀하시기를 내가 네 원수들로 네 발판이 되게 하기까지 너는 내 오른쪽에 앉아 있으라 하셨도다(시 110:1).

그런데 바울은 "내 오른쪽에 앉아 있으라"를 "반드시 왕 노릇 하시리니"라고 고쳐 쓰고 있어서 주의를 끈다. 바울은 그리스도의 적극적 왕권 행사를 묘사한다. '왕 노릇하다'를 의미하는 헬라어 '바실류오'(βασιλεύω)는 신약에서 총 18회 사용되는데, 바울의 경우 로마서 5:14, 17, 21, 6:12, 고린도전서 4:8, 15:25, 디모데전서 6:15에서 이 단어를 사용하고 있다.

이 동사가 예수님이나 하나님에게 적용되는 것이 일반적이지만, 때로 사망이나 죄 등에도 사용되기도 한다. 이럴 경우에 어그러진 것을 바로잡고 하나님의 질서를 회복해야 할 당위성이 넌지시 드러난다. 왕권과 주권은 오로지 하나님과 그리스도에게 속한다.

이 질서를 회복하기 위해서 그리스도의 통치가 요구되며, 그 필연[167]은 하나님의 대적들과 그리고 마지막 대적인 사망을 멸하는 것으로 귀착된다. 이것이 바울이 시편 110:1의 하반부를 수정한 이유일 것이다.

사망까지 완전히 처리될 때 드디어 하나님이 목적한 상태로 우주의 질서가 회복된다. 그리고 사망의 사망은 그것의 희생자가 되었던 불신자의 부활까지도 포함한 모든 사람들의 부활로 드러난다.[168] 모든 것이 원래 의도된 모습으로 회복된 왕국을 그리스도가 고스란히 하나님에게 돌려 준다는 점에 비추어 볼 때, 성도의 부활은 단순히 "개인적 특권"이

---

167 종종 신적인 필연성을 나타내는 단어인 '데이'(δεῖ)가 25절에 사용되었음에 주목하라.
168 Godet, *First Corinthians*, 791.

아니라 "그리스도의 보다 웅대한 우주적 통치의 소극적인 일부분"임을 알 수 있다.[169]

통치에는 사법적 개념이 포함된다. 이 점에 있어서 재림 때 예수님이 심판하는 것은 너무도 자명한 일이다. 비록 처벌을 위한 것은 아니지만 성도들도 이른바 공력 테스트를 받게 된다는 것은 주지의 사실이다. 그런데 종말에 성도들은 이런 테스트만 받는 것이 아니다. 바울은 우리에게 한 가지 놀라운 사실을 다음과 같이 말해준다.

> **성도가 세상을 판단할 것을 너희가 알지 못하느냐 세상도 너희에게 판단을 받겠거든 지극히 작은 일 판단하기를 감당하지 못하겠느냐 우리가 천사를 판단할 것을 너희가 알지 못하느냐 그러하거든 하물며 세상 일이랴**(고전 6:2-3).

우리는 구원받는다는 의미를 너무 좁게 해석하는 경향이 있다. 막연히 구원을 '천국에 가는 것'과 등치(等値) 하기만 하고는 그 의미를 들여다 볼 생각은 안 한다. 그 내용을 안다면 '턱걸이로 천국 들어가는 것이 뭐 어때? 들어가기만 하면 되는 거 아니야?'라는 식의 말은 하지 않을 것이다.

구원에 첨부되는 엄청난 지위와 특권의 일단을 상징적으로 드러내는 것 중 하나는 성도가 차지하게 될 심판자라는 위치이다. 고린도전서 6:2-3은 고린도 교인들 사이에 벌어진 소송 사건에 개탄한 바울의 책망 가운데 나온 말이지만, 성도의 미래 모습을 담고 있다는 점에서 놀라움을 준다. 성도들은 그리스도와 함께 심판하게 될 것이다. 그리고 그 심

---

169 Jeromey Martini, "An Examination of Paul's Apocalyptic Narrative in First Corinthians 15:20-28," *Criswell Theological Review*, ns. 8, no. 2 (Spring 2011): 69.

판 대상은 세상과 천사이다.

마지막 때에 성도가 세상을 심판한다는 사상은 구약에서 기원한 것으로(단 7:22) 후대에 유대교로 이어졌다.[170] 바울서신뿐 아니라 신약 여러 곳에서도 이 사상이 드러나는데 마태복음 19:28, 누가복음 22:30, 요한계시록 2:26-27, 20:4이 그것이다. 또한 이스라엘 역사에서 이와 유사한 전례를 찾을 수 있다. 출애굽기 18:21-27을 보면, 이스라엘 백성 가운데 천부장, 백부장, 오십부장과 십부장을 선발하여 재판을 맡게 하였고, 이들이 감당하기 어려운 사건만 모세에게 돌리게 했던 것이다. 이제 역사의 결정적인 때가 도래하면 성도들은 세상을 심판하게 될 것이다.

이는 하나님이 그리스도 안에서 성도들을 어떻게 바라보고 대하는지를 여실히 보여준다. 그렇기 때문에 우리는 '~으로부터의 구원'이라는 소극적인 의미를 넘어서서 '~으로의 구원'이라는 보다 적극적인 의미를 헤아려 보아야 한다. 이를 헤아린다면 '대체 제가 무엇이기에 하나님께서 저를 이렇게 생각하십니까?'라는 다윗의 감격스런 외침을 십분 이해하고도 남을 것이다.

바울은 이러한 성도들의 미래적 실상을 보여줌으로써 고린도 교인들이 사소한 일조차 자체적으로 해결하지 못하고 세상 법정으로 들고 간 것을 부끄럽게 여기길 바랬을 것이다.

성도들은 비단 세상뿐 아니라 천사들도 판단하게 된다. 여기서 천사들은 분명 타락한 천사들일 것이다.[171] 베드로후서 2:4은 죄를 범한 천

---

170 Ciampa and Rosner, *Corinthians*, 227. 이와 동일한 사상이 지혜서 3:7-8; 쥬빌리서 24:29; 시락서 4:11, 15; 에녹 1서 1:9, 38; 38:5; 95:3; 98:12; 108:12 등에 표현되어 있다.

171 Raymond F. Collins, *First Corinthians*, vol 7 of *Sacra Pagina Series* (Collegeville: The Liturgical Book, 1999), 232; Ciampa and Rosner, *Corinthians*, 228.

사들이 심판 때까지 어두운 구덩이에 갇혀 있을 것을 말하는데, 이들은 "자기 지위를 지키지 아니하고 자기 처소를 떠난 천사들"(유 6절)이다. 제 자리를 지킨 나머지 충실한 천사들은 앞에서도 보았듯이 그리스도의 재림을 동반할 것이다.

성도들에게 세상과 천사를 심판하는 지위가 주어지고 또한 그리스도와 더불어 왕 노릇할 특권이 주어진다는 것은 말로 할 수 없는 영예이다. 세상에서는 갑자기 높은 자리에 오르게 되면 그동안 누리지 못했던 것에 대한 한풀이를 하는 사람들이 종종 있다. 그래서 다른 사람들 위에 군림하여 횡포를 부리고 허영과 교만에 빠져 든다.

하지만 그리스도의 통치는, 그리고 그리스도와 함께 한 성도들의 통치는 이와는 거리가 멀다. 그것은 세상의 사고방식과는 전혀 다른 통치다. 이에 대해 박윤선 박사는 이렇게 말한다.

> 섬기는 생활이 승리의 생활입니다. 철장으로 질그릇을 깨뜨리는 것같이 죄악을 이기고 사망을 이기고 마귀를 이기는 이 승리자로서의 왕, 이것이 천 년 시대에 성도들이 누리는 분깃입니다.

따라서 왕으로서 성도들은 영광을 하나님에게만 돌리며, 섬기며, 진리의 왕이신 예수님으로 옷을 입는 겸손한 자세를 갖추게 된다.[172] 지금이나 미래에나 그리스도의 형상을 입은 성도들에게 요구되는 것은 바로 섬김의 리더십(servant leadership)이다.

걱정과 눈물이 없는 삶, 순간마다 만족스럽고 행복을 느끼는 삶은 우

172　박윤선, 『요한계시록 강해: 참 교회의 승리와 구원의 완성』 (서울: 영음사, 2014), 692-693, 698-705.

리가 누리는 구원의 한 단면에 불과하다. 우리는 삶의 의미를 추구하는 존재로 지음을 받았다. 그 의미를 알지 못하는 삶에 찾아오는 불청객은 허무함이다. 퇴색하지 않는 삶의 의미를 찾을 수 있는 곳은 오직 그리스도 안뿐이다.

어떤 사람들은 이렇게 말한다. 천국 가면 구름 위에 누워 할 일 없이 그저 하프나 튕기게 될 거라고. 무료함은 하나님 나라와 어울리지 않는다. 성도들은 진정한 의미로 꽉 찬, 그래서 가슴 벅찬 미래로 부름을 받았다. 그리스도 안에 있는 지금의 순간순간이 천금 같은 의미를 갖는 이유이다.

창세기에서 아담과 하와의 타락을 읽은 사람들 중 '만약 그때 그들이 타락하지 않았더라면 어땠을까?'라는 생각을 해 본 사람이 적지 않을 것이다. 그러나 그리스도 안에서 하나님이 성도들을 위해 예비한 엄청난 복들은 그런 생각을 말끔히 지우고도 남음이 있다. 우리는 단순히 에덴의 회복이 아니라 그보다 더 나은 것으로 부름을 받았다.

비단 우리만 더 나은 것으로의 회복으로 부름을 받은 것이 아니다. 회복의 혜택은 만물에게도 돌아간다. 사실 인간의 타락으로 인간만 쓴 맛을 본 것이 아니기 때문이다. 만물도 함께 그 영향 아래 놓였다. 생태계에 대한 관심이 높아진 건 비교적 최근의 일이지만, 이미 창조 때부터 인간과 그를 둘러싼 생태계는 운명 공동체적 관계에 있었던 것이다. 바울은 이것을 다음과 같이 표현한다.

> 생각하건대 현재의 고난은 장차 우리에게 나타날 영광과 비교할 수 없도다 피조물이 고대하는 바는 하나님의 아들들이 나타나는 것이니 피조물이 허무한 데 굴복하는 것은 자기 뜻이 아니요 오직 굴복하게 하시는 이로 말미암음이라 그 바라는 것은 피조물

> 도 썩어짐의 종 노릇한 데서 해방되어 하나님의 자녀들이 영광의 자유에 이르는 것이니라 피조물이 다 이제까지 함께 탄식하며 함께 고통을 겪고 있는 것을 우리가 아느니라(롬 8:18-22).

아담의 타락은 인류의 운명에만 영향을 준 건 아니다. 창세기 3:17에서 아담에게 주신 하나님의 말씀은 이렇다.

> 네가 네 아내의 말을 듣고 내가 네게 먹지 말라 한 나무의 열매를 먹었은즉 땅은 너로 말미암아 저주를 받고 너는 네 평생에 수고하여야 그 소산을 먹으리라(창 3:17).

범죄의 결과 창조의 조화는 깨졌다. 가시와 엉겅퀴가 땅의 비옥함을 삼켜버리고, 약육강식이 생존 원리로 자리 잡게 되었다. 피조물이 탄식 중에 있다는 바울의 표현은 과장이 아니다. 피조물의 고통은 자연스러운 현상이 전혀 아니다. 피조물이 썩어짐의 종 노릇하는 것은 죄가 세상에 들어온 결과이다.[173] 따라서 바울이 피조물을 의인화한 것은 전혀 놀

---

[173] J. Mark Lawson, "Romans 8:18-25: The Hope of Creation," *Review & Expositor* 91, no. 4 (Fall 1994): 560-561. 로슨(Lawson)은 이렇게 설명한다. "썩어짐의 종 노릇"은 하나님, 인간 그리고 자연 사이의 관계를 왜곡시킴으로써 창조의 조화를 훼손한 죄의 침투를 상기시킨다. 창세기는 남자와 여자가 '하나님의 형상대로' 만들어졌을 때 그들에게 주신 하나님의 첫 명령이 '땅에 충만하라 땅을 정복하라 모든 생물을 다스리라'라고 기록한다. 이 구절은 우리가 원하는 것은 무엇이든지 할 수 있는 면허를 주는 것이라고 회의론자들은 말한다. 사실 이것은 책임감 있게 땅에 살면서 그것을 경작하라는, 그래서 하나님의 창조의 본질적 조화를 유지하라는 초청이었다. 왕들이 백성들에게 자신의 통치를 상기시키기 위해 왕국의 멀리 떨어진 변경에 자신의 형상을 세웠던 것처럼, 사람들은 땅을 돌보라고 위임 받은 하나님의 대리인, 하나님의 형상이다. 하나님이 (통치권을 가진) 왕이나 여왕들에게 백성을 보살피는 책임을 묻는 것과 마찬가지로, 땅을 돌보는 책임을 모든 사람에게 묻는다. … 하나님이 창조 때 한 일을 우리가 하도록 하나님의 뜻을 분별할 능력이 사람들에게 부여되었으므로 따라서 우리의 죄성은 모든 피조물에게 직접적인 영향을 끼치게 되는 것이다. 사람

랍지 않다. 사망의 권세 아래 신음하기는 사람이나 동, 식물이나 매한가지이기 때문이다.

자연은 착취의 대상이 아니라 보호와 관리의 대상이라는 인식이 퍼지는 것은 반가운 일임에 틀림없다. 하지만 환경 보호가 근원적인 대안이 되기에는 뚜렷한 한계가 있다. 이는 바울의 말에서 암시된다. 우리가 몸의 구속을 기다리듯, 피조물 역시 썩어짐의 종 노릇에서 벗어나길 바라고 있다고 그는 분명히 말한다. 이 말에서 배어나는 은근한 희망을 지나칠 수 없다. 죄의 결과를 함께 나누었던 것처럼, 피조물의 회복 역시 사람의 구속과 긴밀히 연결된다.

그리스도를 통한 구속은 개인적, 지엽적 차원을 넘어서서 만물의 회복까지 아우른다. 이런 의미에서 J. 마크 로슨(J. Mark Lawson)은 다음과 같이 말한다.

> 사람의 구속은 그 자체로 목적은 아니다. 그것은 하나님 나라의 완성을 위한 수단이다. 그 나라는 모든 피조물이 화평하게 되어서야 비로소 성취될 것이다. 그리스도의 화목하게 하는 사역이 사람 대 땅, 공기와 물과의 관계로 확대될 때 말이다.[174]

그래서 피조물은 하나님의 아들들(=성도들)의 나타남을 고대하고 있는 것이다. '나타나는 것'이라 번역된 헬라어 '아포칼륍시스'(ἀποκάλυψις)는 "본래 묵시문학적 용어로서, 그리스도인들이 종말에 예수의 재림과 더불

들이 하나님이 준 책무들을 부정하고 썩어지는 삶을 살기로 선택하기에 피조물도 마찬가지로 썩어짐에 종속하게 된다."

174 Lawson, "Romans 8:18-25," 561.

어 변화된 영광의 위상으로 드러나리라는 계시적 의미를 담고 있다."[175]

그리스도인들이 영광의 몸을 입게 된다는 것은 땅에 내려진 하나님의 저주가 해제되고 만물은 에덴 낙원의 상태로 회복되는 것과 직결되는데, 이렇게 하여 땅과 만물은 구속함을 받은 사람들이 살기에 적합한 장소로 회복될 것이다.[176] 인간의 타락으로 인해 만물이 그 결과를 함께 떠안았듯이, "인간의 구원, 특히 그 구원의 완성은 모든 피조물의 회복을 지향한다."[177] 사람을 비롯한 만물의 회복에서 우리는 암울했던 역사의 대반전을 보게 된다.

사실 만물의 회복이라는 이상은 이미 구약에 뿌리를 내리고 있다. 이사야는 회복된 만물을 그림처럼 묘사한다.

> 그 때에 이리가 어린 양과 함께 살며 표범이 어린 염소와 누우며 … 사자가 소처럼 풀을 먹을 것이며 … 젖 먹는 아이가 독사의 구멍에서 장난하며 …(사 11:6-8).

어린이의 동화 속에 나오고 이상향에서만 가능하리라 여겨지는 것이 여기에 있다. 꾸밈 없는 기쁨과 조화가 소박한 일상이 된 이 풍경은 회복된 에덴을 형상화한 듯 보인다. 그런데 예전의 모습 그대로 회복되는 것은 아닌가 보다.

요한계시록 22장은 한층 업데이트된 에덴을 묘사하는 것 같다. 창세기의 에덴과 요한계시록의 새 하늘과 새 땅 사이의 놀라운 유사성(생명

---

175 차정식, 『로마서』 2권, 대한기독교서회 창립 100주년기념 성서주석 37 (서울: 대한기독교서회, 1999), 162.

176 Turner, "The Interim, Messianic Kingdom in Paul," 331.

177 차정식, 『로마서』 2권, 63.

수의 강, 생명나무 등)은 성경의 시작과 끝이 일치하는 수미상관적 상위 구조를 형성한다.[178] 에덴이 사실 하나님이 임재하는 성전이었다면, 새 하늘과 새 땅은 우주적 성전이 되어 하나님의 계획한 바를 완전히 성취한다.[179] 거기서는 다시는 죄도, 저주도 없을 것이며, 성도들은 하나님의 임재 가운데 사는 영원 세계에 살게 된다.

비록 바울이 요한계시록에서와 같은 자세한 묘사는 생략하고 있지만, 만물이 회복될 역사의 정점이 반드시 올 것을 믿었다는 데에 의심의 여지가 없다.

다만 그는 이런 미래적 실재를 현실의 차원에 적용하는 데에 더 많은 관심을 두었다. 새 하늘과 새 땅은 하나님의 계획과 목적이 모두 완전히 성취된 최종적 상태이다. 그 상태로 '오는 세대'는 영원히 견고하게 지속될 것이다. 여기서 끝내고 싶지만 고린도전서 15:24의 "마지막"은 여전히 설명을 요한다. 다시 고린도전서 15장으로 돌아가보자.

5) 바울과 메시아 왕국

바울은 고린도전서 15:23에서 부활의 순서를 언급한다.

첫째는 그리스도이고,

둘째는 그리스도에게 속한 자이다.

---

178 양자가 갖는 유사성에 대해서는 다음을 참고하라. G. K. Beale, "Eden, the Temple, and the Church's Mission in the New Creation," *Journal of the Evangelical Theological Society* 48, no. 1 (March 2005): 6-7.

179 Beale, "Eden, the Temple, and the Church's Mission," 6-8, 29. 빌(Beale)은 요한계시록에서 성전의 최종 버전을 보고 29쪽에서 다음과 같이 진술한다. "구약에서 하나님의 영광을 담아내는 것이 종종 건축물이었다면, 새 시대에서 이 낡은 물리적 건축물은 고치처럼 벗겨질 것이며 새로운 물리적 건축물은 전 우주가 될 것이다. 그 성전의 궁극적인 본질은 영광스러운 하나님의 임재이다."

24절 "그 후에는 마지막이니 그가 모든 통치와 모든 권세와 능력을 멸하시고 나라를 아버지 하나님께 바칠 때라"에서 "마지막"을 주의 재림과 동일시할 수 없음을 앞 장에서 지적하였다. 그리스도가 모든 대적하는 세력들을 멸하고 나라를 하나님에게 바칠 때가 "마지막"과 동일시된다.

우리말 번역과 달리 헬라어 원문에서 "마지막"은 두 개의 부사절과 병치되어 있다. 즉, '모든 대적하는 세력을 멸할 때'와 '나라를 하나님께 바칠 때'가 "마지막"과 동격을 이룬다.

하지만 논리적으로 보면 '모든 대적하는 세력을 멸할 때'는 '나라를 하나님께 바칠 때'보다 시간적으로 앞선다. 그러므로 전자는 "마지막"과 동일시될 수 없으며, '나라를 하나님께 바칠 때'가 실제로 "마지막"이 되는 것이다.

후천년주의자인 케네스 젠트리 주니어(Kenneth L. Gentry, Jr.) 역시 이런 해석을 지지하는데, 그는 24절의 "바칠 때라"에서 헬라어 동사가 현재 시제 가정법임에 주목한다. '~할 때'(호탄, ὅταν)가 현재 시제 가정법 동사가 결합되어 종속절을 이룰 경우, 주절("그 후에는 마지막이니")과 함께 수반하여 발생하는 사건임을 말한다.[180] 따라서 '마지막 = 나라를 바칠 때'가 가리키는 바는 종말에 일어날 일련의 모든 사건들이 나라를 하나님에게 돌리는 것에서 최종적으로 종결됨을 의미한다.

24-28절에 대한 윌버 B. 월리스(Wilber B. Wallis)의 문장 구조 분석은 위에서 논의한 것을 한 눈에 볼 수 있도록 한다는 점에서 아주 유용하다.[181] 아래와 같이 일명 교차 대구법에서는 A-A′, B-B′처럼 각각 한 쌍

---

180 케네스 젠트리 주니어, "후천년왕국론," 『천년왕국이란 무엇인가』, 대럴 벅 편, 박승민 역 (서울: 부흥과개혁사, 2011), 66-67.

181 Wilber B. Wallis, "The Problem of an Intermediate Kingdom in 1 Corinthians 15:20-28," *Journal of the Evangelical Theological Society* 18, no. 4 (Fall 1975): 242. 월리스(Wallis)가 분석한 구조가 우리의 논의에 도움이 되기에 여기에 옮겨본다.

씩 대응된다.

> 마지막 – 24a
> 　　하나님께 나라를 바침 – 24b
> 　　　　모든 대적들의 멸망 – 24c
> 　　　　　　모든 대적들을 발 아래 둠 – 25
> 　　　　　　　마지막 원수의 멸망 – 26
> 　　　　　　만물의 복종 – 27a
> 　　　　만물의 완전하고 최종적인 복종 – 27b
> 　　　만물의 복종 – 28a
> 　　아들의 복종 – 28b
> 　만유 안에 계실 만유의 주 – 28c

이 구조를 통해 우리가 알 수 있는 것은 24a와 28c가 서로 대응된다는 것이다. 즉, '마지막'은 '만유 안에 계실 만유의 주'라고 치환된다. 흔히 교차 대조법에서 강조되는 부분이 가운데에 배치 된다는 것을 고려한다면, "마지막"에 이르는 가장 중요하고도 필연적인 과정으로서 마지막 원수인 사망의 멸망과 그에 따른 만물의 복종이 두드러진다고 볼 수 있겠다.

여기서 논점은 2가지이다. 재림과 "마지막" 사이에 시간 간격의 유무와 그리고 25절의 "반드시 왕 노릇 하시리니"에 대한 해석이다. 먼저 그리스도가 왕 노릇 한다는 말이 구체적으로 무엇을 가리키는지 살펴보겠다.

"왕 노릇 하시리니"라는 우리말 번역은 오해를 불러일으킬 여지가 다소 있다. 시쳇말로 왕 코스프레[182] 하는 것이 아니라 실제 왕으로서 다스린다는 의미이다. 24b는 그리스도가 왕으로 좌정하여 다스리는 기간이 한정되어 있음을 암시한다.

메시아의 통치는 언제까지 이어질 것인가?

"그가 모든 원수를 그 발 아래에 둘 때까지"(25절)이다. "그," 즉 그리스도가 만물을 복종하게 하신 후에는 "나라를 아버지 하나님께" 바치실 것이며, 그렇게 되면 하나님이 명실공히 만유의 주로서 만유 안에 있게 된다. 즉 하나님의 통치가 미치지 않는 곳이 없이 만물이 그 뜻대로 순종하게 되는 것을 말한다. 이는 온 세상이 하나님의 성전이 되는 요한계시록의 비전과 일맥상통한다.[183] "예루살렘과 유다의 모든 솥이 만군의 여호와의 성물"이 되며 "말 방울에까지 여호와께 성결이라 기록"되리라는 스가랴의 비전(슥 14:20-21)이 온 세상으로 확대되는 것이다.

이제 다룰 것은 재림과 "마지막" 사이의 시간 간격 유무와 관련하여 메시아 왕국을 어떻게 이해하느냐는 문제이다. 본문은 그리스도, 곧 메시아가 왕으로서 다스릴 것을 말한다. 바울이 그리스도의 통치를 말하고 있다는 점에서는 논쟁의 여지가 없다. 논점은 이 메시아 왕국을 문자적인 의미에서 지상적 통치로 볼 수 있느냐 아니면 영적인 의미에서의 통치로 보느냐는 것이다.

바로 이 지점에서 신학자들간에 의견이 첨예하게 대립된다. 지상적

---

182 '코스프레'는 일본식 영어 'cosplay'로서, 의상 연출이나 의상 연기 또는 분장놀이를 일컫는 말이다.

183 이 관점에 대해서는 다음을 참조하라. G. K. Beale, "Eden, the Temple, and the Church's Mission in the New Creation," *Journal of the Evangelical Theological Society* 48, no. 1 (March 2005): 5-31; 그레고리 K. 비일,『성전 신학』, 강성열 역 (서울: 새물결플러스, 2014).

통치로 해석하는 입장에서는 재림과 "마지막" 사이에 그리스도가 지상에서 다스린다는 전천년설을 주장한다. 반면, 영적인 의미에서의 통치로 해석하는 쪽에서는 메시아 왕국이 따로 존재하는 것이 아니라 부활, 승천 후 하나님 우편에서 성령을 통해 예수님이 통치하고 있다는 이른바 무천년설을 주장한다.

무천년설을 주장하는 사람들은 "마지막"이 맨 나중에 멸망 받을 원수인 사망과 연관된다면, 성도의 부활은 사망에게 사망선고가 내려진 것과 마찬가지가 된다는 점에서 주의 재림이 곧 "마지막"이라고 주장한다.[184] 그러나 앞에서 24-28절의 구조 분석을 통해 살펴본 것처럼 본문은 재림을 마지막으로 묘사하지 않는다. 반면, 헤르만 리더보스(Herman Ridderbos)는 24절의 "그 후에는 마지막이니"라는 이 한 구절에 근거하여 지상적 메시아 왕국을 주장하는 것은 타당하지 않다고 논박한다.[185]

하지만 이 한 구절은 여기서 다루지 않은 여러 논리와 근거 중 하나에 불과할 뿐이다. 한편 "마지막"과 23절의 "차례"의 관계에 대한 의견 역시 일치되지 않는다. "차례"는 부활의 순서만 지칭할 뿐 "마지막"까지 포함하는 건 아니라는 견해가 있다.[186] 앞에서 이미 다루었지만, 그럴 경우, "마지막"이 불신자들의 부활로 치환될 여지가 있지만, 이미 앞서 살폈듯이, 이는 본문의 지지를 받지 못한다.

그러나 바울이 차례라는 말과 더불어 순차적인 단계를 묘사하는 말들을 사용한 것은 "마지막"이 그 차례의 최종 단계임을 암시하는 것으로 볼 수 있다. 조지 E. 래드(George E. Ladd)도 이 점을 지적하여, 23절과 24절

---

184 Frank Pack, "Does 1 Corinthians 15:23, 24 Teach a Premillennial Reign of Christ on Earth?" *Restoration Quarterly* 3, no. 4 (1959): 212.
185 Ridderbos, *Paul*, 558-559.
186 Pack, "A Premillennial Reign of Christ?" 209.

이 3단계로 발생하는 사건을 묘사한다고 주장한다. 즉 그리스도의 부활, 성도의 부활 그리고 마지막이다. 이렇게 하여 래드는 재림과 24절의 "마지막" 사이에 시간적 간격을 허용할 여지를 남겨 놓는다.[187]

바울이 요한계시록(계 20:13-15)과 달리 불신자의 부활을 그 어디에서도 직접 언급하지 않는 것은 명백하다.[188] 바울의 입장에서 부활은 신자들에게 해당된다. 왜냐하면 그의 관념에서 부활은 새롭고 영원한 생명을 얻게 되는 생명의 부활이라는 점에서 구원론적 개념을 갖기 때문이다.[189] 성도들의 부활은 생명의 성령의 살리시는 사역에 의한 것인데, 불신자들에게도 부활이라는 말을 사용한다면 이들도 성령의 동일한 사역에 의해 영원한 생명을 얻게 된다는 오해를 불러일으킬 소지가 다분하다.

바울도 불신자들이 부활하게 될 것을 믿었지만, 성도의 부활과 달리 이들의 부활은 심판으로 귀결되므로(요한계시록에서는 이를 분명히 표현한다) 굳이 불신자에게 부활이라는 단어를 적용하거나 이들의 부활을 따로 언급할 필요를 느끼지 않았을 것이다. 그렇다면 논리적으로 불신자의 부활은 "마지막" 이전에 일어나야 할 사건임에는 확실하지만 본문에서 바울은 이를 논외로 취급하고 있다.

본문만으로는 성도의 부활과 불신자의 부활이 동시에 일어나는지 아

---

187 George E. Ladd, *A Theology of the New Testament* (Grand Rapids: Eerdmans, 1993), 604.
188 보스는 바울이 불신자의 부활을 언급하지 않는 것은 우연이 아니라 의식적인 회피였을 가능성이 높다고 생각한다. 그렇다고 바울이 불신자의 부활 자체를 부인하는 것이 아니라 간접적으로나마 이를 인정하고 있으니, 악인들이 장차 하나님의 심판대 앞에 설 것이라는 그의 말에서 힌트가 있다고 보스는 말한다. 보스,『바울의 종말론』, 305, 314.
189 Richard Bauckham, "The Millennium," in *God Will Be All in All: The Eschatology of Jürgen Moltmann*, ed. Richard Bauckham (Edinburgh: T & T Clark, 1999), 144-145.

니면 순차적으로 일어나는지 아무도 100% 확신할 수 없다(요 5:28-29과 행 24:15 등이 동시적인 부활을 말한다고 주장할 수 있으나,[190] 이는 의인과 악인이 결국에는 모두 부활하여 각각의 운명에 처해진다는 일반론일 뿐이다).

다만 마지막 원수인 사망의 최종적 멸망은, 성도의 부활과 불신자의 부활을 구분하는 바울의 관념을 고려해볼 때, 불신자의 부활과 더 밀접한 관련이 있을 것으로 추정된다.[191] 사실 불신자의 부활이 성도의 부활 다음에 일어날 것이 암시된 곳은 요한계시록이고, 바울 자신은 이에 대해 침묵하고 있으므로 여기서는 이 논의를 합리적 추론의 영역으로 남겨두는 것으로 만족해야 할 것 같다.

한편, 지상적 메시아 왕국을 부인하는 편에서조차 "그 후에는 마지막이니"라는 표현이 바로 앞 절인 23절과의 시간적 간격을 암시한다는 것을 완전히 부인하기는 힘들다. 다만 그 간격이 전천년주의자들이 주장하는 대로 천 년이라는 긴 기간이라는 생각을 받아들이기 힘들어할 뿐이다.[192]

본문만으로는 바울이 천 년이라는 긴 기간 동안 메시아 왕국이 이어

---

190 Pack, "A Premillennial Reign of Christ?" 212-213.
191 Wallis, "The Problem of an Intermediate Kingdom," 235.
192 Pack, "A Premillennial Reign of Christ?" 210. 계 20장에서 사탄은 천 년 동안 옥에 갇혀 있다가 그 후에 풀려나 다시 한 번 세력을 모아 그리스도를 대적한다. 이 부분에서 전천년주의에 반대하는 사람들의 의문은 어쩌면 당연한 것일 수 있다. 왜냐하면 그리스도가 성도들과 함께 천 년 동안 다스리는 나라에서 어떻게 그리스도에게 대적하는 사람들이 생겨나며, 그리고 새 하늘과 새 땅으로 전이되는 과정에서 왜 그런 일이 생겨야 하는지 이해가 되지 않기 때문이다. 이에 대해서 전천년주의를 주장하는 사람들은 다음과 같이 설명할 것이다. 메시아 통치 기간 중에 사탄은 결박 당한 상태이기 때문에 사람들은 그 영향에서 벗어나 있는 상태라서 지금과 비교할 수 없는 조건 속에 사람들은 살게 된다. 천년왕국에서 사는 사람들(이들은 대환난에서 살아남은 자들로 부활의 몸을 입지 않은 자연적인 상태로 천년왕국에 살게 될 것으로 여겨진다)이 의와 공평의 통치를 경험하고 그 혜택을 입으면서도 그리스도에게 반기를 드는 것은 어쩔 수 없는 인간의 한계를 드러낸다. 즉, 환경이 아니라 사람 자체가 문제라는 것이 증명된다. 완벽한 환경에서 좋은 교육을 받아도 죄를 짓게 된다는 건 시사하는 바가 크다. 따라서 사람은 반드시 하나님의 은혜를 필요로 하는 존재임을 뼈 속 깊이 새기게 될 것이다.

질 것이라고 말한다고 볼 수 없다. 그는 그 어느 곳에서도 명시적으로 그렇게 말한 적이 없다. 그러나 한 가지 확실한 것은 그리스도가 다스리는 나라를 마지막에 하나님에게 돌려 주게 될 것이라고 그가 말한 것이다.

메시아 왕국이라는 개념은 사실 전혀 새로운 것이 아니었다. 그 개념은 이미 구약에서 싹을 틔웠는데, 하나님 혹은 메시아의 종말론적 통치에 대한 기대가 시편 82, 84, 87, 93편 등에서 예기적(豫期的)으로 표현되고 있다.[193] 메시아에 관해 가장 많이 예언한 이사야는 메시아의 통치에 대해 다음과 같이 말한다.

> 공의로 가난한 자를 심판하며 정직으로 세상의 겸손한 자를 판단할 것이며 그의 입의 막대기로 세상을 치며 그의 입술의 기운으로 악인을 죽일 것이며(사 11:4).

한마디로 구약은 메시아 왕국에 대한 전망들을 표현했으며 이 왕국에 대한 소망이 신약에까지 이어지고 있음을 확인할 수 있다. 사도행전 1:6에서 제자들은 부활한 예수님에게 이렇게 묻는다.

> **주께서 이스라엘 나라를 회복하심이 이 때니이까?**(행 1:6)

제자들은 일차적으로 정치적인 의미에서 로마로부터 이스라엘의 독립을 염두에 두고 이와 같이 질문했었을 수 있다. 혹은 하나님이 통치하는(이방 나라들이 이스라엘을 추종하는) 신정국가의 수립이라는 유대인들의

---

[193] Peter Stuhlmacher, "Eschatology and Hope in Paul," *The Evangelical Quarterly* 72, no. 4 (2000): 316-317.

소망을 반영한 것일 수 있다.[194]

제자들이 십자가에서의 죽음과 부활을 목도했다는 점에서 볼 때, 제자들의 이 말이 단순히 정치적인 의미의 독립을 의미한다고 보기는 사실 어렵다. 이제 예수님이 메시아라는 것이 너무도 명명백백하기 때문에 그들이 다른 차원에서 질문한 것으로 보는 것이 합당하다. 눈길을 끄는 대목은 예수님이 이들의 질문에 답하면서 나라의 회복 자체를 부인하지 않았다는 점이다. 그 일은 일어나겠지만, 다만 그 때와 시기는 전적으로 하나님 소관이다.

예수님과 제자들의 대화 자체가 우리의 질문에 대한 직접적인 답이 되지는 않지만, 대화 중에 언급된 나라는 지상적 실체임을 암시한다. 더 나아가, 예수님의 승천을 하염없이 바라보는 제자들에게 천사들이 한 말("너희 가운데서 하늘로 올려지신 이 예수는 하늘로 가심을 본 그대로 오시리라"[행 1:11])은 재림의 기대와 지상적 메시아 왕국을 하나로 묶는 효과를 낳는다. 바울 역시 유대인이었기 때문에 메시아 왕국에 대한 소망을 품었을 거란 추정이 가능하다. 여기서 우리의 질문은 과연 메시아 왕국이 언제 시작되느냐이다.

무천년주의자들은 그리스도의 통치가 승천 이후부터라고 이해한다. 이 주장에 의하면 이미 천년왕국은 시작되었고 우리는 현재 그 왕국에 살고 있다. 승천한 예수님이 하나님 우편에서 교회를 통해 통치하고 있기 때문이다. 또한 바울이 그리스도의 나라와 하나님 나라를 구별하기는

---

194 Joseph A. Fitzmyer, *The Acts of the Apostles: A New Translation with Introduction and Commentary* (New York: Doubleday, 1998), 201; I. Howard Marshall, *Acts*, Tyndale New Testament Commentaries 5 (Downers Grove: IVP, 1980), 64.

하지만 그것은 절대적이라기보다는 상대적 구분이라고 한다.[195]

그런데 천년왕국이 따로 있는 것이 아니라 우리가 현재 숨쉬고 사는 이 현실이 그리스도의 통치라면, 의아해할 사람들이 꽤 있을 것이다. 지난 2천 년 동안 온갖 전쟁, 불법과 악행은 왜 조금도 수그러들지 않고 있는 건지, 왜 오히려 세상은 더 험하게 변해가는 건지 설명을 요구할 것이다. 지금 우리가 사는 이 현실이 메시아 왕국이자 그 통치라는 신학적 이해와 실제로 체감되는 현실 사이의 괴리 때문에 일단 심정적 차원에서의 납득은 어렵다.

우리가 경험하는 이 삶과 관념 속의 메시아 통치 사이의 깊은 간격을 무엇으로 설명할 것인가?

메시아의 통치는 본질상 영적인 것이므로 그렇게 느낄 수도 있다고 말할 것인가?

현상학적, 심정적 차원에서 볼 때, 사람 사는 세상이 예나 지금이나 근본적으로 다르지 않다는 데서 무천년주의로는 설명이 되지 않는 부분이 있다. 한편, 신학적 차원에서 볼 때 무천년주의는 요한계시록에 드러난 사단의 사역들이 가진 역사적 진행을 무시하고 그것을 한 가지 사건으로 보는 오류를 범하고 있다고 박윤선 박사는 지적한다.[196] 십자가 사건으로 사탄이 패배한 것은 맞다. 십자가가 결정적인 한 방인 것은 사실이나 사탄의 패망이 최종적인 것이 될 때까지 거쳐야 할 역사적인 과정이 있다.

만약 십자가 사건으로 사탄이 최종적으로 패망한 것이라면 바울이 그를 공중의 권세 잡은 자로 묘사하지는 않았을 것이다(엡 2:2). 종말론에

195　보스, 『바울의 종말론』, 361.
196　박윤선, 『성경 신학』 (서울: 영음사, 2001), 215-216.

이미 성취된 측면이 있음은 주지의 사실이지만, 아직 성취되지 않은 측면이 있음도 간과해서는 안 된다. 이는 사탄의 패배에도 그대로 적용된다. 무천년주의가 지나치게 실현된 종말론(over-realized eschatology)에 함몰된 건 아닌지 모르겠다.[197]

이와 달리 전천년주의에서는 메시아 왕국의 시작 시점을 재림과 결부시킨다. 메시아 왕국은 지상에 건립될 것이며 천년왕국이라는 말이 암시하듯 한시적으로 존재할 것이다. 그리스도가 나라를 하나님에게 돌리게 될 것이라는 바울의 말이 이를 뒷받침한다. 그런데 바울은 천년왕국이라는 말을 사용한 적이 없다. 이 용어는 요한계시록 20:4에서 유래한다.

그런데 바울은 왜 그 왕국에 대해 명시적인 언급을 하지 않았을까?

이에 대해 박윤선 박사는 종종 성경에서 볼 수 있는 압축적 표현 방식에 기인한 것으로 해석한다. 그의 말을 들어보자.

> 예언이란 것은 종종 요약적으로 표현되면서 부속적인 것을 생략하는 경우가 많다. 예를 들면, 시편 2:7-9은 그 간단한 말씀 중에 그리스도의 초림(初臨)에서부터 그의 재림고 심판에 이르기까지의 긴 세월을 포함한다. 우리는 심판에 대현 그리스도의 말씀에서도 이와 같이 압축된 어법을 볼 수 있다.[198]

---

197 손턴-듀스베리(Thornton-Duesbery)는 '실현된 종말론'이 갖는 가치와 이점을 다음과 같이 열거한다. 첫째, 실제적인 차원에서 실현된 종말론은 고난과 시험 중에 있는 개별적 그리스도인이나 교회에 승리의 확신을 준다. 둘째, 신약성경이 갖는 한 측면을 올바로 나타낸다는 신학적 가치가 있다. 그럼에도 불구하고 천국의 미래적 실현이 도외시된다면 실현된 종말론은 그 가치에 있어서 한계를 가질 수 밖에 없다고 지적한다. J. P. Thornton-Duesbery, "The Gospel and the Things to Come," *Theology Today* 7, no. 21 (July 1950): 188-189.

198 박윤선 박사는 천년왕국이 실제 천 년이라는 기간 동안 지속되는 왕국이 아닐 가능성에도 문을 열고 있지만, 그에게 중요한 것은 한시적으로 메시아 왕국이 이 땅에 세

한편, 예수님의 비유에서 메시아 왕국이 지상에 세워질 것이란 근거를 찾을 수 있다. 누가복음 19:11-27에서 열 므나의 비유는 달란트 비유(마 25:14-30)와 상당히 유사하지만 몇 가지 점에서 다르다.

첫째, 주인공이 먼 나라로 여행하는 목적이 명시되고 있는데, 그것은 왕위를 받기 위함이다.

둘째, 그가 왕이 되는 걸 반대하여 뒤에서 훼방하는 세력이 존재한다.

셋째, 왕위를 받고 돌아와 종들에게 일한대로 상을 주는 것은 달란트 비유와 유사하지만, "원수"(27절)라고 지칭되는 반대 세력을 응징하는 것으로 이야기는 끝난다.

넷째, 이 비유의 목적은 하나님 나라가 당장 나타날 것이란 사람들의 잘못된 기대를 교정하기 위함이다. 비유 속에서 주인공이 먼 나라로 가서 왕위를 받아온다는 설정은 재림을 염두에 둔 것임을 말한다.[199]

이 비유는 그리스도의 통치가 그의 부활, 승천 후 하나님 우편에 앉아 계시다가 재림 때에야 전격적으로 이루어질 것을 시사한다. 그리고 다시 돌아와서 상과 벌을 주는 통치 행위를 한다는 설정은 메시아 왕국이 지상에 이루어질 것을 전망하게 한다. 교회를 매개로 한 영적인 통치를 메시아 왕국으로 보는 견해는 교회와 천국이 구별되는 개념이라는 것을

워질 것이라는 사실이다. 그는 아브라함 카이퍼(Abraham Kuyper)가 문자적 천 년 통치를 믿지는 않으면서도 짧은 과도기 동안 재림한 그리스도가 사람들을 회개시킬 것으로 이해한다는 점에서 사실상 전천년주의와 일맥상통한 주장을 한다고 평가한다. 한편, 박윤선 박사는 세대주의의 주장에는 반대를 하는 입장이다. 세대주의는 재림을 공중 재림, 지상 재림의 두 단계로 나누는데, 7년 동안 공중에서는 그리스도와 성도들의 혼인 잔치가, 지상에는 대환난이 있을 것으로 이해한다. 하지만 이런 주장은 살후 2:8과 배치된다는 것을 박윤선 박사는 옳게 지적하고 있다. 박윤선, 『성경 신학』, 217-219; 박윤선, 『바울서신』, 450.

199 Darrell L. Bock, *Luke*, The IVP New Testament Commentary Series 3 (Downers Grove: IVP, 1994), 309. (그의 각주를 보라)

놓치고 있다. 물론 교회와 천국 사이에 어느 정도 겹치는 부분이 있지만, 예수님과 바울은 이것들을 별개의 실체로 취급하고 있다.[200]

열 므나의 비유에서 암시되듯, 만약 지금이 메시아 왕국 시대라면, 비록 그것이 교회를 통한 통치라고 하더라도 상과 벌로 상징되는 통치의 구체적인 행위와 효력이 가시적으로 드러나야 한다. 그러나 불행하게도 이를 실증할만한 것을 찾을 수 없다. 공의의 실행이 지체되는 것을 본 하박국 선지자의 조바심(합 1:13)은 여전히 우리의 몫이다. 이 비유에는 그리스도의 통치가 교회를 매개로 이루어진다는 사상이 끼어들 공간이 없다.

바울서신에서 불신자의 부활이나 지상적 메시아 왕국에 대한 명시적인 언급이 없다는 것이 그가 이런 것들을 믿지 않았다는 증거가 되지 않는다.[201] 만약 언급할 상황이나 필요가 있었다면 아마 그는 편지에 분명히 언급했을 것이다. 데살로니가 교인들이 주의 재림에 관해 이미 알고 있음을 전제로 하여 바울이 부활에 대해 필요한 부분만 설명한 것을 우리는 알고 있다.

만약 바울이 예수님 승천 직후부터 메시아 왕국이 시작되는 것으로 생각했다면, 종종 훈계하거나 권면할 때 메시아 시대를 근거로 하지 않은 것이 이상하다. 예컨대 빌립보서 4:5의 "너희 관용을 모든 사람에게 알게 하라"에 덧붙여진 말은 "주께서 가까우시니라"이다. 이는 메시아 시대가 펼쳐지고 있는 상황이라고 보기 힘든 표현이다. 고린도전서 6:2에서 세상과 천사들에 대한 성도의 심판이 미래 시점으로 기술된 것 역

---

200 Witherington, *Jesus, Paul and the End of the World*, 226. 위더링턴(Withering)의 설명에 의하면, 현재적 천국은 하나님의 통치가 우리의 현실 속에 침투한 것이며, 그 나라를 개별적인 그리스도인이나 혹은 그 공동체와 동일시할 수 없다. 이 말이 시사하는 바는 교회가 곧 천국이라는 사상을 배제한다.

201 Pate, *The End of the Age Has Come*, 231. (그의 각주를 보라)

시 바울이 메시아 왕국의 도래를 미래적 사건으로 보았다는 방증이다.

물론 바울서신만 놓고 볼 때, 천년왕국 등을 운운하는 것에 무리가 있는 건 사실이다. 그에 관한 명시적 표현이 결여되어 있고, 종말에 관한 전반적 가르침이 상당히 압축적이고 파편화되었기 때문이다.

하지만 우리가 기억해야 할 것은, 다른 것도 마찬가지지만, 종말에 대한 가르침은 바울 개인의 독창적인 아이디어가 아니며, 하나님이 여러 성경 기자들을 통해 우리에게 준 가르침이다. 따라서 바울서신과 성경의 다른 부분들은 서로 조화를 이루며 상호보완을 한다. 이것은 원저자이신 하나님의 영감으로 기록된 성경이 다양성 가운데 통일성이라는 성격을 갖기 때문이다. 바울이 고린도전서 13:9-12에서 암시되듯, 어느 한 사람에게만 진리 전체가 계시되기 보다는 부분적으로 계시된다.[202]

종말의 전체 과정을 세세하게 기록하는 것이 바울의 의도가 아니었음은 물론이고, 다른 한편으로는 종말에 관해 그가 받은 계시 역시 부분적이었을 것이란 추론이 가능하다. 이 점을 감안한다면 천년왕국을 명시적으로 언급하지 않았다는 것을 근거로 바울이 천년왕국을 믿지 않았다는 결론을 내릴 수 없다.

지상적 메시아 왕국을 지지하지 않는 편에서는 종말 관련 용어의 특성과 가르침의 형식을 이유로 들어서 문자적 해석을 기피하려 한다. 복음서에서 하나님 나라에 관한 가르침이 상당 부분 비유를 통해 주어졌고, 요한계시록은 상징으로 가득하다. 바울 역시 도둑의 은유, 해산하는 여인의 은유를 사용하여 재림을 묘사한다.

그러나 이는 표현 방식의 문제일 뿐 전달하려는 내용은 실체적임을

---

202 박형용,『성경 해석의 원리』(수원: 합동신학대학원 출판부, 2002), 130-138.

기억해야 한다. 예수님이 말세에 의인과 악인이 받을 상과 벌에 대한 가르침을 양과 염소의 분리라는 비유를 통해 주었다고 해서 종말적 심판의 실체가 사라지는 건 아니다.

> 종말 관련 용어가 종종 은유적, 비유적이라고 해서, 실제 역사적 사건을 지칭한 것이다 혹은 아니다라고 판단할 근거는 되지 않는다. 역사적 사건이나 실제를 서술한다고 해서 반드시 문자적 용어만 사용해야 한다는 법은 없다.[203]

예수님이 재림하여 이 땅에서 일정 기간 통치한다는 사상은 그가 마지막 아담으로 지칭되는 것과 무관하지 않다. 첫 아담은 원래 하나님을 대리하여 땅을 다스리도록 창조되었다. 그의 타락으로 하나님의 계획이 좌절되는 것처럼 보였으나, 마지막 아담으로 오신 예수님에게 그 책임이 전이된 것이다.[204] 이제 마지막 아담인 예수님은 첫 아담이 실패한 것을 성공적으로 이룰 것이다.

바울은 "이 세대"와 '오는 세대'가 일정 부분 겹치다가 영원 세계로 완성되는 큰 그림을 알고 있으며, 그중 일부를 선택적으로 편지에 기록했다. 그 큰 그림 속에서 메시아 왕국은 재림 때 이루어질 미래적 실재이며, 정해진 때가 되면 영원한 하나님의 나라에 길을 내어줄 것이다.[205]

그 전까지 한시적으로 이어질 메시아 왕국에서 이스라엘이 구심적 위치를 차지할 것이라는 전망은 빠질 수 없는 요소이다(사 9:6-7; 51:10-11;

203　Witherington, *Jesus, Paul and the End of the World*, 236.
204　John F. Walvoord, "The Millennial Kingdom and the Eternal State," *Bibliotheca Sacra* 123, no. 492 (October–December 1966): 292.
205　Pate, *The End of the Age Has Come*, 230-231.

미 4:1-8; 슥 8:20-23 등). 바울의 종말론적 전망에서도 이스라엘의 구원은 중요한 위치를 차지한다. 아브라함의 자손을 통해 만민이 복을 받는다는 약속은 예수님을 통해 실현되었다(창 12:1; 28:13-14; 행 3:25).

그런데 이스라엘의 대부분은 예수님을 메시아로 인정하지 않았다. 이스라엘의 완고한 복음 거부가 이방인들에게는 구원의 기회가 되었듯이, 앞으로 이스라엘의 구원은 이방 세계에 더 풍성한 복을 가져올 것이다.[206]

이제 우리가 주의를 기울여야 할 대목은 메시아 왕국에서 주도적 위치를 차지할 이스라엘이 2천 년 동안 역사에서 지워졌다가 다시 등장한 것이다. 많은 이들이 이것을 에스겔 37장의 성취로 해석한다. 유대교에서 말세의 표적이 되는 사건 중 하나가 바로 이스라엘의 귀환임을 감안할 때,[207] 하나님의 종말 시간표에서 이것이 갖는 의의는 남다르다.

하나님은 그 계획한 바를 원하는 때에 원하는 방법으로 이루어 왔고, 또 그렇게 할 것이다. 하나님이 정한 계획과 목적을 향해 역사는 진행되어 왔으며 앞으로 그럴 것이고, 그리하여 최종적으로 완전한 성취에 이를 것이다.

6) 종말에 관한 여러 가지 견해

종말론은 크게 전천년설, 후천년설, 무천년설의 3가지로 분류되는데, 여러 차이점에도 불구하고 "하나님의 영광을 위한 그리스도의 최종적

---

206 George E. Ladd, *A Theology of the New Testament* (Grand Rapids: Eerdmans, 1993), 607-608; Walvoord, "The Millennial Kingdom and the Eternal State," 293.
207 Pate, *The End of the Age Has Come*, 233. 사 51:11; 60:4은 흩어진 이스라엘이 옛 땅으로 돌아올 것을 예언하고 있다.

승리"[208]를 바라본다는 점에서는 서로 일치한다. 명칭에서 암시되듯 종말론은 천년왕국을 어떻게 이해할 것인가에 있어서 각기 다른 신학적 입장으로 갈라진다. 각각의 주장에 대해 자세히 다루는 것은 본서의 범위 밖이라서 단지 독자의 이해를 돕기 위한 차원에서 핵심적 내용만 간단히 살펴보기로 하겠다.

천년왕국이라는 말은 요한계시록 20장에서 유래한다.

> 또 내가 보좌들을 보니 거기에 앉은 자들이 있어 심판하는 권세를 받았더라 또 내가 보니 예수를 증언함과 하나님의 말씀 때문에 목 베임을 당한 자들의 영혼들과 또 짐승과 그의 우상에 경배하지 아니하고 그들의 이마와 손에 그의 표를 받지 아니한 자들이 살아서 그리스도와 더불어 천 년 동안 왕 노릇하니 … 이 첫째 부활에 참여하는 자들은 복이 있고 거룩하도다 … 그들이 하나님과 그리스도의 제사장이 되어 천 년 동안 그리스도와 더불어 왕 노릇 하리라(계 20:4-6).

예수 그리스도와 더불어 성도들이 천 년 동안 통치하는 세상을 일컬어 천년왕국이라고 한다. 이 기간 동안 옛 뱀, 즉 사탄은 결박되어 무저갱에 갇히게 된다. 주님의 재림 시점을 언제 잡느냐에 따라 전천년설, 후천년설로 나뉜다. 전천년주의는 재림 후에 천년왕국이 이루어진다고 보

---

[208] 대럴 벅, "요약 에세이," 『천년왕국이란 무엇인가』, 대럴 벅 편, 박승민 역 (서울: 부흥과개혁사, 2011), 403. 종말론에 관한 3가지 견해에 대해 자세히 알고 싶다면 대럴 벅 편, 『천년왕국이란 무엇인가』를 참고하기 바란다. 이 책은 3가지 입장뿐 아니라, 각각의 입장에서 상대방에 대한 비평이 수록되어 있기 때문에 여러 논점에 대해 다각도로 이해하는 데 도움이 될 것이다.

는 입장이다. 반면에 재림 이전에 천년왕국이 이루어질 것으로 보는 견해가 후천년주의이다. 이와는 대조적으로 천년왕국을 문자적으로 해석하지 않고 상징적으로 보는 입장이 무천년주의이다.

전천년설은 요한계시록의 내용을 문자적으로 해석하여 성도들이 그리스도와 함께 왕으로서 세상을 통치할 것이라고 믿는다. 그 천 년이 지나면 잠시 사탄의 감금이 해제될 것이다. 그는 많은 사람들을 자기 편으로 끌어들여 마지막으로 하나님에게 대적하지만, 결과는 "불과 유황 못"에 던져지는 것이다(계 20:10).

이것이 사탄의 불가역적인 최종 운명이 될 것이다. 이때 백보좌 심판이 이어지는데, 생명 책에 이름이 기록되지 않은 모든 사람들은 이 심판에 의해 최종 판결을 받게 된다. 그들 역시 "불 못" 행이다(계 20:11-15).

최후의 심판이 있은 후 요한계시록 21-22장은 새 하늘과 새 땅을 묘사한다. 영원 세계, 성도들이 하나님의 은택을 완전히 누리는 세계이다. 전천년설은 초대 교회 때 대두되었다. 당시 박해라는 긴박한 상황이 전천년설을 견인한 요인으로 지적되기도 한다.[209] 그러다가 4세기에 접어들어 이와는 대조적인 종말론에 길을 내어주고 전천년설은 퇴조하게 된다.

후천년설은 전천년설과 정반대의 입장을 취하여 주장하기를, 교회가 세상을 기독교화하여 세상이 점점 더 좋아질 때, 그리스도가 재림할 것이다. 즉, 우리가 왕국을 주님에게 바치게 될 것이라고 한다.

사람의 힘으로 세상을 변화시키면 그리스도가 직접 다스리시는 천년왕국이 이어진다는 사상의 가장 큰 맹점은 사람 자신에 대한 지나친 과신이다. 이런 과신은 자칫하면 하나님에 대한 오해 내지 부적절한 생각

---

[209] 케네스 젠트리 주니어, "후천년왕국론," 18의 각주.

을 불러일으킬 수 있다. 즉, 하나님이 인간의 도움을 필요로 하는 분이라는 인상을 주어서 본의 아니게 그분의 능력과 위엄을 왜소화하기 쉽다.

유세비우스(Eusebius), 아타나시우스(Athanasius) 등에 의해 발아하게 된 후천년설은 19세기에 맹위를 떨쳤는데, 이는 당시 상황과 무관하지 않다. 산업 혁명이 일어나고 과학이 발전하여 인간의 삶은 양적으로 팽창하고 속도감 있게 변했다. 이때 발명된 물품을 열거만 해도 입이 딱 벌어질 것이다. 전화기, 백열전구, 잠수함, 증기선, 엑스레이(X-ray), 자동차, 영사기 등. 그리고 때마침 세계 곳곳에서 복음이 활발하게 전파되었다. 이런 분위기 속에서 이대로 조금만 더 가면 전 세계가 복음화될 것이라는 장밋빛 전망이 후천년설의 연료가 되었다.

그러다 두 차례에 거쳐 일어난 세계 대전으로 후천년설이 힘을 잃게 되었다. 인간이 저지르는 파괴와 참상이 어디까지 가능한지를 보여 주는 뼈아픈 사례를 경험한 이후 후천년설이 수그러들었다가 최근 주권 신학(dominion theology) 혹 왕국 신학(kingdom theology)이라는 이름으로 모습을 다시 드러냈다. 이 신학은 창세기 1:28에 근거하여 교회가 세상의 주권을 잡아 기독교화하여 그리스도에게 왕국을 바친다는 내용을 골자로 한다. 이 신학을 주장하는 사람들은 그리스도인들이 정권을 잡아야 하고, 결국 그렇게 될 것이라고 말한다.

그런데 주기도문에서 하나님 나라가 임하기를 위한 간구는 '이미 그러나 아직'의 종말론적 구조 속에 현재 우리가 살고 있음을 깨우쳐준다. 이것이 우리에게 시사하는 바에 대해 김남준 목사는 이렇게 말한다.

> 엄밀한 의미에서, 하나님의 나라는 우리의 노력으로 오는 나라가 아닙니다. 그 나라의 완성은 우리의 힘0 아니라 하나님의 주

권에 의하여 이루어질 것입니다.[210]

하나님의 주권에 대한 올바른 인식은 우리의 한계에 대한 정직한 인정, 겸손 및 무한한 감사로 우리를 이끈다.

한편, 무천년설에서는 문자적 천년왕국을 부인하고, 교회 시대가 바로 천년왕국 시대라고 주장한다. 즉, 예수님의 초림부터 시작해서 재림까지가 바로 천년왕국 기간이라고 보고, 성도들의 죽음을 휴거로 이해한다. 요한계시록의 예언들을 상징적, 영적으로 해석하는 무천년주의자들은 교회가 이스라엘을 대체했다고 본다. 즉, 교회가 새 이스라엘이다. 그래서 이스라엘에 약속된 것은 교회 시대에서 성취되는 것으로 보고 있다.

무천년설은 성도들이 현재 천년왕국의 삶을 산다고 말하면서 동시에 지상 생활 자체가 대환난이라고 주장한다.[211] 더 나아가 예수님의 초림 때 사탄이 결박되어 재림 때까지 감금 상태에 있는 것으로 본다.[212] 그러면서도 여전히 그가 사람들에게 위세를 어느 정도 부릴 수 있음을 인정함으로써 모순을 드러내고 있다.

감금이란 말 자체에 이미 영향력 차단이 내포되어 있지 않은가?

사람들이 겪는 여러 가지 형태의 억압과 불의와 부조리는 예수님 초림 이전에도 그랬고 초림 이후에도 여전하다. 교회를 통한 그리스도의 영적 통치가 현재 이루어지고 있다고 볼 때, 그 통치의 실체가 경험적 혹은 현상적 차원에서 잘 드러나지 않는 이유를 무천년설은 설명할 수 없

210　김남준,『깊이 읽는 주기도문』(서울: 생명의 말씀사, 2013), 165.
211　정일웅 편,『천년왕국과 종말』, 한국 교회연구시리즈 7 (서울: 도서출판 솔로몬, 1993), 189-190.
212　로버트 스트림플, "무천년 왕국론,"『천년왕국이란 무엇인가』, 대럴 벅 편, 박승민 역 (서울: 부흥과개혁사, 2011), 175-178.

다. 무천년설은 이미 성취된 종말론과 아직 성취되지 않은 종말론 사이에서 균형을 잃고 어느 한쪽으로 치우쳤다는 비판을 피할 수 없다.

천년왕국의 핵심은 그리스도의 통치이다.

이건 순전히 가정이지만, 만약 지금 그리스도가 이 세상을 다스린다면 그 통치는 어떤 모습일까?

그리스도의 통치는 공평과 의를 기반으로 한다(종말론에 대한 어떤 입장을 취하든지 이에 대해서는 이의가 없을 것이다). 그렇기 때문에 그리스도의 통치는 오늘날 정치인들이 한 표라도 더 얻기 위해 무수히 쏟아내는 온갖 공약들의 총합을 뛰어넘는 실효성을 갖춘 정책과 투명한 실행의 결정판이 될 것이다.

지도자의 역량과 의지에 따라 나라의 흥망성쇠가 좌우되고 국민들의 삶의 질이 결정된다. 지도자가 진정으로 국민들을 아끼고 공정하게 대하며 몸소 본을 보이는 나라는 번영하고 국민들은 평화와 안정 속에 행복을 구가할 것이다. 인류가 끊임없이 열망해 왔지만 결코 도달할 수 없었던 이상의 실현을 그리스도의 통치에서 볼 수 있을 것이다. 그래서 그리스도의 통치가 더욱 기대되는 것이다.

Pauline Eschatology:
Pauline Eschatology and Christian Life

3장. 종말론과 그리스도인의 윤리

1. 말세의 현상들

불법의 사람, 적그리스도가 세상에 나타나서 수많은 사람들을 속여 자신을 따르게 할 것이라는 것을 우리는 잘 알고 있다. 속는 사람이 있어야 사기가 통하는 법이다. 사람들이 상대방의 술수를 눈치채고 있는 한 사기가 먹힐 리는 만무하다. 따라서 불법의 사람이 활동하는 시기의 영적, 사회문화적 토양은 그의 사기가 통할만큼의 충분한 조건을 갖추게 될 것이다.

해 뜨기 전 새벽이 가장 어둡듯이 불법의 사람의 등장으로 '이 시대'는 여러 면에서 가장 큰 어두움을 겪게 될 것이다. 그리고 이 어두움은 다양한 형태로 사회 전반에 두루 퍼져서 여러 현상들을 빚어낼 것이다. 바울을 통해 이에 관해 알아보자.

1) 영적 현상

디모데전서 4:1에서 바울은 디모데에게 다음과 같이 말한다.

> 그러나 성령이 밝히 말씀하시기를 후일에 어떤 사람들이 믿음에서 떠나 미혹하는 영과 귀신의 가르침을 따르리라 하셨으니(딤전 4:1).

이 구절이 "그러나"라는 말로 시작하는 것은 앞의 문맥과 연결됨을 시사한다. 에베소 교회는 당시 잘못된 가르침에 노출되어 있었고, 이를 바로 잡는 역할이 디모데에게 주어졌다.

교회 역사에서 상존해 왔던 내부적 위협 중 하나는 거짓된 가르침이다. 기독교의 진리란 한마디로 복음에 관한 진리이다. 교회는 이 진리를 간직하고 전할 임무를 갖고 있다. 그래서 바울은 "살아 계신 하나님의 교회요 진리의 기둥과 터"임을 역설하고 있다(딤전 3:15). 그런데 바울이 받은 성령의 말씀은 교회의 전망을 어둡게 한다. 즉 배교가 일어날 것을 예고한다.

'어떤 사람들'은 외부인이 아닌, 교회 구성원들을 가리킨다. 이들은 미혹하는 영을 따르며 귀신의 가르침에 매달린다. 이는 거짓된 가르침을 어쩌다 우연히 듣게 되는 것과는 구별된다. 이는 지속적인 행위이다.[1] 현재 우리 사회에도 진리를 가장한 많은 거짓된 가르침이 판을 치고 있다. 처음에 멋모르고 그런 말에 귀를 기울일 수 있겠지만 분별력 있는 성도라면 뭔가 이상한 점을 느끼고는 뒷걸음질 칠 것이다. 그렇지 않고 계속 거짓에 자신을 노출시키는 경우, 어쩌면 배교라는 귀결은 당연한 것인지도 모른다.

진리와 거짓은 물과 기름처럼 양립이 불가능하여 거짓이 마음의 공간을 차지하면 진리가 머물 곳이 없게 된다. 거짓을 좇는 자들을 바울은 간

---

1 "따르리라"라고 번역된 헬라어 '프로세콘테스'($προσέχοντες$)는 행위의 일회성이 아닌, 지속성을 나타내는 현재 분사의 형태를 취하고 있다.

명하고 대범하게 "자기 양심이 화인을 맞아서 외식함으로 거짓말하는 자들"(딤전 4:2)이라고 규정한다. 화인을 맞는다는 건 불에 뜨겁게 달군 낙인을 몸에 찍는 것으로, 양심이 화인 맞는다는 말은 도덕적 판단의 중추인 양심에 전반적인 마비가 와서 참과 거짓을 구분할 능력이 상실된 것을 이른다.[2] 혹은 더 나아가 양심에 "사탄의 낙인"이 찍힌 것이라 말할 수도 있다.[3]

그러니 그런 사람들이 외식하고, 거짓을 일삼는 건 오히려 자연스러운 일이다. 이들은 겉으로는 진리를 따르는 척하지만 실상은 거짓말쟁이다. 때론 내부의 적이 외부의 적보다 더 큰 파괴력을 지니는 법이다.

이들이 배교에 이르는 배경을 잘 설명하는 단어가 바로 "미혹하는"이다. "미혹하는"이 시사하는 바는, 드러나는 모습으로는 참되고 신뢰성 있어 보이나 그 가르침이 하나님과 예수님의 실제와 들어맞지 않는 것으로서, 궁극적으로는 사탄이 그 배후에 있다는 것이다.[4] 미혹하는 영과 귀신의 가르침은 바늘과 실의 관계이다. 하나가 가면 나머지도 따라간다. 이 영적 세력은 사람들에게 악의적이며 해를 끼친다.[5]

악한 영의 가르침의 본질은 복음을 반대하는 것이다.[6] 복음을 왜곡하여 진리에서 떠나게 만드는 것이 목적이다. 예수님도 지상 사역 동안 제

---

2 워런 W. 위어스비, 『디모데전후서, 디도서 강해: 충성스럽게 살라』, 심민호 역 (서울: 도서출판 나침반사, 1990), 74. "사람의 육체가 낙인 찍혀서 딱딱해지고 무감각해질 수 있는 것처럼, 사람의 양심도 죽은 상태가 될 수 있다. 우리가 삶으로는 부인하는 것을 입술로 확언할 때마다 (그것을 알든 모르든) 우리의 양심은 조금씩 죽어 간다."

3 Fee, *1 and 2 Timothy, Titus*, 98.

4 Jerome D. Quinn and William C. Wacker, *The First and Second Letters to Timothy* (Grand Rapids: Eerdmans, 2000), 353.

5 Quinn and Wacker, *Letters to Timothy*, 354.

6 Fee, *1 and 2 Timothy, Titus*, 98.

자들에게 "너희가 사람의 미혹을 받지 않도록 주의하라"(마 24:4; 막 13:5)라고 당부했다. 이외에도 같은 말이 신약 곳곳에(눅 21:8; 고전 6:9; 요일 2:26; 3:7; 요이 1:7) 누차 강조되고 있다는 점은 주목할만한 대목이다. 거짓은 항상 교묘하게 진리의 외관을 취한다. 미혹의 가능성은 누구에게나 열려 있는데 거짓에 속지 않는 최선의 방법은 참을 아는 것이다.

디모데전서 4:3에서 귀신의 가르침은 혼인을 금하고 특정 음식을 금지하는 형태로 나타난다. 신앙의 순결함을 외면화하고 하나님의 창조 질서를 교란하는 것이다. 바울은 이런 일이 "후일에" 일어날 것이라고 디모데에게 경고하고 있다. "후일에"라는 표현은 종말론적 맥락에서 사용되는 것이다. 이미 성령 강림으로 종말의 시작을 고하였으므로 바울은 무리 없이 "후일에"라는 구절을 당시의 상황에 적용했다.[7]

하지만 재림의 때가 임박할수록 "이 세대"의 어두움은 깊어질 것이며, 종말의 끝이 가까울수록 귀신의 가르침은 한층 교묘하고 집요한 방식을 취할 것이다.

오늘날 종교 화합이라는 미명 아래 여러 종교 지도자들이 하나의 기치 아래 모여들고 있다. 로마가톨릭 교황이 세계 각국의 종교 지도자들과 화해의 포옹을 나눈 것은 잘 알려진 사실이다. 이들은 종교 간의 벽을 허물어 서로를 인정함으로써 화합과 통합의 길로 나아가 세계 평화에 기여한다는 그럴싸한 명분을 앞세운다. 이들은 진리에 이르는 길은 여럿이므로 각 종교마다 출발점은 다르지만 결국에는 같은 종착점에 도달한다고 한다. 이런 기류 속에서 개신교의 입지는 점점 좁아지고 있는 현실이다.

---

7 Fee, *1 and 2 Timothy, Titus*, 98.

예수님만이 유일한 길이요, 진리요, 생명이라는 기독교 진리는 독선으로 매도되고 있다. 이런 와중에 '반드시 예수님만이 유일한 길은 아니다'라는 말이 개신교 내부에서 간간이 들리는 것은 매우 염려스럽다. 이런 분위기 속에서 세상 사람들에게 기독교는 점점 매력을 잃어가고 있다. 여기엔 교회가 세상의 소금과 빛의 역할을 제대로 하지 못한 책임도 일정 부분 있다.

기독교를 향해 퍼붓는 공격 중 하나는 기독교가 진리의 전매특허를 가진 것같이 행동한다는 것이다. 절대적인 건 아무 것도 없다는 포스트모더니즘적 사고가 사람들의 생각을 차지하고 있는 이 세태에서 기독교는 타협을 은근히 강요받고 있다.

복음의 진리를 있는 그대로 선포할 것인가, 아니면 사람들의 반감을 사지 않도록 그들이 듣기 원하는 말만 해줄 것인가?

사람들의 마음을 사는 데만 급급하여 타협에 타협을 거듭한다면, 배교와의 거리는 점점 좁아질 것이다. 우리는 바울의 단호한 말을 되새겨 볼 필요가 있다.

> 우리나 혹은 하늘로부터 온 천사라도 우리가 너희에게 전한 복음 외에 다른 복음을 전하면 저주를 받을지어다(갈 1:8).

2) 사회적 현상

진리를 왜곡하거나 대적하는 일이 비단 영적인 차원에서만 이루어지는 건 아니다. 사람들의 정신뿐 아니라 대인 관계, 사회, 문화 등 다방면으로 영향을 받는다. 하나님을 대적하는 어둠의 일은 종말이 가까울수록 더 사악하고 극성스러운 형태로 드러날 것이다. 갈수록 악해지고 만연해지는 어두움이 사회적으로는 어떤 양상들을 띠게 될지 디모데후서 3:1-4을 통해 살펴보도록 하자.

> 너는 이것을 알라 말세에 고통하는 때가 이르러 사람들이 자기를 사랑하며 돈을 사랑하여 자랑하며 교만하여 비방하며 부모를 거역하며 감사하지 아니하며 거룩하지 아니하며 무정하며 원통함을 풀지 아니하며 모함하며 절제하지 못하며 사나우며 선한 것을 좋아하지 아니하며 배신하며 조급하며 자만하며 쾌락을 사랑하기를 하나님 사랑하는 것보다 더하며(딤후 3:1-4).

바울은 디모데에게 말세에 고통하는 때가 올 것을 알라고 당부한다. 그리스도의 십자가 사건은 승리의 사건이다. 그래서 교회는 최종적 승리를 바라보며 앞으로 전진하지만, 유념해야 할 것은 우리는 아직 그 승리의 고지에 다다르지는 않았다는 사실이다. 이러한 현실적인 인식은 영광의 신학으로 경도된 교회에 균형을 가져다 준다. 아직 하나님 나라가 완전히 이루어진 것이 아니다. 그 전까지 교회는 싸워야 하고, 십자가를 져야 한다.

바울은 말세의 특징을 '고통하다'라는 한마디 말에 담아낸다. '고통하다'는 "'위험스러운, 다루기 힘든, 야만스러운'의 뜻이다. 이 말은 가다라의 두 횡포한 귀신들린 자들을 묘사할 때 사용된 것과 동일한 말이다 (마 8:28). 이것은 말세의 무법함이 귀신들에 의해 자극될 것임을 암시하고 있다."[8] 이는 종말에 고통스럽고 위험하며 견디기 어려운 때가 있을

---

8 위어스비, 『디모데전후서, 디도서』, 204.

것을 교회가 예상하고 있어야 함을 시사한다.[9] 말세에 고통하는 때에 사회적 양상으로 드러날 어둠의 극렬함에 대해 이제 구체적으로 살펴보자.

디모데후서 3:2-4은 소위 악덕의 목록이다. 존 스토트는 무려 20개에 달하는 악덕 목록의 처음과 끝이 각각 자기 사랑과 하나님 사랑으로 시작하고 끝나는 것에 주목한다. 이는 잘못된 사랑 추구가 사람들을 잘못되게 만드는 근본 원인임을 시사한다. 무엇보다도 우선적으로 하나님에게로 향해야 할 사랑이 오히려 자기 자신 및 돈과 쾌락으로 집중되는데, 이것이 바로 모든 문제의 뿌리가 된다.[10]

악덕의 목록이 '자기를 사랑하며'라고 시작되는 것이 어떤 사람들에게는 이해가 되지 않을 것이다. 자기를 사랑하는 것이 무엇이 잘못되었는가라고 반문할 수 있다.

그렇다. 우리는 자신을 존귀하게 여길 줄 알아야 한다.

자신을 사랑할 줄 모르는 자가 이웃을 사랑할 수는 없지 않겠는가!

바울이 이런 의미에서 자기 사랑을 악덕으로 규정한 건 아닐 것이다. 자기 사랑은 하나님 사랑과 대립되는 자기애이다. 즉, 자신을 세상의 중심으로 삼는 삐뚤어진 자기 사랑이다. 자기 사랑 다음에 열거되는 돈 사랑, 자랑, 교만, 자만, 쾌락 사랑은 자기 사랑의 아류들이다.

쾌락 사랑하기를 하나님을 사랑하기보다 더하다는 것은 일종의 강박적 형태의 자기 사랑을 드러낸다. 자기 사랑은 하나님과 이웃을 위해 마음에 공간을 내어주지 않는다. 오직 모든 것이 자기 자신으로 점철된다. 마음에 자기 자신으로 가득하다.

---

9 John R. W. Stott, *The Message of 2 Timothy*, The Bible Speaks Today (Downers Grove: IVP, 1973), 83.
10 Stott, *2 Timothy*, 84.

이와 달리 건강한 자기 사랑은 하나님 사랑에서 비롯된다. 하나님을 마음과 뜻을 다해 사랑하는 사람은 자기를 비롯한 이웃을 존중하고 아낄 줄 안다. 요즘 상업 광고의 추세는 대놓고 자기애를 자극하는 문구와 이미지를 내보내는 것이다. 온 세상이 나를 위해 존재하고 나를 중심으로 돌아가야 한다는 생각을 부추기는 것은 비단 상업 광고만은 아니라는 것에서 자기애의 만연함이 드러난다.

돈에 대한 집착 역시 말세를 살아가는 사람들의 특징이다. 돈, 즉 물질은 가치 중립적이다. 그 자체가 악한 것은 아니지만 돈에 대한 사랑이 일만 악의 뿌리가 된다. 그래서 성경은 돈 사랑을 경계한다(딤전 3:3; 6:10; 히 13:5). 인간의 역사가 이어지는 내내 물질에 대한 탐욕으로 빚어지는 갈등은 끝이 없었다. 개인간 혹은 국가간의 불화와 알력, 분쟁 중 경제적인 원인이 허다하다. 이전에는 대놓고 돈을 밝히는 것은 수치스러운 일로 여겨졌었다.

그런데 최근에는 오히려 이런 것이 솔직함으로 치부된다. 전에 없던 물질의 풍요 속에 살면서도 역설적으로 사람들은 풍요 속에 빈곤을 느낀다. 집 한 채 장만하면 만족스러울 줄 알았는데, 막상 원하던 것을 손에 넣고 나면 친구가 더 큰 집에 살면서 더 좋은 자동차를 몰고 다니는 모습이 눈에 밟히게 된다. 조금 과장해서 말하자면, 요즘은 남녀노소 없이 돈을 쫓아다니고 돈에 목말라하는 세상이 된 거 같다. 맑은 물 대신 소금물을 마시면 갈증에서 영 벗어날 수 없다.

말세의 또 다른 특징은 자랑, 교만 그리고 비방이다. 자랑은 과시하고픈 마음에서 나온다. 교만의 사전적 의미는 '잘난 척하고 뽐내고 건방짐'이다. 자신을 지나치게 중시하고 과대평가하는 사람들은 타인을 경시한다. 그리고 자기보다 잘난 꼴을 못 본다. 그래서 그들은 남을 쉽게 비방

한다. 그런 사람은 타인에게서 헐뜯을 것들만 보기 때문이다.[11] 남을 짓밟아야 내가 높아지고 잘나 보인다는 사고는 상생 사회의 적이다.

그 다음으로 '부모 거역, 감사치 않음, 거룩하지 않음, 무정함과 원통함을 풀지 않음'이 이어진다. 이것들은 가정과 사회에서 기대되는 태도와는 정반대되는 것들이다.

자녀는 응당 부모에게 순종해야 하며, 감사한 마음을 가져야 한다. 부모를 거역한다는 것은 결국 권위를 무시하는 것이며, 감사치 않다는 것은 매사에 고마움을 느끼지 못하는 것이다. 부모의 권위가 무너지면 도미노처럼 다른 권위도 무너지게 된다. 가정은 가장 기초적이면서 중요한 사회 단위인데, 가정에서 부모의 권위가 서지 않고 크고 작은 일에 감사를 모르는 일이 다반사라면 그 사회는 암담해질 것이다.

거룩하다는 말은 하나님에게 대한 경건한 자세를 일컫는다. 그런데 이 단어가 고전 헬라어에서 효성과 관련하여 사용되었다는 점과 본문의 맥락을 염두에 둘 때, 부모에 대한 자녀의 태도를 일컫는 것으로 이해하는 것이 좋을 것 같다.[12]

동서고금을 막론하고 효는 백행지본(百行之本)으로서 최고의 덕목이다. 효가 무너지면 인간 관계의 근간이 무너지는 것이다. 가장 기본적인 가족 관계가 흔들리는 것을 바울은 무정함으로 표현했다.[13] 무정하다는 건 "기본적으로 인간이 가져야 할 사랑의 요소가 결핍"[14]된 것으로서, 가

---

11 Stott, *2 Timothy*, 85.
12 Stott, *2 Timothy*, 85.
13 위어스비, 『디모데전후서, 디도서』, 206.
14 박익수, 『디모데전후서, 디도서』, 대한기독교서회 창립 100주년기념 성서주석 45 (서울: 대한기독교서회, 1994), 349.

족간에 자연스러운 애정이 결핍되었음을 말한다.[15] 가족간에 인정머리 없이 냉랭하다면 남이나 다름없다.

가족 간에 그러하다면 타인을 향해서는 어떻겠는가!

한편, 원통함을 풀지 않는다는 것은 "도무지 의견을 같이 하려 하지 않는 사람들에 대해서 한 말이다. 그들은 굽히지 아니하며 화해하지 않으려 하며 꼭 자기 방식대로만 하려 한다."[16] 화해의 여지를 두지 않는 태도는 갈등과 대립을 키워낸다. 사회 곳곳에서 원망과 마찰음이 끊일 날이 없음을 드러낸다. 여기까지 잠시 목록을 살펴보았는데, 마치 바울이 현 세태를 미리 보고 기록한 것 같은 착각이 들 정도이다.

그런데 아직 놀라기는 이르다. 바울이 제시한 악덕의 목록은 계속된다. 즉 '모함, 절제 못함, 사나움, 선한 것을 좋아하지 않음, 배신, 조급, 자만'이다. 이것들은 가족보다 넓은 사회적 맥락에서 드러날 양상들이다.[17]

모함은 타인을 고의적으로 곤경에 빠뜨리는 악의적 행위이다. 절제하지 못한다는 건 무절제한 생활을 부추기는 오늘의 상황을 그대로 옮겨 놓은 말 같아 보인다. 언제부턴가 '너 하고 싶은 것이 무엇이든 네 맘대로 하라'가 우리 사회의 모토가 되었다. 절제가 더 이상 미덕으로 간주되지 않는 사회는 언젠가 그 대가를 톡톡히 치르게 된다.

사납다는 것은 "길들여지지 않은 잔인한"[18] 것을 말한다. 사나운 사람이 가까이 있으면 주변 사람들은 참 힘들어진다. 언어적으로, 물리적으로 쏟아내는 폭력은 또 다른 폭력을 낳는다. 그래서 폭력은 전염성이 있

---

15 Fee, *1 and 2 Timothy, Titus*, 270.
16 위어스비, 『디모데전후서, 디도서』, 206-207.
17 Stott, *2 Timothy*, 85.
18 위어스비, 『디모데전후서, 디도서』, 207.

는 것이다.

사회의 건전성에 위해가 되는 또 다른 요소는 선한 것을 싫어하는 태도이다. 선을 행하고자 하되 행할 능력이 없어서 하지 못하는 것과 아예 선을 멸시하는 것은 다르다. 선을 미워하는 것은 말세의 왜곡된 가치 전도적인 양상이다. 이에 관해 선지자 이사야의 말을 들어보자.

> **악을 선하다 하며 선을 악하다 하며 … 쓴 것으로 단 것을 삼으며 단 것으로 쓴 것을 삼는 자들은 화 있을진저!**(사 5:20)

한편, 배신한다는 것은 인간 관계를 신뢰가 아닌 이익에 기반한다는 의미이다. 조금 수틀리면 십 년 우정도 한 순간에 날려버릴 수 있다는 말이다. 조급함은 말과 행동에 있어서 분별 없고 무모함을 가리킨다.[19] 속으로 한 번 더 생각하고 말과 행동을 하면 일어나지 않을 풍파가 조급함으로 인해 일어난다. 자고는 자만의 동의어이며,[20] 공연히 뽐내며 자기를 중요시하여 한껏 부풀어 있는 태도이다.[21] 이렇게 되면 타인에 대한 존중이나 배려는 뒷전으로 밀리게 된다.

이제까지 살펴본 내용들은 모두 하나같이 반사회적 태도라는 공통점을 갖는데, 이는 하나님 중심성에서 벗어난 자기 중심성에서 빚어지는 필연적 결과이다.[22] 자기 중심성, 자기 사랑의 극명한 예는 쾌락 사랑으로 나타난다. 말세에는 쾌락을 사랑하되 하나님 사랑보다 더하다고 바

---

19 Fee, *1 and 2 Timothy, Titus*, 270.
20 위어스비, 『디모데전후서, 디도서』, 208.
21 Stott, *2 Timothy*, 86.
22 Stott, *2 Timothy*, 86.

울은 말하는데, 이는 곧 "하나님의 계시한 뜻보다는 자기 자신의 뜻을 더 사랑"[23]한다는 의미이다. 하나님을 우리 삶에서 즐거움을 제하는 분으로 생각한다면 그것은 잘못된 생각이다. 기독교는 사디즘(sadism)과 거리가 멀다. 우리는 즐거움과 하나님 사이에 선택해야 하는 기로에 서 있는 것이 아니다.

문제는 쾌락의 질이다. 향정신성(向精神性) 약품에서 얻는 쾌락과 경건한 삶에서 오는 즐거움은 그 질에 있어서 하늘과 땅 차이다. 사람이 누릴 수 있는 가장 크고 진정한 즐거움은 하나님에게 있다.[24] 그런데 쾌락 자체를 추구하여 하나님 사랑하는 것보다 더하다면 본말(本末)이 전도된 것이다. 그리고 그 결과는 너무나 대조적이다.

현대인들은 다양한 방법으로 쾌락을 추구한다. 취미, 운동, 여행, 게임, 섹스, 환각제 등 얼마든지 자신의 구미에 갖게 자유롭게 탐닉할 수 있는 여건 속에 우리는 살고 있다. 그런데 극단적인 쾌락일수록 시간이 지나면서 만족도가 떨어져 더 높은 강도의 쾌락을 찾게 된다는 함정이 있다. 쾌락을 추구하면 할수록 그것에 중독되고 만다. 극단적인 경우, 자신은 물론 주변까지 황폐화시키고 파괴한다.

반면, 하나님을 사랑하는 데서 오는 만족은 마르지 않은 샘과 같다. 중독에서 자유로운 즐거움이다. 결과도 아름답다. 그래서 시편 기자는 이렇게 말한다.

> **여호와를 기뻐하라 그가 네 마음의 소원을 네게 이루어 주시리로다**(시 37:4).

---

23 Quinn and Wacker, *Letters to Timothy*, 721.
24 위어스비, 『디모데전후서, 디도서』, 208.

위의 목록은 말세의 사회가 각종 병리 현상에 시달릴 것을 말해준다. 헨드릭슨(Hendriksen)은 디모데후서 3:1을 다음과 같이 풀이한다. 디모데라는 이름 대신 독자 자신의 이름을 넣고 한번 읽어보기 바란다.

> 디모데야, 이 마지막 나날, 우리가 지금 살고 있는 이 마지막 기나긴 시대에, 고통스러운 때가 있을 것을 항상 깨달아야 한다.

그의 말은 계속된다.

> 이 시기들이 오고 가겠으나 마지막은 처음보다 심할 것이다. 이때는 악이 점점 증가하는 시기(마 24:12; 눅 18:8)일 것인데, '불법의 사람'(살후 2:1-12; 참조, 마 24장; 막 13장; 눅 21장)의 등장과 악의 절정에서 최고조에 이를 것이란다.[25]

사실 위의 목록들을 보고 크게 놀랄 사람이 많지 않을 것이다. 그것들은 우리가 평소에 듣고 보고 경험하는 것들에 불과하기 때문에 우리에겐 이미 익숙한 것들이다. 그것들이 이처럼 우리의 일상생활의 일부로서 깊이 뿌리 박혀 있기 때문에 우리에게 더 이상 놀라움의 대상이 아니라는 사실이 놀랍다. 그렇지만 때가 가까우면 가까울수록 그 양태들이 점점 심해지고 극성스러워진다는 점에서 우리의 경각심을 요구한다.

말세에는 경건의 모습만 있지 실상 경건의 능력은 없다. 삶의 중심이 하나님에게서 자기 자신에게로 쏠린 자기 중심주의와 이기심의 팽배는,

---

[25] William Hendriksen, *Thessalonians, Timothy, Titus*, New Testament Commentary (Grand Rapids: Baker Book House, 1955), 282-283.

가족의 해체와 사회의 균열을 가져온다. 우리 사회의 각종 지표는 이미 균열이 심각한 단계임을 보여준다. 그런데 이보다 더 염려스러운 것은 사람들의 무감각이다.

익숙함에서 오는 무감각!

물이 점점 뜨거워지는 것도 모르고 솥 안에서 열심히 헤엄치는 개구리처럼 말이다. 하지만 가장 염려스러운 것은 교회도 똑같이 무뎌지고 안일함에 빠져 세상 풍조에 휩쓸리는 것이다. 교회가 거짓 가르침을 걸러내지 못하고, 세상과 동화되며, 불의에 대해 눈을 감을 때만큼 위험한 것은 없다. "이 세대"가 짙은 어둠 속으로 질주할수록 교회는 세상의 소금과 빛으로서의 그 존재 가치를 증명해야 한다.

2. 종말론과 그리스도인의 삶

"이 세대"와 '오는 세대'가 현재 겹쳐 있지만, 전자의 남은 시간은 점점 줄어들고 있고 후자는 절정을 향하고 있다. 그리스도인들은 만개(滿開)할 '오는 세대'에 소망을 두며 시들고 있는 "이 세대"에는 소망을 두지 않는다. 이것이 성도의 올바른 종말론적 시각이며 태도이다. 종말론의 지평은 생각보다 훨씬 넓다.

그런데 우리의 고정 관념이나 편향으로 인해 그 넓은 지평을 제대로 바라보지 못한다. 우리는 무의식적으로 천국 가는 것이 종말론의 전부라고 여긴다. 그래서 설교도 그렇게 한다. 이를 잘 지적한 말이 있어서 잠시 소개하겠으니 천천히 곱씹어보기 바란다.

> 일관되게 우리의 설교와 가르침은 천국에서 그치는데, 바울 신
> 학에서 이는 단지 중간 상태에 불과하다. 더 심한 것은 이 중간
> 상태를 그리스도인의 소망의 총합으로 믿도록 우리의 설교와 가
> 르침이 부추긴다는 것이다. 반복해서 우리는 그리스도인의 소망
> 의 초점으로서 천국에 대해 말한다. 우리는 창조의 파괴에 대해
> 말하지만 그것의 변화와 회복에 관해서는 말하지 않는다.[26]

하나님이 마지막 아담 예수 그리스도를 통해서 이룬 새 창조의 완성을 내다보는 것에 종말론의 방점이 있다. 우리는 그 새 창조에 속할 뿐 아니라 그것의 수혜자이다. 신약성경은 이러한 전망으로 가득하며 재림에 대한 소망을 드러낸다. 바로 이런 전망과 소망이 우리 신앙의 기초를 형성한다. 사도신경을 통해 우리는 매번 이 사실을 확인한다.

> 우리 주 예수 그리스도를 믿사오니 … 죽은 자 가운데서 다시 살
> 아나시며 … 저리로서 산 자와 죽은 자를 심판하러 오시리라.

예수님의 죽음 및 부활이 가져온 반전으로 우리는 부활에 참예하는 자가 되었다. '이미 그러나 아직'의 긴장 구조 속에 아직 우리가 살고 있지만, 예수님의 재림은 "이 세대"의 종식을 고할 뿐 아니라 새 시대의 절정을 가져올 것이다. 재림이 성도들의 소망이 되는 이유이다.

바울 역시 이 소망을 가지고 사역에 임했음을 그의 편지 곳곳에서 확인할 수 있다. 종말론이 바울 신학의 중심적 위치를 차지한다는 것을 부

---

26 James P. Ware, "Paul's Hope and Ours: Recovering Paul's Hope of the Renewed Creation," *Concordia Journal* 35, no. 2 (Spring 2009): 133.

인할 사람은 없을 것이다.[27]

바울에게 있어서 종말론은 사변의 대상이 아니라 성도의 정체성과 삶을 규정짓는 역할을 한다. 하나님의 백성들이 가진 장래의 확실한 소망은 이 세상과는 구별된 믿음의 공동체라는 집단 정체성을 형성한다.[28] 그리스도인들은 예수 그리스도를 통해 구원 받은 믿음의 공동체이다. 이런 정체성을 구현할 '현재'를 그리스도인들은 살아야 한다. '이미 그러나 아직'이라는 종말론적 긴장이 성도의 삶을 지배한다.

리처드 헤이스(Richard B. Hays)는 이 상태를 "두 시대의 접점"[29]이라는 말로 표현하고 있다. 그리스도인들의 장래 소망은 오늘의 현실을 사는 윤리적 책임의 근거가 되기도 한다.[30] 이런 의미에서 종말론과 윤리는 뗄래야 뗄 수 없는 관계이다.

장홍길은 이를 "공속(共屬)적인 관계"라고 규정하며 다음과 같이 설명한다.

> 그러므로 바울의 경우 함께 나타나는 현재적인 구원 진술과 미래적인 구원 진술은, 믿는 자가 그리스도 안에서 장차 일어날 하나님의 구원을 현재 미리 선취(先取)하고 다시 오실 그리스도로

---

27 J. P. Thornton-Duesbery, "The Gospel and the Things to Come," *Theology Today* 7, no. 21 (July 1950): 193. 그는 "복음의 종말론은 복음 자체의 일부"라고 단언한다. David. N. Scholer, "'The God of Peace Will Shortly Crush Satan under Your Feet' (Romans 16:20a): The Function of Apocalyptic Eschatology in Paul," *Ex Auditu* 6 (1990): 57. 숄러는 바울의 종말론적 사고가 씨실과 날실처럼 그의 서신을 촘촘히 구성하고 있는데, 때론 그것이 명확하게 드러나기도 하지만 때론 암시적인 형태로 드러난다고 진술한다.

28 Scholer, "The God of Peace Will Shortly Crush Satan," 59.

29 리처드 헤이스, 『신약의 윤리적 비전』, 유승원 역 (서울: 한국기독교학생회 출판부, 2002), 49.

30 Witherington, *Jesus, Paul and the End of the World*, 239.

말미암아 행해질 미래적인 하나님의 구원 행동에 자신의 행동과 삶을 일치시켜야 하는 변증법적인 긴장 관계 안에서 이해되어야 한다. … 그러므로 윤리는 종말론의 당연한 귀결이며, 또한 종말론은 윤리의 전제이다.[31]

바울의 종말론적 비전은 단지 천국에 들어가는 것을 넘어 변화와 회복을 포괄하며 이는 다시 윤리적 가르침으로 제시된다.

1) 바울의 종말론과 윤리

(1) 그리스도로 옷을 입은 자

우리가 그리스도와 연합하는 길은 오직 믿음뿐이다. 세례는 이를 공식적으로 가시화하는 의식이다. 당장 우리 눈에 보이지 않으나 이 연합은 실질적인 변화를 우리에게 가져온다. 바울은 이것을 옷 입는 것에 비유하여 갈라디아서 3:27-29에서 다음과 같이 진술한다.

> 누구든지 그리스도와 합하기 위하여 세례를 받은 자는 그리스도로 옷 입었느니라. 너희는 유대인이나 헬라인이나 종이나 자유인이나 남자나 여자나 다 그리스도 예수 안에서 하나이니라. 너희가 그리스도의 것이면 곧 아브라함의 자손이요 약속대로 유업을 이을 자니라(갈 3:27-29).

---

31 장홍길,『신약성경 윤리』(서울: 장로회신학대학교 출판부, 2002), 161-162.

엄청난 내적 변화를 표현할 때 죽음이라는 은유(metaphor)는 효과적인 도구가 된다. '예전의 나는 이미 죽었어. 이제 나는 다른 사람이야'라는 말을 우리는 종종 듣게 된다. 잘못된 과거를 단절하기란 엄청난 결단이 요구되는 쉽지 않은 일이다. 여기까지만 해도 보통은 잘한다는 말을 듣게 되지만, 진짜 문제는 그 다음이다. 과거와 단절한 그 이후에는 뭘 어찌해야 할지 몰라 헤맬뿐더러, 설령 그렇지 않다 해도 결국 관성에 이끌려 원래 상태로 돌아가기 일쑤이다. 눈보라 치는 설원에서 길을 찾아 갔는데 결국은 다시 그 자리로 오는 것처럼 말이다.

예수의 이름으로 세례 받는다는 것은 단순한 심리적 변화 그 이상이다. 그의 죽음과 부활에 동참하는 것이다(롬 6:3-5). 즉, 공동 운명으로 묶이게 됨을 뜻한다. 죽는다는 것은 곧 죄에 대하여 그렇다는 말이요, 산다는 것은 그리스도와 함께 살아났다는 것이다. 바울은 그리스도와의 연합된 상태를 그리스도로 옷 입었다고 표현한다. 보다 구체적으로 이 말은 "그리스도의 능력에 사로잡혀 있는 것, 그리스도의 지배 영역에 존재하는 것(율법 아래 있는 것과 반대로), 그리스도의 형상으로 변화한 것(골 3:9-10)을 뜻한다."[32]

어떤 재질과 형태의 옷을 입는가에 따라 그 사람의 사회, 경제적 지위나 취향 등이 드러난다. 또한 입는 옷에 따라 우리의 행동 양식이 변하기도 한다. 예컨대, 실크 드레스 위에 고급 모피를 우아하게 둘렀을 때와 헐렁한 바지에 대충 상의를 둘렀을 때의 사람 행동거지가 똑같을 수는 없다. 이처럼 옷은 곧 그 사람을 나타내기도 하며 그의 행동 양식을 규정하기도 한다.

---

32 김창락, 『갈라디아서』, 대한기독교서회 창립 100주년기념 성서주석 40 (서울: 대한기독교서회, 1999), 310.

이런 점에서 그리스도로 옷 입는다는 바울의 비유를 이해해 볼 수 있다. 그리스도로 옷 입는다는 것은 그리스도로의 귀속을 나타낸다. 신분과 지위의 변화이다. 개인주의적 사고방식에 익숙해진 현대인들로서는 그리스도와의 연합을 개인적 차원에서만 이해하겠지만, 하나님은 우리를 공동체로 불렀다는 것을 상기해야 한다.

고린도전서는 공동체의 일체성에 대한 바울의 지대한 관심으로 두드러지는데, 이는 그 공동체가 하나님의 거하는 처소라는 담찬 주장에서도 확인된다(고전 3:16).[33] 이 부름은 세상에서 벌어지는 집단 간의 차별을 초월한다. 따라서 "인종적, 신분적, 성적 차별과 분열이 철폐되고 하나의 통일체를 이루는 대원칙 또는 새로운 질서"[34]가 그리스도인들을 지배하는 원리가 된다. 따라서 새 생명의 원리는 필연적으로 그에 합당한 가치관과 윤리적 요구를 낳는다.

로마서 13:11-14에서 바울의 윤리적 요구는 종말론적인 시간 틀에서 이루어진다. 즉, 구원이 처음 믿을 때보다 가까웠다. 밤이 깊어가고 낮이 멀지 않았으니 성도들은 깨어 있어야 한다. 그는 여기서 성도들의 영적 각성을 옷 입는 것에 비유한다. 어둠의 일은 벗어 버리고 대신 빛의 갑옷을 입어야 한다. 영적 각성은 성도들의 윤리적 행동으로 드러나야 한다. 그래서 그는 교인들에게 자세한 지침을 준다.

방탕하거나 술 취하지 말며 음란하거나 호색하지 말며 다투거나 시기하지 말고 …(롬 13:13).

---

33 헤이스, 『신약의 윤리적 비전』, 68-69.
34 김창락, 『갈라디아서』, 314.

이런 일들은 정욕을 따르는 행동이며 육신의 일이다. 이는 육체의 욕심, 육체의 소욕의 결과이다(참조, 갈 5:16-21). 육신의 일을 행하는 대신 예수 그리스도로 옷 입으라고 바울은 명한다. 그는 그리스도로 옷 입는 것을 육신의 일의 대안(代案)으로서 제시하고 있다.

갈라디아서 5장에서는 표현을 달리하여 "성령을 따라 행하라"라고 말한다. 성령을 따르는 삶에는 육신의 일과 현격히 대조되는 열매가 맺힌다. 사랑, 희락, 화평, 오래 참음, 자비, 양선, 충성, 온유와 절제. 그리스도인들의 삶과 육신의 일은 양립할 수 없다. 왜냐하면 그들은 정욕과 탐심을 십자가에 못 박았기 때문이다.

이처럼 그리스도로 옷 입는다는 것은 성도들의 정체성과 관련되며, 동시에 윤리적 삶의 근거로 제시된다. 그리스도의 생명을 입은 자에게 그에 합당한 삶을 살라는 요구는 성도라는 정체성에서 필연적으로 파생되는 요구인 것이다.

(2) 새 사람을 입으라

겉으로 드러나는 행위는 사실 내면의 생각, 의도, 욕구가 바깥으로 표출된 것이다. 한마디로 마음에서 바라고 그리는 바가 언어와 행동으로 실체화된다(참조, 마 15:16-20). 그리스도를 통한 새 창조는 전인(全人)적인 변화로 우리를 이끈다. "이 세대"와 '오는 세대'의 변증법적 구도 속에서 이 2가지 삶의 양식은 충돌을 일으킨다. 이전의 삶의 양식으로는 도저히 새 시대의 삶의 양식을 담아낼 수 없다. 이는 전인에 관계된 문제이다. 그래서 바울은 이를 옛 사람과 새 사람이라는 대립으로 그려낸다.

> 너희가 서로 거짓말을 하지 말라 옛 사람과 그 행위를 벗어 버리고 새 사람을 입었으니 이는 자기를 창조하신 이의 형상을 따라 지식에까지 새롭게 하심을 입은 자니라(골 3:9-10).

> 너희는 유혹의 욕심을 따라 썩어져 가는 구습을 따르는 옛 사람을 벗어 버리고 오직 너희의 심령이 새롭게 되어 하나님을 따라 의와 진리의 거룩함으로 지으심을 받은 새 사람을 입으라 (엡 4:22-24).

두 구절에서 공통적으로 '옛 사람-벗으라'가 '새 사람-입으라'와 각각 대응된다. 옛 사람과 새 사람의 대조는 윤리적 차원에서 이루어지고 있다.[35] '벗다'라는 말은 완전한 변화를 비유적으로 나타낸다.[36] 대조에 의해 새 사람을 입으라는 명령은 옛 사람을 벗으라는 말과 자연스럽게 대구를 이룬다. 낡은 옷을 입은 채 새 옷을 입을 수 없다는 점에 비추어 볼 때, '벗다-입다'의 대비는 옛 사람과 새 사람의 양립이 근본적으로 불가능함을 내비친다.

옛 사람과 새 사람은 각각 옛 자아(본성)와 새 자아(본성)를 이를 뿐 아니라, 더 나아가 아담 안에 있는 사람과 그리스도 안에 있는 사람을 의미한다.[37] 다른 유사한 표현으로 바울은 "겉사람"과 "속사람"(고후 4:16)을

---

35 박창건은 새 사람을 "하나님에 의해서 창조된, 진리로 규정된 사람"이라고 정의하여서 이를 윤리적 차원에서 이해할 것을 주장한다. 박창건,『에베소서』, 대한기독교서회 창립 100주년기념 성서주석 41 (서울: 대한기독교서회, 1994), 166.

36 박창건,『에베소서』, 165.

37 Murray J. Harris, *Colossians and Philemon*, Exegetical Guide to the Greek New Testament (Grand Rapids: Eerdmands, 1991), 151; H. M. Carson, *Colossians and Philemon*, Tyndale New Testament Commentaries (Grand Rapid: IVP, 1960), 84.

사용한다. 겉사람은 이 세상에 속하나, 속사람은 "부활의 삶을 위해 변화되고 준비되어 가는"[38] 존재이다.

골로새서 3:10에서 새 사람에 대해 바울은 '자기를 창조하신 이의 형상을 따라 지식에까지 새롭게 하심을 입은 자'라고 부연한다. 이는 새 사람이 "점진적 발전에서 되는 것이 아니라, 창조될 때의 형상이 회복됨으로써"[39] 이루어지는 것임을 고려할 때, 앞서 말한 그리스도로 옷 입은 사람과 일맥상통한다. 여기서 새 사람에 대한 언급이 윤리, 도덕적 지침들이라는 문맥에서 이루어졌다는 점은 새 창조의 질서를 담아내는 삶에의 요구가 필연적으로 새 사람에게 주어짐을 드러낸다. 따라서 바울은 에베소서 4장에서 자연스럽게 윤리, 도덕적 의미에서 '새 사람'을 언급한다.

에베소서 4:23-24의 "오직 너희의 심령이 새롭게 되어"와 "새 사람을 입으라"에서 해당 동사들의 시제가 현재형이라는 것은 그 일이 계속 지속적으로 일어나야 하는 것임을 시사한다. 즉, '그리스도인 됨'이라는 정체성을 일상생활에서 끊임없이 구체적인 삶의 모습으로 구현해야 한다는 것을 일깨워준다.[40]

그리스도로 옷 입어 새 사람이 되는 것은 일회적 사건이지만, 그 새롭게 됨을 유지하고 성장시키는 것은 계속 진행되어야 한다. 성도의 성장 목표는 그리스도에게까지 자라는 것이다. 출생은 일회적 사건이지만, 성장은 계속 진행되어야 할 과정인 것이다. 성도의 성장 목표는 그리스

---

38 Garland, *2 Corinthians*, 240. 바울이 말하는 겉사람과 속사람에 대한 이해는 헬라주의적인 이해와 거리가 멀다. 즉, 외적으로 보이는 신체와 그와 대조되는 내적인 부분으로써의 이성적 정신의 이원론을 바울이 말하는 것이 아니다. 바울은 인간을 통전적으로 이해하는 유대인 시각을 견지하고 있다. 김판임, 『고린도후서』, 137.

39 전경연, 『골로새서, 빌레몬서』, 대한기독교서회 창립 100주년기념 성서주석 43 (서울: 대한기독교서회, 2010), 317.

40 존 스톳트, 『하나님의 새로운 사회』, 박상훈 역 (서울: 아가페 출판사, 1986), 229-230.

도에게까지 자라는 것이다. 이는 곧 "그리스도 자신이 소유하고 부여하는 충만함"에 이르는 것이다.[41] 그리스도인들의 목표는 중생(重生)으로 그치는 것이 아니란 것을 알 수 있다.

성화니 성장이니 하는 건 관심 없고 그저 구원만 받으면 그만이라는 생각은 우리를 향한 하나님의 뜻과 기대를 무시하는 불순종과 이기심에 다름 아니다. 아이가 초등학교에 입학할 나이가 되어서도 3살 때의 체중과 키를 여전히 유지한다면 그건 비정상이다.

마찬가지로 중생한 영적 신생아는 성장을 거듭해야 한다. 우리를 향한 하나님의 목표치를 임의대로 낮추고 축소할 권한이 우리에게 없다. 그리스도인의 성장은 집합적 차원을 갖는다.[42] 교회가 그리스도의 몸이라는 하나의 유기체로 표현되기 때문이다(엡 4:15-16). 이는 개별 그리스도인의 성장이 교회라는 공동체적 맥락을 전제로 함을 암시한다. 이런 의미에서 다음의 말은 옳다.

> **거룩이란, 인간들과는 고립된 채로 하나님과의 관계에서 누리게 되는 어떤 신비로운 상태를 의미하지 않는다.**[43]

깊은 산 속에서의 나 홀로 경건은 성경의 가르침과는 거리가 멀다. 따라서 바울은 교인들에게 다음과 같은 구체적인 윤리적 지침들을 준다.

골로새서 3장에서 바울은 땅에 있는 지체를 죽이라는 극단적인 표현을 쓴다. 골로새 교인들이 죽여야 할 것은 곧 음란, 부정, 사욕, 악한 정

---

41 스톳트, 『하나님의 새로운 사회』, 214.
42 스톳트, 『하나님의 새로운 사회』, 213-214.
43 스톳트, 『하나님의 새로운 사회』, 232.

욕 및 탐심이다. 이뿐 아니라 분함, 노여움, 악의, 비방과 부끄러운 말도 버려야 한다. 이는 모두 땅의 것이요 하나님의 진노를 부르는 것들이다. 대신 그들은 위의 것을 찾고 추구해야 한다. 그 이유는 그리스도와 함께 살리심을 받았기 때문이다. 그들은 이제는 새로운 피조물이다(고후 5:17). 새 피조물이란 첫 창조 때의 아담과 대비되는 둘째 아담 안에서 새롭게 태어났으며 그리스도의 통치를 받는 새 피조물을 일컫는다.[44]

새 피조물인 성도들은 그리스도 예수 안에서 함께 하늘에 앉힘(엡 2:6)을 받은 자들이다. "예수 안에서"라는 말은 단순한 표현이 아니다. 깊고 풍성한 의미를 압축하여 단순화한 것이다. 예수님의 죽음과 부활이라는 종말론적 사건으로 인해 성도는 새 시대의 삶을 살게 되는 것이므로, "예수 안에서"라는 말에는 성도가 "오는 세대에 있으며 그 생명과 능력을 경험함을 뜻한다."[45]

성도들은 더 이상 "이 세대"에 속하지 아니하므로, 그들이 추구해야 할 것은 땅의 것이 아닌 위의 것이다. 이는 선택이 아닌 당위이다. 과거 그들에게 익숙했던 것들은 그리스도인이라는 정체성과 맞지도 않을뿐더러 오히려 그리스도의 몸을 해치는 것이다.

교회가 그리스도의 몸이라는 인식하에서 성도들의 하나 됨을 강조하는 건 자연스러운 논리이다. 에베소서 4장에서 하나 됨을 위한 지침이 주어진다. 성도들은 받은 분량대로 각각 다른 은사를 받고 직임을 맡게 되지만 그리스도를 머리로 하는 한 몸이라는 일체성을 유지한다. 그 몸

---

[44] 김판임, 『고린도후서』, 대한기독교서회 창립 100주년기념 성서주석 39 (서울: 대한기독교서회, 1999), 161-162.

[45] Ladd, *Theology of the New Testament*, 596; 김판임, 『고린도후서』, 160-161. 김판임은 '그리스도 안에서'가 비단 종말론적 의미를 가질 뿐 아니라 교회론적, 성령론적 차원이라는 보다 포괄적인 측면을 가진다고 지적한다.

을 지탱하고 부름을 받은 일에 합당하게 살기 위해서 필요한 것은 겸손, 온유, 오래 참음과 사랑이다.

한편, 그들은 세상의 풍조가 쉼 없이 밀려오는 환경 속에서 살고 있기 때문에 늘 세상의 영향을 받고 있다. 하나님에 대하여 무지하고 무감각하여 방탕에 몸을 맡기는 삶은 각종 다양한 형태로 드러나는데, 그것이 너무나 만연하여 문화라는 이름으로 자리잡고 있다.

이러한 이방인의 행위는 '그 마음의 허망한 것'에서 비롯된다. 따라서 성도들이 그리스도에게까지 자라나려면 심령이 새롭게 되어야 한다. 옛 사람에서 새 사람으로의 변화는 심령에서 이루어진다. 심령, 즉 마음의 변화는 새 사람으로 변화하는 데 전제가 된다.[46] 그리고 마음의 변화는 부단한 갈고 닦음의 과정이다. 우리의 속사람이 날마다 새로워지는 과정이다(고후 4:16).

어제 10만큼 진보했다고 해서 오늘 그 위에 다시 10을 쌓아 올릴 수 있는 건 아니다. 그것은 우리의 순진한 기대와 산술적인 셈법에 불과하다. 어제까지 힘들여 이룬 것을 단 하루 만에 무너뜨리는 일이 다반사다. 그것도 내 손으로! 그러니 누굴 탓할 수도 없다. 무너지면 다시 쌓는 수 밖에 별다른 도리가 없다. 그래서 우리의 진보가 더디게 느껴진다. 비록 진보가 점증적으로 이루어지지는 않을지라도, 그리스도와의 교제와 성령의 능력으로 매일 반복된다는 점에서는 고무적이다.[47] 이것이 날마다 새로워짐의 의미이다.

에베소서 4장과 골로새서 3장이 공통적으로 지적하는 것은 성도들이

---

46 박창건, 『에베소서』, 166.
47 Garland, *2 Corinthians*, 241.

‘하나님의 형상으로' 새롭게 지으심을 받았다는 것이다. 즉 "하나님을 따라"와 "자기를 창조하신 이의 형상을 따라." 그리고 이는 새 사람을 입으라는 윤리적 요구의 근거가 된다.

그리스도 안에 있는 성도는 하나님의 형상이다. 이는 세상 사람들이 성도를 보면 하나님의 살아계심을 인지하게 되고, 하나님이 어떤 분인지 볼 수 있음을 암시한다. 성도의 말 하나, 행동 하나가 하나님을 대표하게 된다는 것을 깨닫고는 막중한 책임을 통감하지 않을 수 없다. 성도가 하나님의 형상이라는 말에는 하나님의 성품을 닮아야 한다는 도덕적 당위가 내포된다. 부모는 자녀가 자신의 모습을 판박이처럼 닮은 걸 발견할 때 내심 좋아한다. 이처럼 우리가 하나님 아버지를 닮아갈 때, 하나님은 흡족해 한다.

(3) 하나님을 기쁘시게 하는 삶

'당신은 궁극적으로 무엇을 위해 사십니까?'라는 질문을 불쑥 던진다면, 즉시 대답할 수 있는 사람이 많지 않을 것이다. 이 질문은 어떤 영화를 좋아하느냐는 질문과는 난이도가 다른 철학적인 질문이다. 기저에 깔린 가치관과 자기 인식 및 인생관을 종합적으로 묻는 질문이어서 그렇다.

"인생이 뭐 있나요? 그저 잘 먹고 잘 살면 그만이지."

혹은 "가족과 함께 행복하게 잘 사는 것이 최고죠. 그러려고 아침부터 밤까지 고생하는 거 아닙니까?"

보통은 별 생각 없이 이런 식으로 대답한다. 그런데 이 무심한 말 한마디에 그 사람의 의식 깊은 곳에 깔린 사고방식과 욕망이 슬며시 묻어난다. 삶은 정신 없이 팽팽 돌아가는데, 사실 내가 그 중심이고 싶다. 삶은 나에게 안락함을 제공해야 하며 끝없이 나를 만족시켜야 한다.

아담이 타락했을 때 삶의 무게 중심이 이동했다. 하나님에게서 자기 자신에게로 말이다.

하나님이 어떻게 보고 판단할지는 안중에 두지 않게 되었다. 내가 좋으면 그만이라는 것이 옛 사람의 가치관이 되었고, 내가 원하는 것을 원하는 방식대로 하는 것이 옛 사람의 행동 강령이 되었다.

하지만 하나님은 그리스도 안에서 새 창조의 역사를 이루었다. 하나님은 우리를 그의 목적으로 불렀다. 사람의 가치와 목적은 사람이 정하는 것이 아니다. 만약 그렇다면 주관적인 판단에 따라 사람마다 제각각 다른 목적과 가치를 부여할 터인데 이럴 경우 어김없이 인간의 가치와 목적은 평가절하를 면치 못한다. 그러나 다행히도 인간의 본래적 가치는 그를 만드신 분에 의해 결정된다. 그리고 인간을 향한 그분의 계획과 바램이 바로 인생 목적이 된다.

따라서 하나님 중심성을 회복한 새 사람은 인생의 궁극적인 목적에 대해 올바른 인식과 태도를 회복하게 된다. 그리고 하나님의 뜻을 아는 것의 중요성을 받아들이게 된다. 그래서 바울은 로마서 12:2에서 이렇게 말한다.

> 너희는 이 세대를 본받지 말고 오직 마음을 새롭게 함으로 변화를 받아 하나님의 선하시고 기뻐하시고 온전하신 뜻이 무엇인지 분별하도록 하라(롬 12:2).

앞 절에서 바울은 로마 교인들에게 그들의 몸을 하나님에게 거룩한 산 제물로 바치라고 권한다. 즉 내밀하게 숨은 동기와 욕구까지 포함하여 그들 자신을 하나님에게 영적 예배로서 산 제물로 바치라는 요청이다. 나의 전인(全人)이 드려지지 않는 형식적 예배는 참된 예배라 할 수 없다. 마음은 없이 의무감에서만 나오는 섬김은 빈 껍데기일 뿐이다. 하나님은 우리가 마음을 다하고, 뜻을 다하고, 힘을 다하여 하나님을 사랑하기를 원한다.

그런데 우리가 이런 영적 예배를 드리는 데 걸림돌이 되는 요소가 있음을 바울은 지적하여 명한다.

너희는 이 세대를 본받지 말고 …(롬 12:2).

'본받다'라는 의미의 헬라어 '쉬스케마티조마이'(συσχηματίζομαι)는 "지속적이기보다는 불안정하고 변화하는 삶의 양식을 따른다는 사상"을 담고 있으며, 이 문장 전체가 의미하는 바는 "중생한 하나님의 자녀로서 성도들의 내면에 있는 것에서 나오지도 않고 또 그것을 대표하지도 않는 삶의 양식"을 더 이상 따르지 말라는 것이다.[48]

여기서 우리는 '이미 그러나 아직'의 종말론적 성도의 실존과 마주하게 된다. 그리스도를 통해 새 시대가 개화한 것은 맞지만 아직 만개한 건 아니다. 즉, 아직 성도는 두 시대의 접점에 발을 딛고 있다. 사방에서 쇄도하고 있는 이 세상의 물결에 하나님의 자녀라는 정체성이 함몰되어서는 안 된다.

성도의 변화는 외부에서가 아니라 내면에서 생겨나야 한다. 안이 변하면 자연히 바깥도 변하기 마련이다. 그래서 바울은 마음을 새롭게 하는 것이 변화의 핵심임을 암시한다. 또한 변화를 받으라는 명령이 현

---

48 D. Edmond Hiebert, "Presentation and Transformation: An Exposition of Romans 12:1-2," *Bibliotheca Sacra* 151, no. 603 (July-September 1994): 320.

재 시제로 주어진 것은 변화가 지속적으로 일어나야 할 것을 시사한다. 성도의 내면이 새롭게 되어야 하는 목적은 분명하다. 즉 하나님의 뜻을 분별하는 것이다. 하나님의 선한 뜻이라는 말에는 "각 성도를 향한 하나님의 뜻이 도덕적으로 선한 것이며 그 본질에 있어서 그리고 그것이 성도의 삶에 끼치는 영향에 있어서 유익한 것"이라는 의미가 내포된다.[49]

"기뻐하시고"는 마음에 기꺼워하고 만족스러운 것을 말한다. 아담의 타락은 사람에게 전(全) 방위적인 영향을 미쳤는데, 지성과 의지가 그중 하나이다. 타락 이후 사람의 의지가 왜곡된 방향으로 발동되며, 판단력도 흐려졌다. 하지만 그리스도 안에 있는 성도는 하나님의 뜻을 분별하여 알 수 있다.

예수님은 하나님의 뜻을 구하는 삶의 본을 제자들에게 보였다. 더 나아가 하나님의 뜻을 행하는 것을 자신의 양식으로 삼았다(요 4:34). 하나님의 뜻을 구하고 자신의 뜻을 그에 맞추는 것은 자발성을 요한다. 하나님이 항상 옳다는 인식하에 그 뜻을 따르고자 한다면, 내가 하나님의 뜻을 기뻐해야 한다. 그래서 시편 기자는 다음과 같이 고백한다.

> 나의 하나님이여 내가 주의 뜻 행하기를 즐기오니 주의 법이 나의 심중에 있나이다 하였나이다(시 40:8).

하나님의 뜻을 분별하여 자신의 의지를 그 뜻에 일치시키는 것은 자신을 하나님이 기뻐하는 제물로 바치는 영적 예배이다.

하나님을 기쁘시게 한다는 것은 하나님을 나의 생각과 행동의 중심으

---

49 Hiebert, "Presentation and Transformation," 323.

로 삼는 것이며 하나님을 궁극의 목적으로 삼는 것이다.[50] 하나님을 기쁘시게 하기 위해서 우리가 가장 먼저 해야 할 일은 그분의 뜻을 살펴 아는 것이다. 성도를 향한 하나님의 뜻과 마음을 안다면 그 다음은 그것을 우리 삶에서 구현해내는 것이다. 하나님의 기뻐하는 뜻이 무엇인지 안다면 이제는 이를 행동으로 옮기는 일만 남는다. 이와 관련하여 바울은 데살로니가전서 4:1에서 교인들에게 다음과 같이 말한다.

> 그러므로 형제들아 우리가 끝으로 주 예수 안에서 너희에게 구하고 권면하노니 너희가 마땅히 어떻게 행하며 하나님을 기쁘시게 할 수 있는지를 우리에게 배웠으니 곧 너희가 행하는 바라 더욱 많이 힘쓰라(살전 4:1).

데살로니가 교인들은 이미 바울에게서 구체적으로 어떻게 하는 것이 하나님을 기쁘시게 하는 것인지에 대한 지침들을 받았다. 그리고 그들은 이를 행해 왔었다. 그런데 바울은 지금까지 해온 것에 만족하지 말고 더 많이 행하라고 권면한다. 계속 성장하라는 것이다.

이미 잘 하고 있는데, 굳이 이런 말을 덧붙일 필요가 없지 않았겠느냐고 혹자는 생각할지 모르겠다. 한마디로 말하자면 바울은 달리는 말에 채찍을 더한 것이다. 자기만족에 안주한다면 성장은 그 순간 멈추게 된다. 자기만족은 자기기만적이다. 자기가 서 있는 줄 아는 사람은 넘어질까 조심해야 하는 것이다.

그래서 존 스토트도 이를 경계하여 이렇게 말한다.

---

[50] 오우성, 『데살로니가전후서』, 대한기독서회 창립 100주년 기념 성서주석 44 (서울: 대한기독교서회, 1995), 128.

> 그리스도인이 자기만족에 빠지는 것은 특별히 무서운 상태이다. 우리는 허영과 무관심에 빠지지 않도록 끊임없이 경계해야 한다. 이생에서는 우리는 결코 최종점에 도달하지 못할 것이다. … 우리가 의롭다 함을 받는 것은 진정 *hapax*('단번에') 된 것이지만, 우리의 성화는 항상 *mallon*('점점 더')이다.[51]

우리는 아직 두 시대 사이에 살고 있다. 최종 지점까지 갈 길이 아직 멀다. 한편으로 생각해보면 하나님을 기쁘시게 하려는 우리의 노력이나 결과가 하나님의 입장에서는 상당히 어설프고 미미할 것이다. 그렇다고 낙담하거나 우리의 노력 자체를 평가절하해서는 안 된다. 비근한 예를 하나 들어보자. 어느 날 어린 아들이 아빠에게 다가와 어깨를 주물러 준다. 고사리 손으로 해주는 안마가 시원할 리 없지만 그 마음씨가 기특하고 대견한 것이다. 비록 몸의 피로는 안 풀려도 아빠 마음은 200% 충전되고도 남는다.

바울은 하나님을 더 많이 기쁘시게 하라는 권면에 이어 실천 항목으로 들어가, 하나님이 성도를 거룩함으로 불렀음을 상기시킨다. 바울이 에베소서 4:24에서 새 사람을 입으라고 말하는데, 새 사람이 '하나님을 따라 의와 진리의 거룩함으로 지으심을 받았다'는 것은 하나님의 형상이 의와 거룩함으로 구체화됨을 가리킨다. 거룩함은 하나님의 본질적 속성이다. 하나님은 존재에 있어서 인간을 비롯한 모든 피조물과 구별되시는 분이다.

하나님은 그 무엇과 견줄 수 없는 비교 불가한 분이다. 극복할 수 없는

---

51 존 스토트, 『데살로니가전후서 강해: 복음, 종말, 교회』, 정옥배 역 (서울: 한국기독교학생회 출판부, 1993), 107-108.

존재론적 차이가 하나님과 사람 사이에 있다. 하나님의 거룩함을 사람에게 적용할 수는 없다. 그런데도 하나님은 성도들에게 거룩함을 요구한다. 이때의 거룩함이란 하나님을 위해 세상으로부터 구별되었다는 의미에서의 거룩함이요 윤리적인 함의를 담은 거룩함이다.

거룩함으로의 부름에 대한 데살로니가 교인들의 반응이 요구된다. 구체적으로 바울은 성, 형제 사랑, 노동 영역에서 그들의 실천을 요구한다. 성도의 삶에서 거룩함이란 어느 특정 영역에만 한정되는 건 아니다. 모든 삶의 영역에서 거룩함이 드러나야 한다. 여러 사람들과 어울릴 때에나 혼자 있을 때에도 우리는 거룩함을 지향해야 한다.

이를 위해서 하지 말아야 할 것과 해야 할 것이 분명 존재한다. 거룩한 삶은 성도다움의 가시적 표현이다. 예수님이 다시 올 때까지 혹은 그 전에 우리가 예수님에게 갈 때까지 거룩함은 우리의 두드러진 특징이어야 한다. 그래서 바울은 데살로니가 교인들에게 이런 소망을 표현한다.

> 너희 마음을 굳건히 하시고 우리 주 예수께서 그의 모든 성도와 함께 강림하실 때에 하나님 우리 아버지 앞에서 거룩함에 흠이 없게 하시기를 원하노라(살전 3:13).

비교 우위 차원에서의 거룩함이 아니라 하나님 앞에서 흠이 없는 거룩함이라는 점에서 높은 수준의 삶이 성도들에게 기대되는 것이다.[52] 거룩함은 종말론적 성도들의 특성인 것이다. 우리가 거룩한 삶을 사는 것은 하나님의 기뻐하는 뜻이다. 그리고 하나님은 "자기의 기쁘신 뜻을

52　Morris, *Thessalonians*, 110.

위하여" 우리에게 "소원을 두고 행하게" 한다(빌 2:13). 우리가 이 소원을 굳게 붙잡고 살면 하나님에게 만족과 기쁨을 주게 된다. 그리고 그것은 다시 우리의 만족과 행복으로 돌아온다.

(4) 그리스도를 본받아

사람이 새로운 것을 배우고 습득할 수 있는 것은 학습 능력이 있기 때문이다. 학습이 일어나는 기제(機制) 중 가장 강력한 것은 모방이다. 아기는 부모의 말을 듣고 따라 함으로써 자연스럽게 언어를 익히게 된다. 부모가 정확하고 다양한 언어를 구사하면 아이도 풍부한 언어 구사력을 갖게 된다.

비단 언어뿐이겠는가?

모방할 좋은 대상이 가까이 있다면 그 사람에게는 더할 나위 없이 행운인 것이다. 어떤 분이 남편이 갑자기 목회의 길을 가게 되어 목회자 사모가 되었는데, 처음에 너무 막막했었다고 한다. 왜냐하면 가까운 지인 중 목회자 사모인 분이 없었던 터라 올바른 처신에 대해 보고 배울 기회가 없었기 때문이었다.

그리스도인답게 살라는 말을 들을 때에 우리도 이와 비슷한 마음을 갖게 된다. 문제는 역할 모델이다. 주변에 좋은 역할 모델이 있다면 그가 어떻게 하는지를 보고 배울 수 있을 것이다. 하나님은 자신의 자녀들을 표지판도 없는 허허벌판에 내동댕이치고는 알아서 길을 찾으라고 하지 않는다. 우리에게 이미 좋은 역할 모델을 보내주었다.

바울은 빌립보서 2장에서 교인들에게 마음과 뜻을 같이 하는 공동체를 이루라고 말한다. 서로가 마음을 합하려면 겸손한 마음을 품어야 한다. 서로를 자기보다 낮게 여기는 마음, 그리고 자기 일뿐 아니라 상대방의 일도 돌보는 마음과 태도는 공동체가 사분오열로 분열되지 않고 하나를 이루는 관건이다. 호소력 있게 설득하는 방법으로는 생생한 실례만큼 좋은 건 없다. 이는 입증된 사실의 힘 때문이며, 또 그것이 전하는 감동 때문이다. 바울은 그리스도의 예를 들어 빌립보 교인들에게 겸손의 모범을 제시한다.

> 너희 안에 이 마음을 품으라 곧 그리스도 여수의 마음이니 그는 근본 하나님의 본체[53]시나 하나님과 동등됨을 취할 것으로 여기지 아니하시고 오히려 자기를 비워 종의 형체를 가지사 사람들과 같이 되셨고 사람의 모양으로 나타나사 자기를 낮추시고 죽기까지 복종하셨으니 곧 십자가에 죽으심이라(빌 2:5-8).

바울은 그리스도의 낮아짐에 대해 말한다. 그 낮아짐이 얼마나 극단적인지가 하나님의 본체와 종의 형체로 대비된다. 하나님과 썩어질 몸을 가진 인간 사이의 간극의 깊이를 우리는 가늠조차 할 수 없다. 그런데 예수님은 놀랍게도 이 간극의 깊이를 헤치고 성육신했다. 이 낮아짐은 2가지 점에서 더 놀랍다.

첫째, 그것은 자발적인 낮아짐이었다.

'여기지 아니하시고,' '자기를 비워,' '종의 형체를 가지사' 그리고 '자기를 낮추시고' 등은 하나같이 능동적인 행동을 묘사한다. 이는 그리스도의 낮아짐이 어떤 강요나 강압에 의하여 억지로 이루어진 것이 아니라,

---

[53] 맥스웰과 벤틀리는 하나님의 본체를 "출생 이전에 존재하던 그리스도의 선재적이고 기원이 없는 신성"이라고 풀이한다. 시드니 맥스웰, 토마스 벤틀리,『빌립보서, 골로새서』, 정병은 역 (서울: 전도출판사, 1994), 76.

순전히 자발적인 결단에 의한 것임을 나타낸다. '자기를 비워'는 그리스도의 자발적 낮아짐을 잘 드러낸다.

그런데 그리스도가 비운 건 무엇일까?

시드니 맥스웰(Sydney Maxwell)과 토마스 벤틀리(Thomas Bentley)는 그리스도가 비우신 것은 신성이 아니라고 주장한다. 왜냐하면 만약 그렇다면 그리스도는 하나님이심을 중단하는 것과 같기 때문이다. 그들의 설명은 계속 이어진다.

> 그러면 그분은 무엇을 비우신 것일까? 그것은 신성의 본질적인 속성이 아니라 위엄과 영광의 자질들이었다. 우리는 '하나님의 본체'와 '하나님과 동등됨에 처하는 것'의 차이를 알아야 한다. 여기서 요한복음 17:5을 기억하면 도움이 되는데, 거기서 그분은 세상이 있기 전에 아버지와 함께 누렸던 영화로써 자신을 영화롭게 해 달라고 아버지께 기도를 드렸다. 분명 이것은 그분의 '자기 비움'을 가리킨다.[54]

그리고 예수 그리스도의 낮아짐은 죽기까지 복종하는 데에서 절정에 달한다.

둘째, 그 낮아짐은 자기 희생적이었다.

그리스도의 자기 비움의 절정이 십자가로 표상되는데, 한편 십자가는 그리스도의 자기 희생의 절정이다. 십자가에서의 죽음은 순전히 타인을 위한 것이었다. 이로 말미암아 많은 사람이 의롭다 하심을 받아 생명에

---

54 멕스웰, 벤틀리, 『빌립보서, 골로새서』, 77.

이르게 되었다(롬 5:18).

남을 위해 자신을 희생하는 건 쉽지 않다. 다른 사람이 아름다운 이름을 얻게 하기 위해 자신이 오명을 뒤집어쓰고, 남이 고귀해지기 위해 스스로 비천함에 처하며, 타인이 생명을 얻도록 자기 생명을 초개같이 내던지는 건 죄성으로 뒤틀린 사람들로서는 언감생심(焉敢生心), 꿈도 못 꿀 일이다. 바울은 그리스도의 희생이 그럴만한 가치 있는 사람들을 위해 이루어진 것이 아님을 강조한다.

> 우리가 아직 죄인 되었을 때에 그리스도께서 우리를 위하여 죽으심으로 …(롬 5:8).

이보다 더한 자기 희생은 찾아볼 수 없다.

바울이 그리스도의 자기 비움을 거론한 이유는 5절 이전에서 이미 드러나 있다. 그는 빌립보 교인들에게 그리스도 예수의 마음을 품으라고 말한다. 겸손한 마음으로 공동체 내에서 서로를 섬기라는 말이다. 바울은 낮아짐의 가장 좋은 본을 그리스도에게서 찾고 이를 교인들에게 예시하는 것이다. 둘 이상의 사람들이 모여 한 마음이 되기 위한 전제 조건은 상대방을 존중하는 것이다. 그렇지 않으면 부지불식간에 원망과 불평의 앙금이 쌓이게 된다.

서로가 상대방을 인정해 주지 않고 자신의 우월함을 뽐내기 바쁘다면 불필요한 경쟁심과 반목이 촉발된다. 이 악순환의 고리를 끊을 수 있는 길은 남을 낮게 여기고 자신을 낮추는 것뿐이다. 이럴 때 화합과 상생의 길이 열린다. 성자 하나님이 몸소 자신을 낮추어 인간이 되었고 인간을 위해 십자가에 달리기까지 하였다.

자기 비움의 발자취가 이렇듯 선명한데, 어떻게 따르지 않을 수 있겠는가!

바울이 빌립보서 4장에서 유오디아와 순두게에게 "주 안에서" 화합을 권하는 것은 2장의 논지의 연장선으로 보인다. 이로 보건대, 바울은 빌립보 교회 내 갈등으로 인한 균열을 봉합하는 데 많은 심혈을 기울였음을 엿볼 수 있다.

여기서 우리는 바울에 있어서 이른바 케노시스 신학[55]이 기독론적 사변에 그치지 않고 성도들을 위한 윤리적 패러다임으로 작용하고 있음을 알 수 있다.[56] 성도들은 예수 그리스도를 본받아야 한다.[57] 예수님의 자기 비움은 하나님에게 대하여 십자가를 불사하는 온전한 순종으로, 그리고 인간에 대하여는 값비싼 희생으로 드러났다. 헤이스는 하나님에게 대한 예수님의 순종을 "십자가 죽음이라는 패러다임"으로 정의하고 다음과 같이 설명한다.

> 아담은 하나님의 뜻을 거역한 인류의 반역의 선도자요 원형적 상징이다. 반면에 예수님은 철저한 복종을 통해 아담의 죄의 결과를 뒤집고, 새롭게 순종하는 인류의 선도자가 된다. … 친히 십

---

55 케노시스 신학이란 예수 그리스도의 '자기 비움'을 표현하는 용어이다. '케노시스'(kenosis)는 '비우다'의 헬라어 '케노오'(κενόω)에서 나온 말이다.

56 헤이스도 이 점을 옳게 지적하고 있다. 헤이스, 『신약의 윤리적 비전』, 63-64을 보라.

57 바울은 여기서 예수 그리스도의 자기 비움을 성도들은 본받아야 한다고 말하는 것이지 예수님의 지상 사역 기간의 특정한 윤리나 도덕적 모범을 따르라는 의미는 아니라고 마테라(Matera)는 지적한다. 하지만 예수님의 자기 비움이 지상 사역 기간 동안의 모범도 포함하는 개념으로 보는 것이 더 타당해 보인다. Frank J. Matera, *New Testament Ethics: The Legacies of Jesus and Paul* (Louisville: Westminster John Knox Press, 1996), 179. 참조, Michael Thompson, *Clothed with Christ: An Example and Teaching of Jesus in Romans 12:1-15:13*, Journal for the Study of the New Testament Supplement Series 69 (Sheffield: JSOT Press, 1991), 218-221.

자가에서 죽으심으로 이루어 낸 예수님의 순종은, 바울이 설교를 통해 그의 사람들에게 심어주고자 하는 '믿음의 순종'(롬 1:5)의 원형이 된다.[58]

마지막 아담으로서 예수님은 순종의 길을 제시할 뿐 아니라 몸소 그 길을 앞서 갔다. 그 길은 예수님과 연합된 성도들이 따라가야 할 길이다. 예수 그리스도는 하나님의 형상이다(고후 4:4). 그리고 고린도후서 3:18은 성도가 그리스도의 형상과 같은 형상으로 변화할 것과 그 변화는 점증적임을 시사한다.

> … 영광에서 영광에 이르니 …(고후 3:18).

여기서 그리스도의 형상은 곧 그리스도의 성품을 지칭한다는 해석[59]은 이제까지 살펴온 바에 비추어볼 때 타당한 해석이다.

바울은 그리스도를 본받으라는 말 외에도 하나님을 본받으라고 말하는데(엡 5:1), 표현만 다를 뿐 동일한 내용을 갖는다. 예수 그리스도는 성부에게 순종함으로써 율법의 모든 요구를 이뤘다. 그리고 율법의 완성은 사랑이다(롬 13:10). 성도가 사랑의 삶을 산다는 것은 십자가에 나타난 그리스도의 사랑뿐 아니라 아들을 세상에 보내신 하나님의 사랑을 모델로 하는 것이다. 이런 점에서 하나님을 본받는 것과 곧 그리스도를

---

58 헤이스, 『신약의 윤리적 비전』, 65.
59 Volker Rabens, "Ethics and the Spirit in Paul (2): Religious-Ethical Empowerment through the Relational Work of the Spirit," *Expository Times* 125, no. 6 (March 2014): 277.

본받는 것은 하나이다.[60] 그리스도를 본받는다는 건 그리스도를 닮아가는 것, 곧 그리스도의 형상으로 변화하는 것이다.

우리가 그리스도의 형상으로 화하는 것이 우리를 향한 하나님의 궁극적 목표이자 뜻이다. 천국에서의 삶을 단지 죽음과 슬픔, 고통이 없는 삶 정도로만 그려왔던 우리들에게 하나님은 정말 크고 원대한 비전을 제시하였다. 시쳇말로 죽었다 깨어나도 우리로서는 꿈도 못 꿀 일이다.

그것을 하나님이 계획하였고 그리스도를 통해 이미 시작하여서 그 목표를 향해 우리를 한 걸음씩 이끌고 있다. 그리고 그것을 마침내 완전히 성취할 것이다. 때가 되면 우리에게 그리스도의 형상이 완성되어 있는 것을 확인할 수 있을 것이다. 주님의 재림이 고대되는 이유인 것이다. 측량할 수 없고 불가사의하기까지 한 하나님의 깊이와 넓이와 높이에 입이 다물어지지 않는다. 그래서 시편 8:4을 패러디해 본다.

'대체 하나님은 어떤 분이시기에 우리를 이렇게까지 생각하는 겁니까?'

2) 윤리의 종말론적 함의

바울은 그리스도인들이 이 세상에서 어떻게 그리스도인다운 삶을 살아야 하는지에 많은 관심을 할애하고 있다. 이는 그의 편지들 곳곳에서 쉽게 확인된다. 그는 각 교회의 성도들이 처한 갖가지 상황에 따라 여러 윤리적 지침들을 준다. 따라서 다루는 주제들도 다양하다. 즉 형제 사랑, 부모 자식 관계, 부부 관계, 주인과 종의 관계, 근면, 구제, 용서, 겸손 등이다. 특기할만한 것은 그의 여러 윤리적 지침들이 각 교회의 당면 상

---

60 O'Brien, *Letter to the Ephesians*, 354.

황이라는 문맥에서 주어졌을 뿐 아니라, 종말론이라는 보다 넓은 맥락에서 주어졌다는 점이다.

바울은 성도들이 새 사람을 입어야 한다고 힘주어 권면한다. 성도들은 그리스도 안에서 하나님의 새 피조물이다. 따라서 창조주-피조물의 관계가 새롭게 정립되었다. 동시에 그들은 하나님의 자녀요, 하나님 나라를 상속받을 자들이다. 아담 안에 있던 이전 것은 지나갔다. 이제 그리스도 안에서 새로운 삶의 원리와 질서 가운데 그들은 살게 되었다.

마지막 아담인 예수 그리스도는 신 인류의 선도자로서 어떻게 하나님을 섬기는지를 보여 줬다. 하나님 섬김의 핵심은 순종이다. 예수 그리스도는 순종의 원형으로서 친히 본을 보였다. 성도들은 그리스도를 본받아 하나님을 기쁘시게 하는 삶을 살아야 한다.

바울이 각 교회에 윤리적 지침들을 줄 때 종말론적 전망에 기초한다는 것은 교회와 종말론 사이의 관련성을 전제하지 않고서는 생각할 수 없는 일이다. 사실 교회의 태생 자체가 종말론적이다.

이에 대해 그렌츠(Grenz)는 다음과 같이 설명한다. 성령의 사역으로 탄생한 교회는 하나님의 미래적 통치를 고백한다는 점에서 종말론적이다. 교회는 하나님이 정한 미래 운명에 의해 결정된다(그러니까 과거와 현재의 경험에 의해 교회의 미래가 결정되는 것이 아니다. 하나님의 목적하심에 따라 미리 정해진 영광스러운 운명이 교회의 현재를 결정한다는 말이다). 한마디로 교회는 하나님이 예비한 "종말론적 실제의 미리 보기"이다.[61]

이는 건축가가 완성된 집의 모습을 미리 머리에 그리고 설계한 다음 기초 공사부터 시작하여 여러 공정을 순서대로 진행하는 것과 같다. 건물의

---

61 Stanley J. Grenz, *Theology for the Community of God* (Grand Rapids: Eerdmans, 2000), 478-479.

완공은 마지막 단계까지의 작업 과정을 마치는 것이기도 하지만, 다른 한편으로는 애초에 의도한대로 다 이루어진 것을 의미한다. 따라서 종말론은 우리 생각보다 훨씬 근본적이며 동시에 포괄적임을 알 수 있다.

이미 살펴본 대로, 교회를 향한 하나님의 뜻은 그리스도의 장성한 분량까지 자라는 것이다. 예수님의 형상이 교회가 최종적으로 도달해야 할 목표이다(참조, 롬 8:29).[62] 구원은 2가지 측면을 갖는다. '~으로부터의 구원'과 '~에로의 구원'이 그것이다. 우리는 죄와 사망과 저주로부터의 구원에 대해 자주 말하지만, 그 다음 어디로 향하는 구원인지 그리고 무엇을 위한 구원인지에 대해서는 간과하기 일수이다.

바로 이런 점에서 종말론의 중요성이 부각된다. 우리를 성도로 부르신 하나님의 뜻과 계획은 우리의 제한된 상상력과 기대치를 뛰어넘는다. 교회는 "이 세대"가 끝나고 '오는 세대'가 정점에 이르는 재림 때 거룩하고 흠 없는 모습으로 하나님 앞에 서게 될 것이다.

성도 각자는 교회의 이런 비전을 마음에 품고서 공동체를 세워 나갈 책임이 있다. 왜냐하면 성도 개인과 하나님과의 관계는 1:1이지만, 하나님은 각 개인들을 하나님의 가족으로 불렀기 때문이다. 그래서 슈라이너는 단호하게 다음과 같이 말한다.

> **개인적인 구원이 공적인 삶에 영향을 미치지 못하는 사적인 기독교를 승인하지 않는다.**[63]

---

[62] 롬 8:29은 이렇게 말한다. "하나님이 미리 아신 자들을 또한 그 아들의 형상을 본받게 하기 위하여 미리 정하셨으니 이는 그로 많은 형제 중에서 맏아들이 되게 하려 하심이니라."
[63] 슈라이너, 『바울 신학』, 680.

윤리의 사전적 의미는 사람이 마땅히 행하거나 지켜야 할 도리이다. 윤리는 인격과 인격 간의 관계를 전제로 한다. 기독교가 윤리를 독점하는 건 아니다. 어느 사회와 시대를 막론하고 윤리가 강조된다. 그러나 기독교가 더 높은 수준의 도덕을 요구한다는 건 누구나 인정하는 사실이다.

이것을 차치하고 기독교의 윤리와 세상 윤리의 차이점은 무엇일까? 대략 2가지에서 근본적인 차이가 난다고 여겨진다.

첫째, 윤리는 인간의 고안이 아니라 하나님이 인간 창조와 더불어 제정한 것이니[64] 하나님에게 대한 인간의 도리가 그 무엇보다도 우선하며 근원적이다.

하나님과 인간, 그리고 인간과 인간 이 모든 관계에서 사랑이 바탕이 되어야 한다. 그래서 모든 율법이 하나님 사랑과 이웃 사랑으로 집약되는 것이다. 하나님 사랑이 이웃 사랑보다 우선한다. 하나님을 사랑하지 않으면서 하나님의 형상인 내 이웃을 사랑한다는 건 어불성설(語不成說)이다. 그러는 한편 보이지 않은 하나님에 대한 사랑은 이웃 사랑으로 실체화된다는 점에서 이 둘은 서로 분리될 수 없다.

둘째, 그리스도 안에 있는 성도들의 윤리는 종말론적인 짜임새를 갖는다.

J. L. 홀덴(J. L. Houlden)은 종말의 전망 여하에 따라 윤리에 대한 강조가 달라지는 것으로 이해한다. 요한계시록처럼 종말을 목전에 둔 상태에서는 윤리에 대한 언급이 사라지지만, 종말에서 떨어져 있을 때에 윤리에 눈을 돌리게 된다는 주장이다. 홀덴은 윤리와 종말론을 길항(拮抗) 관계로 이해하여, 바울에게 있어서 윤리가 신학에 의존하는 것으로 이

---

64 박윤선, 『성경 신학』, 223.

해하는 데서 그칠 뿐, 정작 바울에게서 양자가 얼마나 긴밀하게 엮여있는지를 제대로 보지 못하고 있다.[65]

그러나 앞에서 언급했듯이 그리스도 안에서 새 피조물이 된 성도의 삶은 이미 종말론적 토대 위에 세워져 있다. 바울에게 있어서 윤리는 종말론에서 분리할 수 있는 성질의 것이 아니다. 이는 종말론의 변증법적 구조와 무관하지 않다.

하나님은 그리스도인들이 궁극적으로 도달해야 할 목표로서 마지막 아담을 우리에게 제시하였다. 그는 우리 모든 삶의 기준이며 목표이다. 그는 장래에 만물을 하나님에게 복종하게 할 것이다. 모든 것이 하나님의 목적한 바대로 완성될 것이다. 이런 미래가 오늘을 사는 성도의 모습을 형성해간다. 그리하여 "종말론은 윤리적 각성과 발견으로 우리를 초대한다."[66] 윤리가 종말론과 긴밀히 얽혀 있다는 것은 그리스도인들이 미래적 영광에만 한눈 팔지 않고 '그러나 아직'이라는 현실을 둘러보는 책임감 있는 행동을 요구한다.

우리가 예수 그리스도를 닮아가는 것을 삶의 궁극적 목표로 삼고 살아갈 때 삶은 영원한 의미를 갖게 된다. 또 그 삶은 하나님에게 기쁨을 주게 된다. 여기서 관건은 우리가 어떻게 사느냐는 것이다.

어떻게 하면 우리의 지체를 불의의 병기로 죄에게 주는 대신 의의 병기로 하나님에게 드릴 수 있을까?(롬 6:13)

---

65 J. L. Houlden, *Ethics and the New Testament* (New York: T & T Clark, 1992), 25-34, 66-67. 훌덴이 구원론과 종말론 사이의 연관 관계를 등한시한 데서 이런 식의 오해가 생긴 것으로 보인다. 이런 점에서 볼 때 래드(Ladd)의 말에 주의를 기울일 필요가 있는데, 바울의 종말론은 그의 전체적인 신학으로부터 분리될 수 없다고 그는 단언한다. Ladd, *Theology of the New Testament*, 596 참조.

66 John E. Alsup, "Eschatology and Ethics in Paul," *Austin Seminary Bulletin* 94, no. 4 (November 1978): 50.

마음과 달리 우리 몸이 잘 따라가 주지 않는다는 것이 우리의 솔직한 고백일 것이다. 그런데 우리가 어떻게 그리스도를 주로 고백하여 중생하게 되었으며(딛 3:5), 어떻게 양자의 영을 받아 하나님을 아빠 아버지라고 부를 수 있게 되었는지를(롬 8:15; 갈 4:6) 곰곰이 생각하면, 그리스도를 닮아가는 것 역시 우리의 노력과 의지만으로는 역부족임을 알게 된다.

우리가 중생의 은혜를 입은 것은 성령을 통한 것이며, 마찬가지로 우리가 그리스도를 닮아가는 것 역시 성령의 능력 주심으로 가능한 일이다. 에베소서 3:16은 이 점을 잘 드러낸다.

그의 영광의 풍성함을 따라 그의 성령으로 말미암아 너희 속사람을 능력으로 강건하게 하시오며(엡 3:16).

속사람이 강건하게 된다는 말에는 윤리적인 뉘앙스가 배어 있다. 로마서 8:12-14의 몸의 행실을 죽이는 것 역시 윤리적인 차원에서 이해된다. 두 구절에서 명시적으로나 암시적으로 성령이 윤리적 삶의 열쇠로 제시되고 있다. 그렇다면 성령이 어떻게 성도 안에서 역사한다는 건지 궁금하지 않을 수 없다.

단도직입적으로 말해서, 성령이 사랑하고 능력 주는 하나님의 임재 속으로 성도를 이끄는 것이 그 핵심이며, 믿음의 공동체 역시 윤리적 삶을 위한 빠질 수 없는 요소로 작용한다.[67] 다시 말해서 우리가 하나님과 맺는 관계의 질의 여하에 따라 우리의 삶의 모습도 달라진다. 그래서 우리는 스스로 물어봐야 한다.

---

67 Rabens, "Ethics and the Spirit in Paul," 281.

'나는 얼마나 하나님과 친밀한가?'
'나는 얼마나 하나님을 사랑하는가?'

사랑하면 닮게 마련이다. 더 많이 사랑하려면 성령의 도우심을 구하라.

이 세상에서의 삶은 날마다 그리스도를 닮아가는 삶의 연속이다. 얼마나 그리스도의 성품을 삶 속에 반영했는지, 얼마나 하나님의 뜻에 합당하게 살았는지를 결산할 때가 오는데, 곧 재림 때이다. 그때 그리스도의 심판대 앞에 서게 되는 것이다. 달란트의 비유가 암시하듯 열심히 수고한 것에 비례하여 성도 각자에게 상이 주어질 것이다.

이는 성도의 윤리적 삶에 강력한 동기로 작용한다.

'나는 유치하게 상급 때문에 선하게 살려는 것이 아니야.'

혹자는 이렇게 항변할 것이다. 상급이 동기 부여가 되는 윤리를 저급한 것이라고 치부하는 사람들에 대해 박윤선 박사는 이렇게 일침을 가한다.

> 그러나 이것은 하나님의 감시를 받을 필요가 없다는 교만한 인본주의요, 또한 인간을 신화(神化) 시키려는 교만과 허영주의다. … 인간이 하나님을 바라보고 두려워하며 그의 주시는 상급을 위하여 의(義)를 행함이 인간의 지위에 합당하다. 그런 행동 원리는 의존자(依存者)인 인간의 본질에서 분리될 수 없다.[68]

바울도 그리스도의 심판대 앞에 설 날을 바라보면서 "주를 기쁘시게 하는 자가 되기를" 힘쓴다고 말한다(고후 5:9-10). 이러한 실존적 자각에

---

68 박윤선, 『성경 신학』, 223.

서 나온 삶의 성찰과 다짐에 저급함이 끼어들 여지는 없다. 상급이라는 동기 외에 도덕적 성품에의 호소 역시 우리의 도덕적 자각을 일깨우는 요소이다.

우리를 구원하기 위하여 예수님이 희생한 것을 생각하면 어떻게 그리스도를 따르지 않을 수 있겠는가?

은혜와 사랑을 받고도 감사할 줄 모른다면 이는 패악이다. 사랑에는 사랑이라는 메아리로 응답함이 마땅하다. 구원의 은혜에 대한 올바른 반응은 '나 자신을 위하여'가 아니라 '예수 그리스도를 위하여' 사는 것이다.

그런데 우리에게 시간은 한정되어 있다. 그리스도가 재림하든지 아니면 우리가 육신을 벗고 그리스도에게 가든지 둘 중 하나이다. 그리스도를 위해 살 기회는 이렇게 시간적으로 제한되어 있다. 이런 점에서 종말론적인 전망과 비전은 '지금 여기서' 우리가 어떻게 살 것인지를 결단하도록 촉구한다.

결론적으로 종말론과 그리스도인의 윤리는 불가분의 관계이다. 단도직입적으로 말하면, "'윤리'는 종말론적인 윤리요, '종말론'은 윤리적인 종말론이다."[69] 바울의 종말론 교리가 성도들의 실생활에 대한 가르침이라는 맥락에서 주어졌다는 사실이 이 점을 잘 보여준다. 그에게 있어서 종말론적 전망은 반드시 성도의 삶에서 구체적인 형태로 드러나야 하는 것이다.

이 점에 관해 로버트 W. 코노이(Robert W. Conoy)는 바울의 종말론 교리와 기독교 윤리가 우연히 접점을 가지게 된 건 아니며 이는 바울서신을 대충 읽어만 보아도 알 수 있다고 강조한다. 바울이 종말론이라는 교

---

[69] 장흥길, 『신약성서 윤리』, 161.

리 자체를 가르치기보다는 이를 현재의 삶에 적용하여 그리스도인으로서의 삶의 성격을 보다 강화하려는 데 주안점을 두었음을 알 수 있다.[70] 그러니까 이론과 실제가 합치하지 않는 건 바울로서는 상상조차 하지 못할 일이다. 안다는 것은 곧 행하는 것이다.

이에 관하여 로이드 존스(Lloyd-Jones) 목사는 우리가 진실로 진리를 이해한다면 항상 적용으로 이어져야 한다고 역설한다.[71] 우리를 향한 하나님의 사랑이 그리스도를 통해 구체적인 행동으로 나타났듯이 그 사랑과 은혜에 대한 우리의 감사는 우리의 말과 행동으로 드러나야 한다.

그리스도인들은 장차 만물을 발 아래 복종시키실 하나님의 승리에 참여하도록 부름 받았으며, 이 부름은 우리에게 그리스도인이라는 정체성을 드러내는 삶을 살라고 요청한다.[72] 하나님과의 친밀한 교제 속에서 오늘도 우리에게는 그리스도 안에서 새롭게 창조된 '나 됨'을 실현해 나갈 기회가 주어진다. 그 복된 기회로의 초대가 한마디 말로 응집되어 우리에게 들려진다.

"깨어 있으라!"

"깨어 있으라"는 주님 오심에 대한 소망을 매일매일의 삶에서 구현하라는 윤리적 명령이다.

70　Robert W. Conoy, "Teaching Eschatology and Ethics in the Thessalonian Letters," *Review & Expositor* 96, no. 2 (Spring 1999): 253, 257.

71　D. M. Lloyd-Jones, *Darkness and Light: An Exposition of Ephesians 4:17-5:17* (Grand Rapids: Baker Book House, 1982), 201.

72　Jerry L. Sumney, "'In Christ There Is a New Creation': Apocalypticism in Paul," *Perspectives in Religious Studies* 40, no. 1 (Spring 2013): 46.

맺는 말

　종말론은 하나님이 피조된 세계의 질서를 원래 창조하였던 목적에 맞게 궁극적으로 회복 및 완성한다는 내용이다. 즉, '태초에 하나님이 ~ 마침내 이루었다'라고 말할 수 있는 것이다. 사실상 태초는 종말을 전제로 하고 있다. 그렇기 때문에 태초와 종말은 극과 극이지만 서로 통한다. 종말론은 구원론, 기독론, 신론, 교회론 등과 밀접한 관계를 가짐은 물론이며, 더 나아가 전체 신학 내에서 중심적인 위치를 차지한다.

　그럼에도 불구하고 현재 한국 교회에서 종말론이 주변부로 밀려나 있는 것은 매우 유감스러운 현상이다. 종말론은 예수님을 중심으로 성취, 완성된다. 따라서 예수님의 재림을 고대하고 소망하는 것은 기독교 신앙의 핵심이다. 교회가 비난, 의혹의 눈초리, 조롱을 두려워하여 재림을 강조하지 않는 것은 큰 문제이다.

　이 점을 지적하여 박조준 목사는 다음과 같이 말한다.

> 사도 베드로는 이 시대의 마지막에 일어날 일에 대하여 말했습니다. 기롱하는 사람들이 오고, 그들은 정욕을 좇아 행한다고 했습니다. 그리고 주님이 다시 오실 것을 믿은 사람들을 향해 비웃

는다고 했습니다. 그래서 현대 교회의 특징은 주님이 다시 오심에 대해서 별로 강조하지 않고 있습니다.[1]

초대 교인들은 주님의 재림을 고대하였고, 바울 자신도 고린도 교인들에게 보내는 편지를 마무리하면서 '마라나타'라는 말로 이 같은 소망을 피력하였다.[2]

그런데 오늘날 우리는 왜 종말론과 거리를 두는 걸까?

오늘날 설교 단상에 종말론이 기피되는 현상이 일어나는 데에는 원인들이 있을 것이다. 이를 짚어 보자면 다음과 같다.

첫째, 가장 직접적인 원인 중 한 가지를 들자면 시한부 종말론이 한국 사회에 끼친 폐해이다.

1992년 한국 사회를 들썩이게 한 다미선교회를 아직 기억하는 사람들이 많을 것이다. 재림이 일어난다는 날에 하얀 옷을 차려 입고 모여든 사람들의 열광적인 모습이 고스란히 TV를 통해 전파되었다. 이 사기 쇼에 놀아난 사람들이 개인적으로 입은 피해는 말할 것도 없고 한국 교회 전체가 조롱과 백안시(白眼視)의 대상이 되었다.

외부의 빈축과 따가운 시선은 그렇다고 치고, 진짜 심각한 것은 교회가 내부적으로 받은 영향이다. 종말론과 관련된 것은 그 무엇이든지 입 밖으로 꺼내기를 극도로 꺼리게 되는 지나친 자기 검열의 덫에 교회가 빠진 것이다. 그리하여 건강한 종말론에 관한 논의마저 위축되어서 설

---

1 박조준, 『데살로니가전후서』 (서울: 도서출판 샘물같이, 1993), 238.
2 '마라나타'의 의미는 '주여, 오소서'이다. 바울은 고전 16:22에서 히브리어를 헬라어로 음역하여 '마라나 타'(Μαρανα θα)라고 표기하고 있다. 계 22:20과 더불어 초대 교회 문서인 디다케 등에서도 이 어구가 쓰이고 있다.

교 단상에서 종말 관련 주제는 거의 금기시되고 말았다.

둘째, 종말론이 등한시되는 오늘의 현실은 종말론의 중요성이 제대로 인식되지 못한 데서 기인한다.

신학교에서 조직신학을 필수로 배우게 된다. 조직신학은 주제별로 신론, 기독론, 성령론, 교회론 등으로 나뉘는데 종말론은 그 명칭에서도 암시되듯 대개의 경우 교재의 뒷부분에서 다뤄진다. 중요도에 있어서 신론이나 교회론이나 구분할 것 없이 매한가지이지만, 대개의 경우 나중보다는 처음에 다뤄지는 것에 더 관심 갖고 집중하게 되는 경향이 있다. 이것이 목회 현장에서 무의식적으로 종말론을 덜 강조하게 되는 요인으로 작용하게 되는 거 같다.

사실 전체 신학 내에서 종말론은 개별적인 주제들을 아우르는 통전적인 시각을 제공한다는 점에서 기본적이고 중심적인 자리를 차지한다. 따라서 구원론, 교회론, 기독론 등을 별개의 독립된 주제로만 다루기보다는 종말론과의 관련성하에 다룰 필요가 있다.

셋째, 종말론에 대한 잘못된 인식이 종말론의 입지를 축소시킨다.

이는 한마디로 종말론을 협소하게 이해하는 경우이다. 앞에서 다루었듯이 종말론의 시야는 넓다. 예수님의 초림 및 재림 그리고 영원 세계까지를 두루 바라본다. 그런데 많은 경우 종말론에 대한 목적론적 접근은 소홀히 하면서 재림의 때와 마지막에 일어날 일들에 호기심 어린 관심을 갖는다. '언제 무슨 일이 일어나는가'에 대한 과도한 집중은 그것이 마치 종말론의 전부인 듯한 그릇된 인식을 심어주게 된다.

한편, 이미 성취된 종말론에 안주하는 것도 문제이다. 재림에 대한 소망이 강조되는 대신 현재에만 무게를 싣는다면 이 역시 성도에게 적지 않은 손해가 될 것이다. 종말론에 대한 터널 시야에서 벗어남은 물론이고, 성취된 종말론과 아직 성취되지 않은 종말론 사이에서 균형을 잡는 것이 관건이다. 어느 한쪽으로 편중되면 그리스도인다운 삶의 역동성을 상실하게 된다. 이럴 때 종말론은 단지 신학적 사변 내지는 말초신경을 자극하는 흥미거리로 전락하고 만다.

넷째, 종말론이 설교의 주제로 기피되는 또 다른 이유로는 성도들에게 끼칠 부정적 영향에 대한 우려를 들 수 있다.

이것은 앞의 이유와도 연결되는데 협의의 종말론이 낳는 부작용일 것이다. 종말론의 미래적 측면만 강조할 때, 사람들의 관심사는 자연히 재림의 시기에 고착되는 경향이 있다. 이에 대한 지대한 관심은 사회, 정치, 경제, 또는 영적 현상들에서 재림의 전조들을 읽어 내어 재림의 때를 예측하는데 과도한 시간과 노력을 들이는 것으로 이어지게 된다.

더 나아가 진짜 심각한 문제는 이것이 단순한 호기심의 수준을 넘어 사회적 책임 유기 및 현실 도피로 이어지는 경우이다. 우리는 사람들의 잠재된 불안 심리를 상업적으로 이용하는 사회에 살고 있다. 불안 심리에 무지까지 더해진다면 사이비 종말론에 취약한 심리 구조를 형성하게 된다.

이에 대한 대안 내지 종말론에 대한 편견을 깨는 유일한 방법은 종말론에 대해 함구하는 것이 아니라 건강한 종말론을 가르치는 것이다. 건강한 종말론은 성도의 사회적 책임을 강조하면 강조했지 결코 현실 도피를 유발하지 않는다. 종말론은 현실에서 최선을 이끌어내는 신학적 틀이기 때문이다.

교회의 태생이 종말론적이라는 것은 종말론이 바로 그리스도인의 정체성의 문제라는 뜻이다. 그런데도 상당 기간 마치 마법에라도 걸린 듯 종말론에 대한 부담이 한국 교회를 지배해 왔다. 하지만 이제는 이를 훌훌 털고 일어나야 할 때이다. 교회는 예수님의 초림뿐 아니라 재림에 대해서도 말해야 한다. 그것이 복음을 온전히 전하는 방법일 것이다. 종말론의 정당한 지위는 회복되어야 한다. 종말론의 중요성을 축소하는 것은 구원의 본래적인 의미를 상당히 퇴색시키는 것이다.

종말론은 구원의 목적성을 뚜렷하게 조명해준다. 이는 마치 북극성과 같다. 우리는 도중에 길 잃지 않고 올바른 방향으로 나아갈 길을 종말론에서 찾을 수 있다.

"예수 믿으면 구원 받는다"는 기독교의 대표적인 표어이다. 이 간명한 글귀에 얼마나 광대한 진리가 담겨 있는가! 예수를 주라고 시인한 사람들에게 구원은 기정의 사실이다. 성취된 종말론인 것이다.

그런데 오늘날 교회의 문제는 성취된 종말론만 강조한다는 데 있다. 구원 받은 것으로 모든 것이 다 끝난 것이라는 잘못된 인식이 은연중 성도의 삶을 잠식하고 있다. 앞으로 어디를 향해 가야 할지 그 향방과 목적성을 상실하는 것이다. 극단적인 경우이긴 하지만, 윤리, 도덕적 책임을 소홀히 하기도 한다. 무슨 짓을 해도 구원에는 전혀 지장이 없다는 용감함(?)으로 무장하고서 말이다. 만약 누군가 이런 생각에 은연중 사로잡혀 있다면 로이드 존스 목사의 말을 들려주고 싶다.

> 칭의와 죄의 용서는 원래 그 자체로 목적0 아닙니다. 그것들은 최종적 완성에 이르는 계단에 불과합니다. … 만약 하나님이 어느 한 사람을 의롭게 하였다면, 하나님은 과정 속으로 그를 밀어 넣은 겁니다. … 당신은 궁극적이며 완전한 완성으로 이어지는 하나님의 이 과정 속에 있습니다.[3]

---

3 D. M. Lloyd-Jones, *Darkness and Light*, 350-351.

우리에겐 아직 가야 할 길이 남아 있다. 끝날 때까지 아직 끝난 것이 아니다.

우리는 주일 예배 때 한 목소리로 사도신경을 암송한다. 사회자가 "전능하사 천지를"이라고 운을 떼면 속도에 맞추어 모두가 한 목소리로 암송하기 시작하는데, 너무 익숙해진 나머지 거의 기계적으로 암송하게 된다.

그러나 우리가 암송하는 신앙고백 속에 다시 오실 주님에 대한 고대가 얼마나 깊이 스며있는지를 과연 잘 인식하고 있을까?

늘 반복해오던 것이라 너무 익숙해진 나머지, 판에 박힌 기계적 암송으로 전락한 건 아닌지 가끔은 의심스럽다.

"나는 ~을 믿습니다"라는 형식을 가진 사도신경은 개인적 신앙고백이기도 하면서 동시에 공동의 신앙고백이기도 하다. 사도신경을 방대한 이야기(오래 전 일어난 일과 그리고 앞으로 일어날 일)의 요약이라고 말하는 학자도 있다.[4]

사도신경은 간결한 형태로 된 이야기를 통해 성도라는 우리의 정체성을 재확인시켜주면서 종말론적인 전망과 기대를 상기시켜 준다. 초대교회 교인들로부터 면면히 이어져 내려온 참 소망과 하나님의 은혜에 전율하는 대신 아무 감동 없이 무미건조하게 사도신경을 읊어댄다면 우리 자신에게 적지 않은 손해이다.

예수님을 믿는다고 말하면서도 정작 그분이 약속한 재림을 기대하지도, 더 나아가 아예 관심조차 두지 않는다면 이는 일종의 자기 부정이요 모순일 것이다. 오늘날 우리 그리스도인들이 세상의 자랑과 염려 속에 함몰되어 재림의 소망을 놓치고 사는 건 아닌지 걱정스럽다.

---

[4] Michael D. Williams, "'I Believe…the Resurrection of the Body': A Sermon," *Presbyterion*, 36, no. 1 (Spring 2010): 2.

뜬금없는 말로 들리겠지만, 우리 자신에게 거듭 확인시켜도 절대 지나치지 않기에 질문해본다.

"예수님은 왜 다시 오시는 건가?"

이에 대한 답변을 다시 로이드 존스 목사의 달을 통해 들어보겠다.[5]

> 그가 오시되, 구속의 역사(歷史)를 완성지어야 하시기 때문에 그런 식으로 오실 거라는 말씀입니다. 그러면 여러분은 이렇게 말씀하시겠지요. "그러나 십자가에서 그 일을 다치지 않았느냐?" 어떤 의미에서 그렇습니다. 그는 십자가에서 구속역사(求贖歷史)의 가능성을 마치신 것이지, 다 마친 것이 아닙니다. … 그 이후 구속의 사역은 계속되었고, 적용되었습니다. 그러나 그리스도께서 다시 오시지 않고는 그 일이 완전하게 완성될 수 없습니다. … 그리스도께서 죄와 악의 모든 잔재에서 우주 전체를 건져 내실 것입니다. 그는 우주를 그 본래의 영광으로 회복시키실 것입니다.

초림으로 시작된 구원과 회복의 궁극적 완성이 재림으로 성취될 것을 믿었던 초대 교회 성도들은 재림을 손꼽아 기다렸다. 기회 있을 때마다 '마라나타!'라고 외치면서 말이다. 초대 교회가 주의 재림을 임박한 것으로 바라보고 고대했음을 알 수 있는 구절들이 여럿 있다(약 5:8-9; 벧전 4:7; 계 1:3; 롬 13:11; 고전 7:29; 빌 4:5). 이들의 이런 기대가 틀렸다고, 바울이 틀렸다고 말하는 사람이 있다. 비난의 화살을 바울에게로 돌리는 것은 옳지 않다.

---

5 D. M. 로이드존즈, 『내가 자랑하는 복음』, 서문 강 역 (서울: 새순출판사, 1987), 292, 296.

이와 관련하여 박윤선 박사는 시간을 양적 관점과 질적 관점으로 분리하여 초대교인들의 재림대망을 질적 관점에서 설명한다.

> 신약 시대의 시간 성격이 이미 종말론적 성격을 지니고 있기 때문에(히 1:2), 주님의 재림이 가까웠다고 생각되었다. 신약 시대의 복음 운동이 곧바로 종말 운동의 일부이며, 예수님의 재림은 그 종말의 종말, 곧 대종말인 셈이다. 그러나 시간의 성격에 있어서는 종말과 대종말이 일체라고 할 수 있다. 그러므로 구약의 예언들은 재림을 별도로 말하지 않고 그것을 신약 시대의 복음 운동과 합해서 말한다.[6]

로마 교인들에게 바울이 때가 가까웠다고 말한 것도 이와 맥을 같이 한다. 종말론적인 삶을 살아가는 성도들에게 주의 재림은 항상 임박함의 언어로 표현된다. 따라서 성도는 오늘이 바로 재림 전야인 듯 살아야 한다.[7]

앞에서 언급했듯이, 바울의 전체 신학에서 종말론을 따로 떼어 분리되지 않는다.[8] 사실, 바울에게 있어서 신학적 주제와 담론이 그 자체로서 의미를 갖는다기보다는 그리스도인들의 소망의 내용과 이유를 설명하는 데에서 의미를 갖게 된다. 그리스도인으로서 그가 가진 소망은 그의 특별한 경험에 의해 한층 강화되는 것 같다.

바울은 셋째 하늘까지 이끌려 가서 사람의 필설로는 다 옮길 수 없는 말을 들었다(고후 12:1-4). 너무 아름답거나 웅장한 것에 압도되면 그것을

---

6 박윤선, 『성경 신학』, 211.
7 김지철, 『고린도전서』, 306.
8 George E. Ladd, *Theology of the New Testament*, 596.

표현할 말을 찾기 어려울 때가 많다. 그가 낙원에서 보고 들은 것이 무엇인지 알 수는 없으나, 우리를 위해 하나님이 예비한 것들과 관련된 것이라고 추측할 수는 있겠다.

'하나님은 도대체 어떤 분이기에 피조물인 인간을 위해 이런 상상도 못할 일들을 하는 겁니까?'

한 번쯤 바울이 이런 생각을 품었을 법하다. 우리로서는 하나님의 생각이 얼마나 깊은지 또 그 계획은 얼마나 큰지 짐작조차 할 수 없다. 다만 확실히 알 수 있는 것은 모든 것이 하나님으로부터 시작되며 하나님의 뜻한 바대로 귀결된다는 것이다. 바울의 감격 어린 목소리가 귓가에 울리는 듯하다.

> 만물이 주에게서 나오고 주로 말미암고 주어 게로 돌아감이라 그에게 영광이 세세에 있을지어다 아멘(롬 11:36).

바울이 우리에게 들려주는 종말론은 절대 소망의 언어이다. 부조리한 삶에 절망하거나 혹은 세상이 주는 거짓 위안에 속지 않고 비틀거리면서도 최종 목표를 향해 나아가게 하는 원동력 말이다.

다시 오실 주님을 기다리는 것은 어느 시대를 살든 상관없이 모든 그리스도인들의 마땅한 자세이다. 그 날은 도둑 같이 임할 것이다. 그러므로 그리스도인들은 깨어 있어야 한다. 내일이라도 당장 주님이 재림한다면 우리는 그를 맞이할 준비가 되어 있어야 한다. 이 말인즉 하던 모든 일을 팽개치고 보따리 싸서 산 속에 들어가 재림만 목놓아 기다리라는 의미가 아님을 잘 알 것이다. 바울은 그 날이 돌연히 임할 것이라 말하면서 이렇게 권면한다.

> 그러므로 피차 권면하고 서로 덕을 세우기를 너희가 하는 것 같이 하라(살전 5:11).

재림을 고대하는 자들은 현재에서 최선을 이끌어 내려 한다. 하루하루 주님의 발자취를 따라간다. 그러는 자신이 대견하다는 생각을 하면서 그렇게 지내다가, 어느 날 문득 돌아보니 무엇 하나 제대로 이룬 것도 없을 뿐 아니라 자신이야말로 죄인의 괴수임을 뼈저리게 느끼게 된다.

그 순간 자신도 모르는 사이 그동안 당연시했던 십자가의 은혜가 새롭게 다가온다. 은혜는 사람을 다시 겸손하게 만들고 다시 시작할 용기를 준다. 시간이 어느덧 흘러 거울에 비친 그의 이마와 눈가에는 제법 깊은 주름이 패이고 머리엔 흰 서리가 내려 있는데, 아주 짧은 순간 그리스도의 모습이 언뜻 스쳐가는 걸 보게 된다. 그의 목소리가 가늘게 떨린다.

"보세요, 주님. 제가 점점 주님을 닮아가는군요."

그러나 그는 이것이 놀라움의 끝이 아님을 알고 있다. 더 좋은 것이 아직 남았음을 잘 알기 때문이다. 어느 새 그의 입에선 '마라나타!' 이 한마디가 새어나고 있다.

Pauline Eschatology:
Pauline Eschatology and Christian Life

참고 문헌

영문 문헌

Allen, Thomas G. "Exaltation and Solidarity with Christ: Ephesians 1:20 and 2:6." *Journal for the Study of the New Testament* 28 (October 1986): 103-120.

Allison, D. C. Jr. "Eschatology." In *Dictionary of Jesus and the Gospels*, edited by Joel B. Green, Scot McKnight and I. Howard Marshall, 206-209. Downers Grove: IVP, 1992.

Alsup, John E. "Eschatology and Ethics in Paul." *Austin Seminary Bulletin* 94, no. 4 (November 1978): 40-52.

Ashmon, Scott A. "The Wrath of God: A Biblical Overview." *Concordia Journal* 31, no. 4 (October 2005): 348-358.

Barrett, C. K. *A Commentary on the First Epistle to the Corinthians*. New York and Evanston: Harper & Row Publishers, 1968.

Bauckham, Richard. "The Millennium." In *God Will Be All in All: The Eschatology of Jürgen Moltmann*, edited by Richard Bauckham, 123-147. Edinburgh: T & T Clark, 1999.

Beale, G. K. "Eden, the Temple, and the Church's Mission in the New

Creation." *Journal of the Evangelical Theological Society* 48, no. 1 (March 2005): 5-31.

Best, Ernest. *A Commentary on the First and Second Epistles to the Thessalonians*. London: A & C Black, 1986.

Blaising, Craig A. "The Day of the Lord and the Rapture." *Bibliotheca Sacra* 169, no. 675 (July-September 2012): 259-270.

Blomberg, Craig L. *Matthew: An Exegetical and Theological Exposition of Holy Scripture*. Vol. 22 of *The New American Commentary*. Nashville: B & H Publishing Group, 1992.

Bock, Darrell L. *Luke*. The IVP New Testament Commentary Series 3. Downers Grove: IVP, 1994.

Boice, James M. *Romans*. Vol. 4. Grand Rapids: Baker Book House, 1991.

Brookins, Timothy A. and Bruce W. Longenecker. *1 Corinthians 10-16: A Handbook of the Greek Text*. Waco: Baylor University Press, 2016.

Bruce, F. F. *1 and 2 Thessalonians*. Nashville: Thomas Nelson, 1982.

_____. *1 and 2 Thessalonians*. Word Biblical Commentaries (Waco: Word Books, 1982.

Carson, Donald A. "God's Love and God's Wrath." *Bibliotheca Sacra* 156, no. 624 (October-December 1999): 387-398.

Carson, H. M. *Colossians and Philemon*. Tyndale New Testament Commentaries. Grand Rapid: IVP, 1960.

Ciampa, Roy E. and Brian S. Rosner. *The First Letter to the Corinthians*.

Grand Rapids: Eerdmans, 2010.

Collins, Adela Yarbro. "The Reception of Paul's Apocalyptic Eschatology in the Letter to the Colossians." *Svensk Exegetisk Arsbok* 76 (2011): 21-39.

Collins, Raymond F. *First Corinthians*. Vol. 7 of *Sacra Pagina Series*. Collegeville: The Liturgical Book, 1999.

Conoy, Robert W. "Teaching Eschatology and Ethics in the Thessalonian Letters." *Review & Expositor* 96, no. 2 (Spring 1999): 249-261.

Couch, Mal. *The Hope of Christ's Return: Premillennial Commentary on 1 and 2 Thessalonians*. Chattanooga: AMG Publishers, 2001.

Cullman, Oscar. *Salvation in History*. New York and Evanston: Harper and Row, 1967.

Ellingworth, Paul. *The Epistle to the Hebrews*. NIGTC. Grand Rapids: Eerdmans, 1993.

Fee, Gordon D. *1 and 2 Timothy, Titus*. Grand Rapids: Baker Book House, 1984.

_____. *The First Epistle to the Corinthians*. The New International Commentary on the New Testament. Grand Rapids: Eerdmans, 1987.

_____. *The First and Second Letters to the Thessalonians*. Grand Rapids: Eerdmans, 2009.

Fitzmyer, Joseph A. *The Acts of the Apostles: A New Translation with Introduction and Commentary*. New York: Doubleday, 1998.

Fretheim, Terence E. "Theological Reflections on the Wrath of God in the

Old Testament." *Horizons in Biblical Theology* 24, no. 2 (December 2002): 1-26.

Garland, David E. *2 Corinthians*. Vol. 29 of *The New American Commentary*. Nashville: B & H Publishing Group, 1999.

Geishen, Charles A. "Christ's Coming and the Church's Mission in 1 Thessalonians." *Concordia Theological Quarterly* 76 (2012): 37-55.

Gladd, Benjamin L. "The Last Adam 'As the Life-Giving Spirit' Revised: A Possible Old Testament Background of One of Paul's Most Perplexing Phrases." *The Westminster Theological Journal* 71, no. 2 (Fall 2009): 297-309.

Godet, Frederic Louis. *Commentary on First Corinthians*. Grand Rapids: Kregel Publications, 1977.

Grenz, Stanley J. *Theology for the Community of God*. Grand Rapids: Eerdmans, 2000.

Guthrie, Donald. *New Testament Theology*. Downers Grove: IVP, 1981.

Hays, Richard B. *First Corinthians*, Louisville: John Knox Press, 1997.

Harris, Murray J. *Colossians and Philemon*. Exegetical Guide to the Greek New Testament. Grand Rapids: Eerdmands, 1991.

Hendriksen, William. *Thessalonians, Timothy, Titus*. New Testament Commentary. Grand Rapids: Baker Book House, 1955.

Hiebert, D. Edmond. "Presentation and Transformation: An Exposition of Romans 12:1-2." *Bibliotheca Sacra* 151, no. 603 (July-September 1994): 309-324.

Hill, David. "Paul's Second Adam and Tillich's Christology." *Union Seminary Quarterly Review* 21, no. 1 (November 1965): 13-25.

Hodge, Charles. *Ephesians*. The Crossway Classic Commentaries. Wheaton: Crossway Books, 1994.

Holleman, Joost. *Resurrection and Parousia: A Traditio-Historical Study of Paul's Eschatology in 1 Corinthians 15*. New York: Brill, 1996.

Houlden, J. L. *Ethics and the New Testament*. New York: T & T Clark, 1992.

Hoyt, Samuel L. "The Judgment Seat of Christ in Theological Perspective." *Bibliotheca Sacra* 137, no. 546 (April-June 1980): 125-132.

Jones, Peter. "Paul Confronts Paganism in the Church: A Case Study of First Corinthians 15:45." *Journal of the Evangelical Theological Society* 49, no. 4 (December 2006): 713-737.

Kim, Chul-Hae. "'The Last Adam, A Life-Giving Spirit': Starting Point for Understanding the Book of Romans." *Torch Trinity Journal* 2, no. 1 (1999): 101-114.

Ladd, George E. *A Theology of the New Testament*. Grand Rapids: Eerdmans, 1993.

Lawson, J. Mark. "Romans 8:18-25: The Hope of Creation." *Review & Expositor* 91, no. 4 (Fall 1994): 559-565.

Lenski, R. C. H. *Interpretation of St. Paul's Epistle to the Romans*. Minneapolis: Augsburg Publishing House, 1961.

Lincoln, Andrew T. *Paradise Now and Not Yet: Studies in the Role of the*

Heavenly Dimension in Paul's Thought with Special Reference to His Eschatology. Grand Rapids: Baker Book House, 1991.

Lloyd-Jones, D. M. *Darkness and Light: An Exposition of Ephesians 4:17-5:17. Vol. 5 of Ephesians*. Grand Rapids: Baker Book House, 1982.

Lunde, J. "Repentance." In *Dictionary of Jesus and the Gospels*, edited by Joel B. Green, Scot McKnight and I. Howard Marshall, 669-673. Downers Grove: IVP, 1992.

Marshall, I. Howard. *Acts*. Tyndale New Testament Commentaries 5. Downers Grove: IVP, 1980.

Martini, Jeromey. "An Examination of Paul's Apocalyptic Narrative in First Corinthians 15:20-28." *Criswell Theological Review* ns. 8, no. 2 (Spring 2011): 57-70.

Matera, Frank J. *New Testament Ethics: The Legacies of Jesus and Paul*. Louisville: Westminster John Knox Press, 1996.

Morris, Leon. *The First and Second Epistles to the Thessalonians*. Grand Rapids: Eerdmans, 1991.

O'Brien, Peter T. *The Letter to the Ephesians*. Grand Rapids: Eerdmans, 1999.

Oropeza, B. J. "Echoes of Isaiah in the Rhetoric of Paul: New Exodus, Wisdom, and the Humility of the Cross in Utopian-Apocalyptic Expectations." In *The Intertexture of Apocalyptic Discourse in the New Testament*, edited by Duane F. Watson. Atlanta: Society of Biblical Literature, 2002: 87-112.

Pack, Frank. "Does 1 Corinthians 15:23, 24 Teach a Premillennial Reign of Christ on Earth?" *Restoration Quarterly* 3, no. 4 (1959): 205-213.

Pate, C. Marvin. *The End of the Age Has Come: The Theology of Paul.* Grand Rapids: Zondervan Publishing House, 1995.

Plevnik, Joseph. "The Destination of the Apostle and the Faithful: Second Corinthians 4:13b-14 and First Thessalonians 4:14." *The Catholic Biblical Quarterly* 62, no. 1 (Jan 2000): 83-95.

Quinn, Jerome D. and William C. Wacker. *The First and Second Letters to Timothy.* Grand Rapids: Eerdmans, 2000.

Rabens, Volker. "Ethics and the Spirit in Paul (2): Religious-Ethical Empowerment through the Relational Work of the Spirit." *Expository Times* 125, no. 6 (March 2014): 272-281.

Richard, Earl J. *First and Second Thessalonians.* Vol. 11 of *Sacra Pagina Series.* Collegeville: The Liturgical Press, 1995.

Ridderbos, Herman. *Paul: An Outline of His Theology.* Grand Rapids: Eerdmans, 1975.

Scholer, David N. "'The God of Peace Will Shortly Crush Satan under Your Feet' (Romans 16:20a): The Function of Apocalyptic Eschatology in Paul", *Ex Auditu* 6, (1990): 53-61.

Scott, J. Julius Jr. "Paul and Late-Jewish Eschatology - A Case Study, 1 Thessalonians 4:13-18 and 2 Thessalonians 2:1-12." *Journal of the Evangelical Theological Society* 15, no. 3 (Summer 1972): 133-143.

Schellenberg, Ryan S. "Does Paul Call Adam a 'Type' of Christ?:

An Exegetical Note on Romans 5:14." *Zeitschrift für die neutestamentliche Wissenschaft und die Kunde der älteren Kirche* 105, no. 1 (2014): 54-63.

Soards, Marion L. *1 Corinthians*. New International Biblical Commentary 7. Peabody: Hendrickson Publishers, 1999.

Stagg, Frank. "The Mind in Jesus Christ: Philippians 1:27-2:18." *Review & Expositor* 77, no. 3 (Summer 1980): 337-347.

Stott, John R. W. *The Message of 2 Timothy*. The Bible Speaks Today. Downers Grove: IVP, 1973.

_____. *The Message of Ephesians*. Downer Grove: IVP, 1986.

_____. *Romans: God's Good News for the World*. Downers Grove: IVP, 1994.

Stuhlmacher, Peter. "Eschatology and Hope in Paul." *The Evangelical Quarterly* 72, no. 4 (2000): 315-333.

Sumney, Jerry L. "'In Christ There Is a New Creation': Apocalypticism in Paul." *Perspectives in Religious Studies* 40, no. 1 (Spring 2013): 35-48.

Thompson, Michael. *Clothed with Christ: An Example and Teaching of Jesus in Romans 12:1-15:13*. Journal for the Study of the New Testament Supplement Series 69. Sheffield: JSOT Press, 1991.

Thornton-Duesbery, J. P. "The Gospel and the Things to Come." *Theology Today* 7, no. 21 (July 1950): 184-193.

Turner, Seth "The Interim, Earthly Messianic Kingdom in Paul." *Journal for the Study of the New Testament* 25, no. 3 (March 2003): 323-342.

Twelftree, G. H. "Sanhedrin." In *Dictionary of Jesus and the Gospels*, edited by Joel B. Green, Scot McKnight and I. Howard Marshall, 728-732. Downers Grove: IVP, 1992.

Vander Hart, Mark D. "The Transition of the Old Testament Day of the Lord into the New Testament Day of the Lord Jesus Christ." *Mid-America Journal of Theology* 9, no. 1 (Spring 1993): 3-25.

Verhoef, Pieter A. *The Books of Haggai and Malachi*. The International Commentary on the Old Testament. Grand Rapids: Eerdmans, 1987.

Wace, Henry and William C. Piercy. *A Dictionary of Christian Biography and Literature: To the End of the Sixth Century A.D, with an Account of the Principal Sects and Heresies*. London: John Murray, 1911.

Wallace, Daniel. *Greek Grammar Beyond the Basics*. Grand Rapids: Zondervan, 1996.

Wallis, Wilber B. "The Problem of an Intermediate Kingdom in 1 Corinthians 15:20-28." *Journal of the Evangelical Theological Society* 18, no. 4 (Fall 1975): 229-242.

Walvoord, John F. "The Millennial Kingdom and the Eternal State." *Bibliotheca Sacra* 123, no. 492 (October–December 1966): 291-300.

Ware, James P. "Paul's Hope and Ours: Recovering Paul's Hope of the Renewed Creation." *Concordia Journal* 35, no. 2 (Spring 2009): 129-139.

_____. "Paul's Understanding of the Resurrection in 1 Corinthians 15:36–

54." *Journal of Biblical Literature* 133, no. 4 (2014): 809-835.

Wenham, David and Steve Walton. *The Gospels and Acts*. Vol. 1 of *Exploring the New Testament*. London: SPCK.

Westberg, George C. "The Two Adams: Exposition of Romans 5:12-21." *Bibliotheca Sacra* 94, no. 373 (January-March 1937): 37-50.

Williams, Michael D. "'I Believe…the Resurrection of the Body': A Sermon." *Presbyterion* 36, no. 1 (Spring 2010): 1-8.

Witherington, Ben, III. *Jesus, Paul and the End of the World*. A Comparative Study in New Testament. Downers Grove: IVP, 1992.

Zerwick, Maximilian. *Biblical Greek, Scripta Pontificii Instituti Biblici* 114. Roma: Editrice Pontificio Instituto Biblico, 2001.

국문 문헌

게할더스 보스.『바울의 종말론』. 이승구, 오광만 역. 서울: 도서출판 엠마오, 1989.

김남준.『깊이 읽는 주기도문』. 서울: 생명의 말씀사, 2013.

김지철.『고린도전서』. 대한기독교서회 창립 100주년기념 성서주석 38. 서울: 대한기독교서회, 1999.

김창락.『갈라디아서』. 대한기독교서회 창립 100주년기념 성서주석 40. 서울: 대한기독교서회, 1999.

김판임.『고린도후서』. 대한기독교서회 창립 100주년기념 성서주석 39.

서울: 대한기독교서회, 1999.

대럴 벅. "요약 에세이." 『천년왕국이란 무엇인가』. 대럴 벅 편, 박승민 역. 서울: 부흥과개혁사, 2011: 393-437.

로버트 스트림플. "무천년 왕국론." 『천년왕국이란 무엇인가』, 대럴 벅 편, 박승민 역. 서울: 부흥과개혁사, 2011: 113-185.

리처드 헤이스. 『신약의 윤리적 비전』. 유승원 역. 서울: 한국기독교학생회 출판부, 2002.

박윤선. 『성경 신학』. 서울: 영음사, 2001.

_____ . 『바울서신, 성경주석』. 서울: 영음사, 2005.

_____ . 『요한계시록 강해: 참 교회의 승리와 구원의 완성』. 서울: 영음사, 2014.

박익수. 『디모데전후서, 디도서』. 대한기독교서회 창립 100주년기념 성서주석 45. 서울: 대한기독교서회, 1994.

박조준. 『데살로니가전후서』. 서울: 도서출판 샘물같이, 1993.

박창건. 『에베소서』. 대한기독교서회 창립 100주년기념 성서주석 41. 서울: 대한기독교서회, 1994.

박형용. 『성경 해석의 원리』. 수원: 합동신학대학원 출판부, 2002.

_____ . 『데살로니가전후서 주해』. 수원: 합동신학대학원 출판부, 2008.

_____ . 『바울 신학』. 수원: 합동신학대학원 출판부, 2008.

시드니 멕스웰, 토마스 벤트리. 『빌립보서, 골로새서』. 정병은 역. 서울: 전도 출판사, 1994.

시오노 나나미. 『로마인 이야기』 7권. 김석희 역. 서울: 한길사, 1998.

알버트 반즈. 『고린도전서. 반즈 노트: 신구약성경주석』. 최종태 역. 서울: 크리스챤 서적, 1993.

오우성.『데살로니가전후서』. 대한기독서회 창립 100주년 기념 성서주석 44. 서울: 대한기독교서회, 1995.

요한 칼빈.『사도행전. 칼빈 주석 19』. 신윤수 역. 고양: 크리스챤 다이제스트, 2014.

워런 W. 위어스비.『디모데전후서, 디도서 강해: 충성스럽게 살라』. 심민호 역. 서울: 도서출판 나침반사, 1990.

장흥길.『신약성경 윤리』. 서울: 장로회신학대학교 출판부, 2002.

전경연.『골로새서, 빌레몬서』. 대한기독교서회 창립 100주년기념 성서주석 43. 서울: 대한기독교서회, 2010.

정일웅 편.『천년왕국과 종말』. 한국 교회연구시리즈 7. 서울: 도서출판 솔로몬, 1993.

차정식.『로마서』 1권. 대한기독교서회 창립 100주년기념 성서주석 37. 서울: 대한기독교서회, 1999.

_____ .『로마서』 2권. 대한기독교서회 창립 100주년기념 성서주석 37. 서울: 대한기독교서회, 1999.

_____ .『바울 신학 탐구』. 서울: 대한기독교서회, 2005.

제롬 머피 오코너.『바울 이야기』. 정대철 역. 서울: 두란노서원, 2006.

제임스 몽고메리 보이스.『로마서 1권. 믿음으로 의롭다 함』. 김덕천 역. 서울: 도서출판 줄과추, 1997.

존 스토트.『데살로니가전후서 강해: 복음, 종말, 교회』. 정옥배 역. 서울: 한국기독교학생회 출판부, 1993.

존 스톳트.『하나님의 새로운 사회』. 박상훈 역. 서울: 아가페 출판사, 1986.

케네스 젠트리 주니어. "후천년왕국론."『천년왕국이란 무엇인가』, 대럴 벅 편, 박승민 역. 서울: 부흥과개혁사, 2011: 13-78.

토마스 R. 슈라이너. 『바울 신학: 그리스도 안에 있는 하나님의 영광의 사도』. 엄성옥 역. 서울: 도서출판 은성, 2005.

피터 T. 오브라이언. 『골로새서 빌레몬서』. WBC 성경 주석 44. 정일오 역. 서울: 도서출판 솔로몬, 2008.

플라비우스 요세푸스. 『유대 전쟁사』 1권. 박정수, 박찬웅 역. 한국학술진흥재단 학술명저총서 서양편 226. 파주: 나남, 2008.

D. M. 로이드-존즈. 『내가 자랑하는 복음』. 서문 강 역. 서울: 새순출판사, 1987.

D. M. 로이드 존스. 『에베소서 강해 2권: 영적 화해』. 서문 강 역. 서울: CLC, 2001.

F. F. 브루스. 『데살로니가전후서』. 김철 역. 서울: 도서출판 솔로몬, 2000.

바울의 종말론: 바울의 종말론과 그리스도인의 삶
Pauline Eschatology

2017년 9월 29일 초판 발행

지 은 이 | 박성연

편　　집 | 정희연, 곽진수
디 자 인 | 이보람
펴 낸 곳 | 사)기독교문서선교회
등　　록 | 제16-25호(1980. 1. 18)
주　　소 | 서울시 서초구 방배로 68
전　　화 | 02) 586-8761~3(본사)　031) 942-8761(영업부)
팩　　스 | 02) 523-0131(본사)　031) 942-8763(영업부)
홈페이지 | www.clcbook.com
이 메 일 | clckor@gmail.com
온 라 인 | 기업은행 073-000308-04-020, 국민은행 043-01-0379-646
　　　　　예금주: 사)기독교문서선교회

ISBN 978-89-341-1720-9 (93230)

* 낙장·파본은 교환해 드립니다.

이 도서의 국립중앙도서관 출판시 도서목록(CIP)은 서지정보유통지원시스템 홈페이지(http://seoji.nl.go.kr)와
국가자료공동목록시스템(http://www.nl.go.kr/kolisnet)에서 이용하실 수 있습니다.
(CIP제어번호: CIP2017021200)